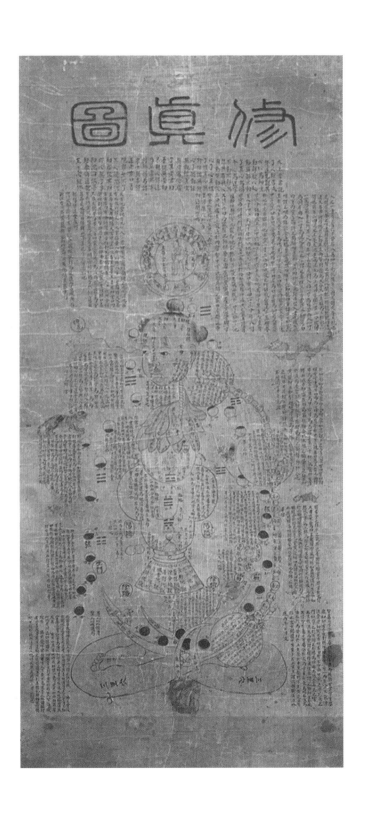

머리말

    산중의 도법인 국선도가 세상에 알려진 지 50여 년이 되었다.

    그동안 청산선사의『국선도법』과『삶의 길』, 이 두 권이 국선도 수련의 지침이 되었다. 세월은 흘렀고 세상은 변했다. 그리고 사람도 변했다.

    새로운 시대에 현재의 인간에게 새로운 언어와 설명이 필요한 시점이다.

    사십여 년, 나 스스로의 수련과 또 습득한 것을 동서양인에게 보급하며 옛것을 온고이지신(溫故而知新)의 마음으로 전달하고자 하였다.

    그럼에도 본서는 저자의 지극히 주관적인 관점임을 밝힌다. 국선도를 지도하는 많은 분들은 또 그들대로의 방법으로 국선도를 전할 것이다. 나는 그중 한 사람일 뿐이다. 독자제현들의 수도정진에, 삶의 충만함에, 한 모금의 샘물이 되었으면 하는 바람이다.

2018년 6월

抱一仙源에서

김 현 문

丁酉년 새해에

컵컵히 쌓인 9,800년 어둠 속에서
잉태된 한 올의 뭇 생명이

오십 년의 여명 속에
한 호흡 모아 불끈 치솟는다

남녀노소 귀 기울여 하늘에 대어 보니
정유년의 홰치는 소리 仙道 강산에 꽉 찼구나.

오호라 국선도인들의 새로운 디딤이
이 땅에 올곧게 맺혀지는 새해 되시옵소서!

2017. 1. 1

* 산중에 있던 국선도가 세상에 내려와 그 둥지를 틀었던 50주년을 맞아
  필자가 국선도인들에게 보냈던 정유년 새해인사.

이 책을 읽는 법

1. 신해설서는 1974년 종로출판사간 청산선사 지음『국선도법: 영생의 길』과『삶의 길』을 저본으로 삼았으며 1993년간『국선도』1, 2, 3을 참고하시며 이해해 나가가시면 되겠다.

2. 필자가 기고한『세월은 강물처럼』[*]에서 나의 어린 시절을, 국립민속박물관학 과정 자료집에서「한국의 선도사상과 기학」[**] 일부를 수정하여 수록하였다.

3. 이 책의 제1장은 국선도 수련의 궁극적 목표라는 지향점의 인식 하에서의 개론 이다. 제2장에서는 청산선사가 설파한 수련 원리를 각 단계별로 정리하였고, 제3장에서는 그 원리를 3요소로 나누어 가급적 현대적인 감각으로 표현하고 설명하여 수련에 적용토록 하였다. 제4장에서는 국선도와 필자의 삶이 조우하 며 전개된 여정을 담았다. 제5장에서는 국선도를 서양에 전파하며 체험된 새로 운 의식을 선도학이라는 학문으로 재창조하는 과정을 담았다.

4. 저본으로 삼은『영생의 길』과『삶의 길』인용에 있어서 독자의 이해를 돕기 위해 원문의 흐름이 손상이 가지 않는 선에서 축약 및 편집을 하였다.

---

[*] 김현석 외(2013). 세월은 강물처럼. 동서문화사, pp. 392-400.
[**] 김현문(2004). 한국의 선도 사상과 기학,「제2기 민속박물관대학 교재」, (사)한국민속박물관회.

차 례

제3장 국선도 삼요소 • 79

CONTENTS

제 1 장
국선도 개론

Ⅰ. 국선도 이해

1. 국선도 역사

국선도의 고대 개념인 선도(仙道)[1]가 한반도 유역에 언제부터 시작이 되었는지에 대한 자세한 기록은 전해오는 것이 없다. 그 이유는 선도가 주로 산중에서 은자들에 의해 은밀하게 수행되어 전수되어 내려왔고 또 중국과 같이 특정한 문파도 형성되지 않아 기록이 남아있지 않기 때문이다. 또한 선도를 수련하는 은자들은 그들 수련의 목적이 자연과의 일치이기에 지식의 상징인 문자의 기록에는 무관심하기도 하였기 때문이다. 사회적인 집단이 형성되지 않았기에 단체의 훈련이나 이와 함께 발생하는 지식의 전달과 전수 방법에 대한 필요성이 절실하지 않은 이유도 있었을 것이다.

삼국시대에 들어와 선(仙)을 숭상하는 동북아시아인들의 면모가 일부 드러나기도 했는데 선도를 중심사상으로 국가적 청년구국단체인 화랑도가 신라왕조에 의해 시도 되었다. 화랑도의 조직체계와 이념 그리도 활동을 연역적으로 역추적해 보면, 외세를 등에 업은 불교와 도교가 유입되는 과도기적 혼란 속에서 왕조의 주체적 사상을 보존하고 육성 발전하려 했던 한반도 내의 정치세력의 고민이 다름 아닌 선사상(仙思想)임을 엿볼 수 있다. 이런 간접적인 선의 모습이 9세기 동아시아의 지성이며 사상가인 최치원 선생의 「난랑비서문」[2]의 내용에서 원삼국[3]에 분포되어 있던 선사상을 국유현묘지도(國有玄妙之道) 즉 풍류로 함축함으로써 선도가 좀 더 확연하게 실체적으로 가시화되었다.

화랑은 그 후 삼국의 각축 속에서 구국이라는 목표를 위하여 활동하다가 통일 이후에는 절박한 이념을 상실하게 되어, 고려조에 들어 불교와 무속에 조직과 이념이 흡수되며 선도정신의 명맥이 끊어진 듯 보였다. 그러나 조선조에 들어와 청학파에 의해 선도의 맥이 산중에서 면면히 이어졌음을 알 수 있고, 이 당시에는 조선인뿐만이 아니라 외국에서 유학 온 수련인들도 다수 포함된 융숭함을 보여준다.

---

[1] 신선사상의 수련법인 선도가 산중에서는 '밝받는법', '내단(內丹)' 또는 '단학(丹學)'으로 불린다.
[2] "國有玄妙之道 曰風流." 『삼국사기』.
[3] 후삼국 시대 이전인 신라, 백제, 고구려의 삼국을 지칭한다.

청산선사[4])가 산중 스승들로부터 듣고 전한 구전 도화(道話)에서는 선도가 이땅에 전해진 지 9,700년이라 한다. 문헌으로 역사적 실체를 확인할 수 없는, 시간적 추정의 범위를 훌쩍 뛰어넘는 과거이다. 그런데 이 도화에서는 단순히 9,700년만을 주장하는 게 아니라「하늘 힘 도인」,「들머리나라」,「김풍기 얘기」,「그악 태자」,「청구도사」 등의 구전도화들이 등장한다. 이는 활자화될 수 없었던 선사시대 역사의 이미지를 현대라는 공간 속에 도화라는 형식으로 투영시킨 것이다. 또한 이 시기는 기원전 12,000년 전부터 시작된 신석기 시대를 거쳐 기원전 9,500년경 수메르인들에 의해 집약된 것으로 알려진 자연의 관찰이 절대적인 농경 시대의 출발과 겹쳐진다. 이는 자연과 인간의 합일성을 추구하는 선도의 맥과 닿아 있다는 점에서 자못 흥미로운 부분이다.

그 후 국선도는 산중에서 명맥을 유지하다 1967년 청산에 의해 세상에 알려지게 되는데, 동시에 그의 스승 청운도사(본명 이송운, 안동 출신)[5])와 청운도사의 스승인 무운도사(본명 박봉암, 충북 출신)[6])의 실체를 알리며 조선단학파(朝鮮丹學派) 즉 한반도 선맥을 드러내는 분기점을 이룬다.

2. 청산의 생애와 사상

1) 생애

국선도를 세상에 알린 이는 청산선사(본명 고경민, 아명 고한영)이다. 1936년 수원에서 태어났다. 부모는 어려서 만주로 떠났고 한학자인 할아버지에 의해 자라난다. 생활고로 12세에 천안 풍세면에 있는 해선암(海仙菴) 앞에 움막을 짓고 할아버지를 봉양하고 한편으로는 불교를 배우며 살아가고 있었다. 어느날 해선암[7]) 주지스님의 심부름으로 광덕사에 가던 중 산속의 도인을 만나 입산을 하게 된다. 그 도인의 호는 나중에 알게 되었지만 청운도인이고 청운도인의 스승인 무운도인으로부터도 산중에서 전수되어 내려오던 '밝받는법'[8])을 배우게 된다. 이법을 청산은 밝돌법, 선도법, 정각도 등으로 혼

---

4) 이하 청산으로 지칭한다.
5) 청산선사(1974). 『삶의 길』. 종로출판사, p. 176./이하 『삶의 길』로 표기한다.
6) 『삶의 길』, p. 201.
7) 현재의 태학사이며 충남 천안시 풍세면에 위치해 있다.
8) 청산이 산중에서 청운도인에게 수련을 지도 받을 때는 '밝을 받는 법'이라는 수식어로 본인이 하는

용해 쓰다 1974년 이후 국선도로 정착시키게 된다.

1970년에 서울 종로3가 백궁빌딩에 국선도 본원을 개원하였고, 이후 전국 주요 도시 및 대학 등에 보급하는 등 활발한 활동을 하다 1982년 경기도 광주시 무갑리에 산중선원을 개원한다. 이곳에서 1974년 발간된 『국선도법: 영생의 길』[9]을 3권으로 증보[10]한 후 제자들을 소집해 교육을 시키는 한편 새로운 지도자 교육을 실시한 후 간혹 무심하게 말하곤 했던 "갑자년에 다시 입산한다."던 그 갑자년인 1984년 이후 점차 세상과 단절한다. 그 후 국선도는 1대 제자를 중심으로 사회 속에서 그 체제를 존속시키고 있다.

2) 산중의 도인들

청산은 동양의 도인 중 본인의 구체적인 수련기를 남긴 거의 유일한이로,[11] 비전되어 오던 산중 수련의 모습을 세상과 연계할 수 있게 만든 지대한 공헌이 있다. 국선도가 청산에 의해 알려지기 전까지 그 산중에서 선도 수련의 모습은 전설, 우화 등의 형식으로 인간 삶의 모습과는 많은 거리가 있었다. 그러나 청산으로 말미암아 이제 신비 속에 쌓여 있던 신선 되는 길이 전설 속에서 회자되던 상상의 세계가 아니라 사회 속에서도 실천될 수 있음을 보여주는 뚜렷한 시발점이 된 것이다. 그럼에도 직접 경험이 없는 대중들은 산중에 그런 실체가 있을까 하는 호기심과 함께 의구심이 없다고 할 수 없기에 몇 가지 사례를 말해 본다.

충청도 J면 C사의 L주지스님은 90년대 초 백담사에서 설악산으로 올라가는 중턱에서 어느 도인을 만난다. 형형한 용모가 범상치 않은 도인임을 직감할 수 있었다. 그런데 스님에게 공손히 예를 갖춰 인사를 하는 것이었다. 그리고 자연스럽게 그 도인과 잠시 환담을 나누는데 본인이 산중에서 닦은 것이 어떤 것인지 보여주었다. 그 중 한 가지는 "하늘을 통통 튀어 날아다니는 것"이었다고 술회하였다. 잠시 후 스님이 도인에게 소상한 것을 물어보려 하자 "다음에 인연이 닿으면 다시 뵐 것"이라 하면서 세속으로 치면 스님의 족보 항렬이 본인의 아주머니뻘이 된다 하며 다시 공손히 예를 갖추고는 사라져 버렸다 한

수련을 이해하였다.

9) 청산선사(1974). 『국선도법: 영생의길』. 종로출판사./이하 『국선도법』으로 표기한다.
10) 청산은 『국선도법』의 증보를 위해 그 당시 젊은이도 잘 쓰지 않던 공병우 타자기를 구입하여 작업을 하였다.
11) 김현창(2007). 『동양심신수련법: 한국선도의 도맥과 도교』. 한국학술정보(주), p. 31.

다. 그래서 필자가 스님께 언제 기회가 되면 그곳에 한번 같이 가시자고 했더니 "이제 기력이 그전만 못한데 어찌 가겠느냐?"고 하신다. 그래서 "제가 업고라도 가겠다."는 말씀을 드렸는데 아직 기회가 없었다.

　미국에 사는 P선배님의 전언이다. 한국에서 대학 재학 중 미국에 갈 준비를 하며 정신적 안정을 위해 60년대 당시 서울에서 활동하는 S선생에게 심리 지도를 받았다. 그분은 태권도인이었는데 대학 때 어떤 사찰에 공부하러 갔다가 산에서 한 도인을 만났고, 그 도인에 이끌려 일종의 겨루기를 하였는데 도저히 따라갈 수 없었다. 그래서 제자가 되었고 그 밑에서 잘못하면 위험한, 폭포 물 떨어지는 모서리에 앉아 수련하곤 했다. 그 외에도 여러 가지 도법을 배우던 중 가끔 어느 도인이 찾아와서 환담하는 것을 듣게 되었는데 대략 이런 얘기였다.

　"어떻게 청산은 세상에 내려가서 잘 하고 있는가? 어려움이 있겠지만 잘 견뎌나가는 것 같네…. 처음이라 이런저런 도전도 받을 테고…. 그래도 내가 보기엔 세상에 나와 있는 도인 중엔 청산이 으뜸일 걸세…. 그럼, 그럼….

　이런 얘기를 전하며 그 S선생이 P선배님에게 국선도를 추천하더라는 것이었다. 그래서 S선생의 추천으로 그 당시 초창기 국선도 지도자였던 L을 뵈었고, 그 후 청산을 만난 후 미국으로 이주했다 한다.

　90년대 후반 지인을 통해 산중에서 국선도 도인들을 만났다는 K 선생이 있다는 말을 듣고 연락처로 전화를 걸어 만나기로 하였다. 청주 버스터미날에 내려 인근 식당에서 대화를 나눴다. K선생은 천주교 신자였다. 대학 2학년 때 미사 중 유리그릇이 깨지는 등 신비 체험을 여러 번 하면서 많은 사람을 만나 자문을 구해 봐도 속 시원히 대답해 주는 곳이 없더란다. 그러다가 서울에 있는 C불교종단에 갔더니 "설악산에 있는 우리 종단 사찰 주지 스님께 여쭤 보라."는 말을 듣고 설악산에 있는 그 절에 가서 산속에 있다는 도인을 찾아갔다 한다. 산길을 어찌어찌 찾아갔는데 흔들바위 인근이었고, 그 근처에 이르자 신비로운 아카시아 향기 같은 것이 풍기는 것이었다. 그 도인에게 인사드리고 가르침을 받았는데, 형상은 벌거벗고 머리카락은 앉은 자세에서 땅바닥까지 늘어진 모습이었다. 성당에서 경험한 얘기를 하며 극복 방법을 물으니 여러 가지 정신세계 얘기를 친절하게 해 주시면서 얘기 끝에 본인이 가르침을 준 국선도의 무운도사, 청운도사, 그리고 청산선사가 있다는 얘기를 들려주었다. K선생은 그 뒤 세 분을 차례로 모두 만났는데 본인과 가는 길이 다른 것 같아 그 후 교류는 없었다 한다.

청산으로만 전해졌는데, 미국 중부의 P선배님을 통해 청운도사와 무운도사의 실체가 한 번 더 확인되는 순간이었다. K선생이 설악산에서 만난 도인은 꼭 외국인 같이 이목구비가 아주 또렷했다는 전언이고, 필자가 추정했을 때 이분은 산속에서 청산이 삼청단법을 수련할 적에 격투를 신청하고 기량을 점검했던 '벌거벗은 도인'임에 틀림없다. 『삶의 길』에 청산이 이 벌거벗은 도인과 수차례에 걸쳐 격투한 이야기가 소상히 실려 있고,[12] 청운도사가 무운도사의 말을 빌려 "그분은 훌륭한 가르침을 주시고 또 맺음을 갖는 분이다."라는 바로 그분일 것이다. 그렇다면 L스님과 K선생의 전언으로 봤을 때 국선도와 맥을 같이 하는 한국 선도의 한 축이 설악산에 이어져 내려오고 있음을 알 수 있다.

3) 청산의 사상

(1) 즉관(卽觀)

국선도 수련 중에 몸과 마음의 많은 변화가 일어날 수 있다. 이는 사춘기나 갱년기 때 신체적인 변화를 경험하는 것과 같이 수련으로 인한 신체의 긍정적인 변화가 마음 또는 정신에 영향을 미치는 것으로 나타나곤 한다. 이 중 어떠한 상태 또는 현상을 단지 그것이 이해할 수 없을 뿐인데도 마치 수련 자체가 비이성적인 것으로 판단하여 부정적으로 보기가 쉽다. 그러나 이러한 경험들을 보다 긍정적인 태도로 접근할 필요가 있다. 처음에는 경험을 관찰하고 그 관찰 속에서 이해하지 못하는 현상을 주관적으로 판단할 때는 조심스럽게 접근해야 한다. 국선도는 사회 속이 아닌 주로 산중에서 전수되어 왔기 때문에 근본적으로 언어 또는 글의 관념화의 경계를 벗어난 비관념적 그리고 비인식적 요소를 함유하고 있다. 이는 국선도 수련자들이 알기 위해 배우는 것보다는 수련의 실천으로부터 알게 된다는 문화적 요소가 있기 때문이다.

청산은 몸과 정신의 합일을 가져오는 상태로 정의되는 즉관(비인식적 현실)이라는 용어를 사용하였다. 그는 즉관을 칸트의 직관과 비교하며 사람은 단순히 생각함으로써 세상

---

12) 『국선도법』, pp. 440- 449.

을 알 수 없고, 단지 느낌으로써 감지한 것에 대한 생각을 관념화시킬 수 없으므로, 두 방식은 상호 교차하고 동시적인 것이어야 한다고 하였다.

청산은 직관이 관찰자의 사고를 명료하게 하여 대상을 사려 깊게 직접 보는 것을 말한다면 즉관은 사물을 있는 그대로 보는 것을 강조한다고 말하였다. 직접 봄에는 대상과 관찰자 사이가 분리돼 있는 것을 전제하지만, 있는 그대로 깊이 볼 때는 관찰자가 대상을 관통하여 그것과 분리됨을 경감시킨다. 즉관은 현실(실제)을 비인식적으로 통합시켜 현실로부터의 불필요한 정보의 이입이나 분리를 초월한다. 국선도 수련은 즉관적 사고방식에 익숙하기 위해 행하는 과정이라고도 할 수 있다. 상형문자와 같은 개념을 가진 체험문자인 국선도 행공호흡 자세는 우리에게 삶의 지혜를 경험하게 하는 자연적 환경을 만든다. 행공동작(자세)[13]은 또한 비인식적 교과서의 일종으로, 몸과 정신이 인위적이 아닌 호흡명상의 상태에서 조화를 이루는 경험을 할 수 있는 기회를 준다. 국선도를 몸과 정신의 교감작용을 일으키는 한 도구로 생각할 수 있는데, 반복적인 행공동작의 숙지 과정에서 수련자들은 직관적 지혜 그리고 비인식적 현실인 즉관에 다가가게 된다.

그럼 비인식적 사고 즉 즉관은 구체적으로 우리 생활 어디에서 발견할 수 있을까? 이와 유사한 것에 육감이 있다. 1999년도에 개봉된 미국 영화 중에 Six Senses가 있는데 우리말로 육감이다. 죽은 자와 대화할 수 있는 9살 콜 시어(Haley Joel Osment 분)와 역시 유사한 체험으로 삶에 어려움을 겪는 아동 심리학자 말콤 크로우(Bruce Willis 분)의 이야기를 다뤄 육감을 대중적 언어로 각인시킨, 국내에도 상영된 영화이다. 죽은 자와의 대화라는 육감의 확장까지는 가지 않더라도, 육감이 범죄의 현장에서 형사들이 범인을 잡는 데 꼭 필요한 능력의 하나임은 주지의 사실이다. 이는 오래된 현장 경험으로 쌓이게 된다. 칼을 다루는 검객의 훈련과정과 살벌한 실전 현장에서도 이 육감은 생명을 영위하는 데 필수적이다. 육감은 일상적인 오감 위에 하나의 감각이 더해짐을 의미한다. 불교의 경전에서도 역시 이 개념이 보이는데 즉 '眼耳鼻舌身意'이다. 이는 6가지 감각의 융합이라기보다는 오감인 시각, 청각, 후각, 미각, 체감 및 그것들의 일체화가 만들어 내는 감각으로서의 의식 즉 육감이다. 이렇게 육감의 작용처럼 비관념적이고 비인식적인 의미를 포함하는 즉관은 어떤 논리 또는 직관에 의한 판단적 작용이 아니다. 그러므로 즉관은 육감

---

13) 요가에서 기운을 운용하기 위해 '손'의 자세를 취함을 무드라라 한다. 이에 견주면 국선도는 '몸' 무드라를 구사하고 있다.

에 무심의 마음이 배합된 것이고 이때 무심의 가치는 분별심이 없는 상태를 말한다. 이는 정기신 삼단전 작용이 원활한 가운데 체화된 의식 속에서 가능한 사물과의 일체화이다.

(2) 仙과 仸의 상징

선도의 중흥조라고 할 수 있는 청산은 仙에 대한 두 가지 해석을 통하여 즉관적 사고방식의 이해에 대한 발상의 전환을 시도한다. 그는 스승 청운도사로부터 전수된 하늘 '선' 또는 깨달을 '불'의 의미를 지닌 仸자를 산중의 밝돌법을 세상 속에 펼치는 山과 俗의 매개체로 제시한 것이다. 그 하나는 선의 재해석이고, 또 하나는 선자의 변형을 통한 수련인들에 대한 교훈이다. 선자의 일반적인 뜻은 불멸의 의미인데, 불멸은 육체 그 자체가 존재하도록 하고 그래서 육체적 영원성을 유지시키기 위해 에너지를 순환시키는 것이다. 그러나 청산은 원래 선도수련의 목적이 영생불사가 아니고 자연으로 돌아가는 방법이라 하였다. 한문으로 仙은 인간(人)과 산(山)을 합한 것인데, 문자의 어원은 하늘과 땅이 하나가 되기를 기다리며 산속에서 수련하는 사람을 의미하였다. 선도 수련자가 고대 한국에서는 산사람으로 불렸는데, 산사람은 역시 산속에서 수도하는 사람들을 의미하였다. 현대적으로 해석하면 산은 인간이 인간이기 때문에 물질적으로 찌든 관념의 때를 씻고 자연으로 회귀하는 수양터의 역할을 한다는 것이다.

글자의 의미를 왜곡시키는 잘못된 개념은 육체적 영역을 초월한 수련의 세계를 경험하지 못한 사람들에게서 시작되었을 것이다. 이 사람들이 전설과 민화를 통해 장수와 영생을 이룬 사람들에 대한 이야기를 들었을 때, "손가락을 보지 말고 달을 보라."는 불가에서의 은유적 표현처럼, 선도 수련을 통한 영적으로의 성장이 아닌 그 성장을 이루기 전의 육체적 형태만 본 것이다. 그런 측면에서 "선도의 수련은 우화등천하거나 장생불사한다는 신선 되는 수련을 하는 것이 아니라 동양철학적인 단리에 의한 연단법의 수련으로 무병건강하게 되는 인간최고의 양생지도인 것이다."[14] 그런데 대중은 선도의 육체적 불멸을 부와 함께 최상의 관심으로 받아들였으나, 그 다음 단계 즉 천지와 화합하는 영적 과정으로서 육체 역할에 대한 인식까지는 미치지 못하였다.

---

14) 『국선도법』, p. 6.

청산의 또 하나의 시도는 사람들에게 육체적 불멸이 아닌 정신 및 영성 발달 형태로서 선도의 궁극적 목표에 대하여 교육시키는 것이었다. '仙'은 사람이 산에 있다는 것인데 이 말은 '땅'이 돌출된 그 극점에서 무한한 힘의 상징인 하늘과 하나가 되려 하는 상형문자에서 유래한다. '땅'이라고 하는 것은 내가 발 디디고 있는 이 사회를 말한다. 다시 말해 허황된 것을 추구하는 것이 아닌 이 사회에 뿌리를 내리고자 하는 염원이 표현된 것이다. 그런데 이 '仙'의 원래 뜻과는 다르게 사람들은 산에만 들어가면 모든 것이 다 이루어진다는 잘못된 생각을 가지곤 하므로, 이런 사람들에게 깨우침을 줄 필요성을 느끼게 된다.

이러한 소박한 仙의 뜻이 단순히 불사(不死)의 뜻으로 해석되는 것만 봐도 산과 사람의 관계가 수도하는 사람들에게 상당히 잘못되어 있는 것을 알 수 있다. 그래서 청산은 인간과 산이 합해진 선(人+仙)을 인간과 하늘(人+天)이 합해진 仸(선 또는 불)을 제시하여 그 글자가 갖고 있는 뜻을 직시하라고 일깨운다. 이는 스승인 청운도사의 언급이기도 하였다. 글자를 바꾸는 메시지로, 청산은 수련자들이 육체적, 기계적 수련을 초월하여 몸과 마음을 바탕으로 한 영적인 면을 볼 수 있게 되기를 바랐다.

(3) 풍류정신

청산에 의하면 한민족의 정신 속에 잠재해 있고 또한 언어 속에 깃들어 있는 하늘(天)은 우리 생활을 지배해 온 고유의 仙사상으로 농축되어 있다고 본다. 이를 후세에 이르러 고신도(古神道), 선풍(仙風), 그리고 선도(仙道)라고 칭하게 된다. 그것이 국가적인 체제 속에서 전승하여 민족적 종풍으로 연결되어 왔다. 선도가 추구하는 바는 하늘과 조상을 기리는 천인묘합의 수련 방법으로 대생명체인 하늘과 하나 되는 방법이다. 청산의 수련기인『삶의 길』에 수록된 춘원 이광수 전집『원효대사: 종풍 전기』[15]에서 인간이 하늘과 소통하는 실체인 이 고신도, 선풍, 그리고 선도수련에 대해 잘 묘사되어 있다. 그렇다면 이러한 선도수련이 지향하는 하늘과 합일하기 위한 실천 방법은 무엇일까? 청산은 선도수련자들이 하늘과 합일하기 위해 배워 익혀야 할 가르침을 다음의 다섯 가지 교훈[16]으로 정리하여 제시하였다.

---

15) 『삶의 길』, pp. 107-130.
16) 『삶의 길』, p. 8.

정심(正心): 하늘 사람의 참되고 올바른 마음으로

정시(正視): 하늘의 모든 것을 올바로 살펴보고

정각(正覺): 참된 진리를 올바로 깨닫고 얻어 가져

정도(正道): 하늘 사람의 도리를 다하여 올바르게 살 수 있는 길로

정행(正行): 추호의 잘못된 길로 가지 말고 올바른 길로 간다.

청산은 이러한 교훈에서의 '正'을 정확한 우주관, 정확한 인식론, 정확한 방법론이 있을 때 여기에서 흘러나와 이어지는 판단이라 하였다.

1. 그러니까 정확한 우주관, 즉 하늘이라는 목표가 이미 분명하게 설정되어 있어야 하고,
2. 정확한 인식론, 설정뿐만이 아니라 내가 그것과 오감으로 생생히 연결되어 있어야 하며,
3. 정확한 방법론, 연결된 것을 둘이 아닌 하나로 공동체화 할 수 있는 방법으로 선도를 제시한다는 것이다.

그렇게 되면 하늘사람의 진리에 사람이 주인이 되는(仸道住)[17] 4가지를 실천할 수 있어야 하는데, 이는

1. 정각도원(正覺道源): 진리 근원까지 올바로 깨달아
2. 체지체능(體知體能): 내가 지혜와 능력을 얻어 가지고
3. 선도일화(仸道一和): 하늘사람 진리에 하나로 조화하여
4. 구활창생(救活蒼生): 하늘 안의 모든 생명체를 구하는 것이다.

결국 청산이 제시한 선도를 통하여 하늘에 닿고자 함은 구활창생인 것이다. 내가 이웃과 만인을 구제하기 위해서는 하늘사람이 되어야 하고, 그래야만이 만물을 이롭게 하는 홍익인간, 즉 하늘 안의 모든 생명체를 구하는 구활창생을 구현할 수 있다고 보는 것이다. 이 선풍을 통한 홍익인간의 실현을 위하여 최치원 선생은 『仙史』에 나와 있는 고대 한민족의 정신을 당대에 재정립하여 '풍류정신'으로 선포하였다. 9,700년 선도 역사에 최

---

17) 『삶의 길』, p. 9.

치원은 약 8,600년이 흐른 시점에, 청산은 그로부터 또 1,100년이 흐른 뒤에 하늘사람이 되는 풍류를 현대적 개념인 국선도로 명명하고, 그 스스로 거침없으나 하늘의 도리에 어긋남이 없는 풍류정신의 모범을 보여 주었다.

II. 국선도의 인문사상적 배경

1. 최치원 선생과 국선도

최치원의 자는 고운(孤雲)과 해운(海雲)이다. 통일신라 말기의 대학자로 12세 때 당나라로 유학을 하여 7년 후인 19세에 그 당시 당나라에서 외국인들에게 문호를 연 빈공과[18] 과거에 급제한다. 그 후 율수현 현위로 봉직하다 고병의 막부에서 황소의 난[19]에 출정하여 격황소서(檄黃巢書)[20]로 황소를 말에서 떨어트렸다는 일화를 남기며 당나라의 문사로 주목을 받게 된다. 그 후 화랑도의 풍월주를 지낸 경문왕[21]의 아들인 헌강왕[22] 11년(885년) 신라로 복귀하여 시독(侍讀) 겸 한림학사(翰林學士), 수병부시랑(守兵部侍郎) 지서서감사(知瑞書監事)를 제수 받았으나, 엄격한 골품제에서 진골이 아닌 신분과 뛰어난 학식으로 인한 질시 속에 중앙정계에 입지를 구축하지 못하고 해인사를 끝으로 역사 속에서 사라진다.

---

18) 당나라에서 외국인에게 입조할 수 있는 길을 열어놨던 과거제도.
19) 당나라의 국력을 급격히 약화시켜 결국 멸망케 한 반란.
20) 당 광명(廣明) 2년(881년, 신라 헌강왕 7년) 7월 8일, 「역적 황소에게 보내는 격문」.
21) 경문왕(景文王, 846년~875년, 재위 861년~875년), 신라의 제48대 왕.
22) 헌강왕(憲康王, ?~886년, 재위 875년~886년), 신라의 제49대 왕.

> ■ **역사 이후의 최치원**
>
> 최치원이 해인사에서 사라진 후 신선이 됐다고 역사는 기술한다. 그러나 중국에 최치원 기념
> 관이 건립되고 시진핑 주석의 최치원 사랑이 알려지며 선생과 관련된 연구가 재부상되기 시작
> 하였다. 이와는 별개로 충남 홍성군 장곡면 월계리에는 마을에서 전래되는 최치원 선생 당제
> 가 있고, 인근 계곡 암벽에도 최치원이 쓴 글이라고 전래되는 암각자가 많이 있다. 또한 서산
> 마애삼존불 지역의 강당리, 강댕이골, 으름재(의림재)에 전래되는 최치원 관련 설화들이 다수
> 전래되고 있다. 한때 부성군 태수(현 서산시)로 봉직한 경력과 연계하여 현재의 내포지역(충남
> 당진, 서산, 예산, 홍성, 보령 등)이 최치원이 해인사를 떠나 정착했던 곳이라는 학설이 주목받
> 기 시작하였다.[23]

　최치원 선생이 국선도인들에게 중요한 것은 이스라엘 민족이 그들의 역사를 '하느님'
의 역사로 집약한 바와 같이 「난랑비서문(鸞郞碑序文)」을 통해 유구한 한민족의 역사
를 『仙史』로 함축한 데 있다 할 것이다. 방대할 수 있는 동북아시아 지형에서 살았던
민족의 정체성인 '선(仙)'의 실천적 수련법으로서 국선도의 뿌리가 수천 년의 역사를
안고 왔음을 확인해 주는 중요한 자료이다. 그 내용은 "고대의 역사는 선사를 중심으로
정리되었으며 그 핵심은 풍류인데 유불도의 핵심 원리가 이미 이 안에 내포되어 있고
그러므로 모든 생명을 감화시킨다."[24]는 것이다. 이는 최치원이 유불도의 핵심 원리에
정통해 있고 또 그것들이 서로 상충된다고 하는 바가 무엇인지 또 그러한 모순점들은
어떻게 이해되어야만이 융합된 모습으로 인류에게 이로운 진리가 될 수 있는지에 대한
확고한 사상적 경지에서 나올 수 있는 축약인 것이다.[25]

---

23) 제2회 국제선도컨퍼런스 자료집(2008), 제4회 국제선도컨퍼런스 자료집(2010), 국제선도문화연구원
　　주관 제1회 고운 최치원 선생 포럼 자료집(2015) 참조.
24) "國有玄妙之道 曰風流. 說敎之源 備詳仙史 實乃包含 三敎 接化群生." 『삼국사기』 권4, 신라본기.
25) 최치원 선생이 남긴 「계원필경」 등 중국에 기여한 공로를 감안하여 2007년 중국 양주에 외국인으로
　　는 처음으로 최치원 기념관이 세워졌으며, 국내에서는 2016년에 최치원의 역사적 흔적과 설화가 있는
　　경주, 충남 서산을 비롯한 9개 시군이 '고운도시연합'을 결성하여 '최치원관광벨트'를 조성하고 있다.

2. 동양철학의 적용

1) 음양오행

음양오행설은 자연에 대한 의존도가 높았던 고대인들이 자신들의 삶에 큰 비중을 차지한 자연을 관찰하고 그중 반복되는 현상들을 통해 그들의 연관성을 정리하여 공식을 도출한 것이다. 이는 고대인이 자연을 바라보는 세계관의 기초로서, 여기에 정리된 내용은 크게 유기체론과 순환론으로 함축된다. 유기체론은 상호간의 특수성을 바탕으로 관찰된 관계성이며, 순환론은 그러한 관계의 상호작용이 큰 틀에서 반복적으로 되풀이된 것이다.

이러한 자연을 바라보는 세계관이 유기체론과 순환론으로 질서정연하게 정립되기 시작하고 또 거기에 권위가 붙기 시작하여 인생관에 밀접하게 접목시킨 이가 추연(鄒衍, B.C.305 ~ B.C.240)[26], 동중서(董仲舒, B.C.170? ~ B.C.120?)[27] 유향(劉向, B.C.77 ~ B.C.6)[28]이었다. 물론 한대 이전의 지극히 소박한 자연관이 이들에 의해 신비화되고 사람의 삶에 직접적인 영향을 미치며 많은 미신을 양산하는 부정적[29]인 면이 있는가 하면, 어차피 과학화되지 않은 그 시대에 일견 자연과학적인 측면에서 성립된 음양오행설은 과학을 대체하고 종교성을 수용하며 인간 삶의 광범위한 영역에서 그 권위를 넓혀가는 면도 보인다. 이는 종교의 경우를 보면 좀 더 이해가 쉬워진다. 기독교, 불교, 이슬람교는 각기 다른 교리로 사람들을 교화한다. 이런 교리에 믿음을 가지면 이는 신앙이 되고, 신앙에 의해 신도들의 세계관과 생활관은 다른 신앙을 가진 사람들과 차별화된다. 음양오행이 종교는 아니지만 오랜 기간 우리 삶과 같이 해 오며 인식하지 못하는 사이에 그 자연관을 바탕으로 세계관이 성립되었으며 또한 생활관이 생긴 것이다.

만약 동북아시아인들이 아닌 다른 서구나 아프리카 등 지역의 사람들이 위의 세 종교를 받아들였다면 이는 음양오행이란 자연관에 입각했으면서도 확고한 틀을 갖춘 지

---

26) 중국 전국시대(B.C.403 ~ B.C.221)의 제나라(齊, B.C.1046 ~ B.C.221) 사람이며 제자백가 중 음양가의 대표적 인물.

27) 한무제(漢武帝) 때의 재상. B.C.136년 유교를 한나라 정치철학의 토대로 삼았음.

28) 전한(前漢, B.C.206 ~ A.D.8) 때의 학자.

29) 음양오행설은 일련의 유사한 현상들을 계열화하여 그것들의 연관성을 보여주기 위한 설명의 상징체계이지 현상사이의 연관성을 추상화해낸 법칙체계가 아니다(양계초, 풍우란 외(1993). 김홍경 역. 『음양오행론』, p. 21).

역의 사람들과 비교해서 세계관과 생활관이 달라질 수 있음은 자명한 일이다.

음양오행의 기본에는 상생론(constructive cycle)의 원리와 상극론(destructive cycle)의 원리가 있다. 전자가 후자를 북돋아주는 상생은 목화토금수의 배열이고, 전자가 후자를 배척하는 상극은 목토수화금의 배열로 나타난다. 이와 다른 음양오행의 또 다른 질서가 있으니 이를 생성론(cosmological cycle)이라 한다. 상생과 상극의 원리는 인간의 오랜 관찰에 의해 발견되어 정리된 것이고., 생성론은 우주는 이미 이런 질서에 의해 태초에서부터 운행되고 있다고 보는 것이다. 구약성경에서 6일 동안 창조하고 하루를 쉬었다고 말하는 그 창조론적인 것이다. 국선도에서는 주로 생성론인 수화목금토의 원리에 입각해 수련이 구성되어 있다. 음양오행이 적용된 경우엔 특히 그렇다. 중기단법의 행공도와 기신법은 이 생성론의 원리에 입각해 전개되고 있다. 이는 세상 인간에 의해 관찰된 법칙 이전의 우주적 입장의 법칙에 합일하려는 의지이고, 창조(생성)된 법칙에 나를 합일시켜 나 또한 재창조 되려는 부단한 노력의 일환이라고 생각하면 된다. 그래서 그 배열을 보면 수(水)로부터 시작되는데, 水는 우리가 잘 알듯이 기운의 원천이다. 그래서 음양오행이 적용되는 행공법에서는 이 水로부터 시작된다. 즉 기운을 뽑아서 그 뒤 화, 목, 금, 토 등으로 운용시켜 보는 것이다.

2) 주역(周易)

사람은 자연 속에 살고 있다. 이러한 삶 속에 길흉화복이 존재한다. 인간은 오랜 기간 이 길흉화복을 극복하려고 노력을 해왔다. 그런 노력의 일환으로 어떤 사람들은 종교를 통하여 또 어떤 사람들은 나름대로의 방법을 찾아 길을 떠난다. 그러면서 길흉화복을 극복하는 지혜와 또는 순응하는 자세도 생기게 되었다. 그 과정에서 피할 수는 없어도 적어도 대처할 수는 없을까 하는 고민의 한 산물이 『주역』이다.

전설적인 상고시대의 인물인 복희씨는 삼라만상을 대표하는 여덟 가지 자연문상을 형상화하여 음을 나타내는 효와 양을 나타내는 효를 셋씩 중첩하여 팔괘(八卦)를 그려서 자연의 변화원리를 나타내려 했다.[30) 중국의 고대 왕조인 주(周, B.C.1046～B.C.256)[31)

---

30) 역은 효(爻)와 괘(卦)로 이루어져 있다. 효란 본받음이고 괘는 건다는 뜻이다. 효는 상대적인 두 가지 성질인 음효와 양효로 이루어진다. 그러나 음과 양으로만 천지간의 모든 물상을 나타낼 수 없어 효를 셋씩 조합하여 괘를 만들었다. 이 여덟 괘는 각각 하늘(天), 땅(地), 뇌(雷), 바람(風), 물(水), 불(火), 산(山),

나라에 와서 정리되었기에 이름 붙여진 『주역』은 모든 자연현상과 삼라만상의 생성소멸, 인간의 만사를 음과 양이라는 두 힘의 작용으로 설명한다. 역(易)은 원래 자연변화의 원리를 추상적으로 파악하여 이해한 상징형식의 하나이다. 역이란 변화를 뜻한다. 곧 삼라만상, 우주자연의 끊임없는 변화를 상징적으로 그려낸 것이 역이다. 역에는 세 가지 의미가 있는데, 쉽고 간단하다는 이간(易簡), 천지자연은 끊임없이 변화한다는 변역(變易), 그리고 우주에 변화하지 않는 것은 없어서 간단없이 '우주는 변화한다'는 말과 같은 불역(不易)이다. 이후 문왕(文王)과 주공(周公)이 여덟 괘를 중첩하여 64괘를 만들고 384효에 뜻과 풀이를 달아 『주역』이 이루어졌고, 그 뒤 공자에 의해 주역을 해석하는 열 가지 지침인 십익(十翼)이 붙여져 현재의 『주역』이 되었다.

청산은 이러한 삼라만상의 변화 속에 인간이 이질적인 존재가 아님을 알리고 더불어 호흡하며 살아가는 지혜를 습득하게 하는 방법으로서 국선도를 설명하고자 하였다. 그런 의미에서 국선도는 체험 주역이라고 할 수 있다. 우주의 변화를 수동적으로 받는 것이 아니라 능동적으로 대처하는 방법으로 국선도를 보고 있는 것이다.

3) 오운육기(五運六氣)

오운(五運)과 육기(六氣)는 체(體)와 용(用)의 관계이다. 오운은 하늘에서 작용하는 기운이고, 육기는 하늘의 기운에 의해 땅에서 작용하는 기운이다. 육기(六氣)는 하늘의 여섯 기후인 풍(風, 바람), 한(寒, 추위), 서(暑, 더위), 습(濕, 습기), 조(燥, 건조함), 화(火, 불)에 비유하고 다른 이름으로는 궐음(厥陰), 태양(太陽), 소음(少陰), 태음(太陰), 양명(陽明) 그리고 소양(少陽)이라고도 한다.

오운(五運)은 봄, 여름, 가을, 겨울과 각 계절의 전환기인 환절기의 계절이고 육기(六氣)는 그 계절 안에서의 변화인 바람 불고, 덥고, 춥고, 비가 오고, 개었다가, 또 천둥도 치는 날씨에 해당한다. 오운과 육기는 천간(天干)과 지지(地支)로도 나타내는데, 오운이 갑을병정무기경신임계(甲乙丙丁戊己庚辛壬癸)의 10간(干)으로, 육기는 자축인묘진사오미신유술해(子丑寅卯辰巳午未申酉戌亥)의 12지(支)로 나온다.

못(澤)을 상징하며, 이 팔괘를 중첩하여 만든 64괘와 384효 안에 모든 자연과 인간사의 변화원리가 있다고 보고 이를 예측하는 것이다.
31) 주나라는 중국 역사에서 한민족의 선조라 불리는 은(상)나라를 멸망시키고 세운 국가이다.

3. 수련 이론

1) 단리(丹理)

단리는 만물을 모습(像)으로 관찰한 것이다. 고대에 상은 상(象)이나 상(像)으로 통했다. 이 상에는 두 가지 의미가 내포되어 있다고 보았다. 첫째, 상이 먼저 있고 후에 물(物)이 있다고 보았다. 우주에는 무형의 상이 있고 그 상에 의거하여 모든 물상이 존재하게 된다는 의미다. 즉 설계도가 먼저 있고 건축물이 후에 있게 된다는 뜻이다. 이렇게 볼 때 단리는 천지만물 인간만사를 있는 모습 그대로 즉관할 때 '재천성상(在天成象), 재지성형(在地成形), 변화견의(変化見矣)'[32]하여 우주상을 지상의 형상을 보고 변화의 상을 직접 볼 수 있다고 생각했다. 둘째, 이 상은 곧 음양의 상이라 생각했다. 다시 말하면 상의 첫째 의미는 원상과 형상이 있음을 뜻하며, 둘째 의미는 그 상은 음상이라는 뜻이다. 그런데 『주역』 「계사전」에 설명되는 음양은 결코 음적인 또는 양적인 존재를 뜻하는 것은 아니다. 일음일양지위도(一陰一陽之爲道)라 하는 말은 일기가 변화하는 모습, 즉 그 상이 한 번은 음적 형상이요 또 한 번은 양적형상이 되어 운동하는 것이 천지의 이(理)라는 것이다. 천지만물은 이와 같은 일음지(一陰之)하고 일양지(一陽之)하는 기의 묘운으로 존재하고 변역한다고 보는 것이 역의 상으로 즉관된 우주관이다. 일음일양의 모습이 선도법에서 중심으로 삼는 호기흡기의 굴신상(屈身像)[33]으로 적용되고, 이는 사람의 몸을 하나의 소우주의 상으로서 생성변화 하는 道로 본다는 것이다.[34]

2) 정기신 작용

인체에는 몸을 대변하는 장소(精, 하단전)와 마음을 대변하는 장소(氣, 상단전) 그리고 영성을 대변하는 장소(神, 중단전)가 각각 독립적임과 동시에 유기적인 연결을 추구하는 항상성을 갖고 있다. 여기에는 각각의 발전과 함께 세 곳의 조화로움이 함께 가 주어야 하는데, 수직의 개념에서 보면 정충(精充), 기장(氣壯), 신명(神明)으로 표현할 수 있고, 고전적인 회통의 개념으로는 연정화기(鍊精化氣), 연기화신(鍊氣化神), 그리고 연신환

---

32) 『주역』, 「계사전」 제1장. 하늘에서의 추상적인 현상과 땅에서의 구체적인 형체들이 우주만물의 변화로 나타난다.
33) 행공동작을 말한다.
34) 『국선도법』, pp. 192-193.

허(鍊神還虛)로 표현된다.

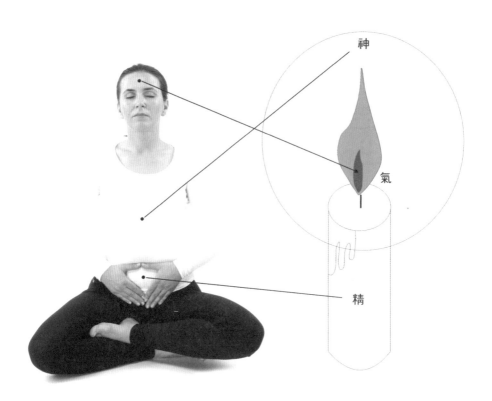

정기신의 수련과정을 순환적 입장에서 보면, 연정화기는 자기 몸의 정(精)을 단련하여 호흡과 정신집중을 통하여 기(氣)로 바꾸는 것을 말한다. 연기화신은 몸이라는 육체적 공간의 제약을 넘어 심리적 기운이 진기의 빛으로 바뀌며 정신이 깨어남을 말한다. 연신환허는 신(神)이 산화하여 정을 있게 한 그 전 단계로서 본래 자리인 허(虛)로 되돌리는 단계인데, 이는 존재가 원래 깊은 어둠의 근본 자리로 환원됨을 말한다.

이는 순환을 통해 환원됨을 말하는데 국선도에서 정각도는 정(精), 통기법은 기(氣), 선도법은 신(神)에 해당한다. 이를 볼 적에 선도 수련에서의 정기신이 순환의 법칙에 의해 돌아간다면 또 정기신 합일의 수련법이 제시되고 있기에, 국선도의 수련법은 정각도, 통기법, 선도법의 단계적이고 획일적인 수련체계라기보다는 배경에 따른 조합적이고 순환적인 방법론을 채택하고 있다.

정기신 중 특히 神의 해석에서 종교적이 아니냐는 의구심을 갖곤 하는데 이는 종교성을 내포하는 것이라고 할 수 있다. 종교와 종교성은 다르다. 종교성이라는 말의 함의에는 진지함과 경건함이 들어있다. 건곤단법(乾坤丹法)의 임독유통(任督流通)을 통해 하늘과 땅을 접하며 경건한 마음이 배양된다. 수도자에게 공통으로 나타나는 고요함이다. 국선도 내에서도 경건함이 종교라고 잘못 해석함으로써 혼란스러워하는 분들이 없지 않아있다. 이러한 잘못된 인식으로 단전호흡을 하면 체력은 강해지는데 오히려 편협함과 이기주의적인 쪽으로 흘러갈 수 있음에 유의해야 하겠다.

精 = 하단전 = 정각도
氣 = 상단전 = 통기법
神 = 중단전 = 선도법

정기신을 삼보(三寶)라 한다. 精은 하단전에 위치한다. 양쪽의 신장 가운데에 위치해 있고 이는 반사적 위치인데 생식 기능의 총체적인 괄약근을 주관한다. 정각도 수련은 이 하단전을 주로 발달시키는 것이다. 氣는 상단전에 위치해 있고 신체적 장기는 송과선(松果線)[35]이다. 神은 단중에 위치하고 주관 장기는 심장이다. 이는 중국의 관념적인 것을 근본적인 면에서는 포용하면서도『동의보감』의 생리적 측면과 맥을 같이하며 현실적인 것을 추구하는 국선도의 시각을 보여 준다. 중국식[36]은 머리의 상위적 기능을 적용한 관념적이라 할 수 있는 상단전을 하늘과 맞닿아 있는 근원으로 본다. 국선도는『동의보감』의 생리생체론과 맥을 같이 하는 심장을 근원으로 본다. 이는 사망 진단을 뇌사에서 보는 것이 아니라 심장이 정지한 상태에서 확정하는 현대 의학적 관점이 나타내듯이 神을 중단전 즉 심장으로 보는 것이다. 이는 그 결과가 다르게 나올 수 있는데 한 예로 중국식은 종교적·관념적, 국선도는 체험적·현실적으로, 인간관뿐만이 아니라 우주론에까지 다른 가치로 나타날 수 있다. 또한 정기신에서 精은 정각도 단계, 氣는 통기법 단계, 그리고 神은 선도법 단계로 적용하여 국선도 9단계의 특징을 하나의 도식으로 설명하는 데 유용한

---

35) 송과선(솔방울샘, Pineal land)은 뇌에 위치해 있으며 솔방울 모양의 형태를 띤 데서 그 이름이 붙여졌다. 이곳은 서양에서는 제3의 눈(Third eye), 동양의 전통에서는 영안(靈眼)으로 불린다.
36) 일반적인 의미에서의 중국식이며 그 외에도 다른 배열의 위치가 혼용되고 있다.

체계이다.

4. 仙과 伏의 관계

『자전』, 『옥편』, 그리고 『설문해자』에도 안 보이는 伏은 어디에서 유래된 글자일까? 청운도사가 청산에게 전수한 것으로 봐서 이 글자는 일정한 역사적 전통을 갖고 있는 것으로 보인다. 그렇다면 이 伏에 붙은 깨달을 불의 뜻과 佛과는 어떠한 연관이 있을까? 필자가 90년대 중반 미국 로스엔젤레스에 국선도 지원을 개설했을 때 속리산 법주사 계통인 S사의 H스님과 교류를 하고 있었다. 하루는 이 스님과 국선도의 고유성을 말하다가 伏자를 얘기했는데, 뜻밖에 돌아온 대답은 이 글자가 불가에서는 佛의 약자로 쓰인다는 것이었다. 그러니까 佛자에서 人자 안에 弗을 약해서 天으로 대체하여 伏으로 쓴다는 것이다. 그런데 그동안 여러 스님들과의 교류를 통해서 봤을 때 이 伏자를 불의 약자로 쓰는 것이 불가에서도 일반적이지 않음은 분명하였다. 그러면 이 伏은 단순히 佛을 약자로 쓰기 위해서 만들어진 것일까? 어떤 의미가 분명히 있을 것이라고 봤다.

그 후 시간이 조금 흐른 후에 국선도 지도자 정현축으로부터 박사학위를 준비하며 연구하던 중 국선도에서 쓰는 伏자를 『격암유록』[37]에서 발견했다는 전갈이 왔다.[38] 그런데 이 『격암유록』은 위서 논란이 있는 책이다.[39] 위서 논란[40]의 중심에는 『격암유록』의 내용 일부가 남사고가 전했다고 알려진 「남사고 비결」이 씌어진 16세기의 언어가 아닌 19세기경에 통용됐을 개념들로 표현됐다는 주장이 있다. 그러나 이러한 진위와는 별개

---

37) 남사고 전수/신유승 해독(1987). 『격암유록』 1권. 세종출판공사./ 이하 『격암유록』으로 표기한다.

38) 정현축(2012.2). 불자를 통해 본 『격암유록』과 국선도의 관계. 동양학연구 제8집. 원광대학교 동양학연구소, pp. 311-335.

39) 「남사고 비결」은 조선 명종 때의 격암 남사고(1509년 ~ 1571년)가 어린 시절 '신인(神人)'에게 전수 받았다고 주장되는 예언서이다. 이도은(李桃隱, 본명 이용세, 1907년 ~ 1998년)이 甲申閏四月(1944년)에 필사하여 1977년 국립중앙도서관에 기증한 뒤 소장되어 전하는데, 현재 대한민국의 역사학계에서는 위서라는 견해도 있다.

40) 이재은이 살았던 충남 서산시 지곡면의 유충식(향토사학자)과 박병서(칠지도 기념사업회)의 전언에 의하면 선생이 그의 장남에게 한문공부를 엄격하게 시켰는데 붓글씨를 쓸 적에도 신문지가 아니라 꼭 화선지에 연습하게 하였다고 한다. 이후 그 장남은 후일 서울의 D대학 교수로 한문학의 권위자의 위치에 오르게 된다. 이로 볼 때 「남사고 비결」이 시대를 거치며 일부 첨삭은 있었으리라 생각될 수 있으나, 그 서적을 접한 이재은에 의해 원문을 훼손할 정도의 개작이 이루어지지는 않았으리라 추정한다.

로 仙과 仸의 관계를 파악하는 데에 仸자가 국선도 이외의 도서에서 보인다는 게 중요하다. 1944년에 필사하여 1977년 이도은에 의해 국립중앙도서관에 기증되는 『격암유록』의 시기를 소급하여 볼 때 청산이 1970년을 전후하여 알렸을 이 仸자를 이도은이 취하여 佛 대신 교체했을 가능성은 희박해 보인다. 이를 통해 볼 때 산중에서 국선도의 도맥과 사상적 교집합을 이루는 어떤 부류 또는 단체와 공유하는 상징적인 의미의 글자로서 仸이 사용되었던 것으로 보인다.

◉ 『격암유록』에서 仸자의 5가지 용례

1. 弓乙論궁을론
   擲柶消目檀東致基 五卯一乞枛東仸[41]
   척사소목단동치기 오묘일걸단동불

2. 弄弓歌농궁가
   千變萬化弓乙道 亞亞倧仸天下通[42]
   천변만화궁을도 아아종불천하통

3. 弄弓歌농궁가
   亞亞倧仸十數之人 萬人苦待眞人이라[43]
   아아종불십수지인 만인고대진인이

4. 歌辭總論가사총론
   五卯一乞枛東仸出 길라나비[44] 活活道飛[45]
   오묘일걸단동불출   활활도비

---

41) 『격암유록』 1권, p. 95.
42) 『격암유록』 1권, p. 133.
43) 『격암유록』 3권, p. 132.
44) 제 살길만 찾아
45) 『격암유록』 1권, p. 173.

5. 鷄鳴聲계명성

嗟呼時運 늦어간다 蛇奪人心 彌勒仸을[46]

차호시운　　　　사탈인심 미륵불

「남사고 비결」은 신유승에 의해 처음 해독되어 1987년에 『격암유록』으로 출간된다. 그런데 신유승간 『격암유록』에 쓰인 仸자는 '극락,' '천당,' '사람의 제일 좋은 종교인 [上古]神人 佲,' '하늘에서 사람으로 내려오신 불,' '하늘에서 강림하신 성인' 등의 뜻으로 쓰였다.

신유승간 이후에 발간된 다른 해석본에는 이 仸자가 覺 또는 佛로 표기되어 있다. 그런 맥락에서 하늘사람(깨달은 자)을 표기할 때는 覺으로, 미래불인 미륵불에서는 佛로 표기하고 있음을 알 수 있다. 즉 仸자는 사람이라는 개체에 적용할 때는 청산이 전수한 바와 같이 하늘사람 선(仸)으로, 또 하늘(天)이 인간(人)에 하강하여 미래를 밝힐 등불인 佛을 의미할 때는 이를 깨달을 불(仸)로 표기한다는 뜻이다.

그렇다면 지금까지 전개된 仸자의 의미를 종합하면, 국선도에서 仸자가 仙자를 대체하고 또 이 仸자의 뜻을 깨달을 선(仸) 또는 깨달을 불(仸)을 쓰는 용례가 격암유록에서 仸자가 쓰이는 용례와 같은 맥락인 것을 보게 된다. 그랬을 때 仙적으로 보면 하늘사람(깨달음) 선(仸)이고 佛적으로 보면 미래불인 불(仸)인 것이다. 즉 선도에서는 과거의 선이 아니고 불에서도 과거 석가모니가 설파한 불이 아니라 미륵사상에서 나온 미래의 희망불을 얘기하고 있다고 보는 것이다. 이는 선도와 불교가 사상적으로 합종되며 나타난 습합의 결과이지만 산중에서 자연스럽게 교류하며 나타난 현상으로도 볼 수 있는 것이다. 이런 것은 무운도사, 청운도사, 그리고 청산선사가 산중에서 수행하며 불교의 사찰을 산과 세속을 연결하는 공간으로 삼았던 것을 보아도 자명한 일이다. 그러므로 이 仸자가 국선도만의 독창적인 글자라는 인식을 탈피하여, 산중 도인들이 이 글자를 선택했을 그 시대에 비언어적인 국선도에서 언어를 취한 사상적 맥락을 엿볼 수 있어야 하겠다.

그렇다면 국선도와 『격암유록』의 관계는 무엇일까? 어떤 관계이기에 이 仸자를 공유

---

46) 『격암유록』 3권, p. 210.

하고 있는 것일까? 『주역』은 삶의 지혜서인데 협소하게 점서(占書)로만 보려는 것과 같이 『격암유록』도 예언서로의 측면만 부각되고 있는 듯하다. 아마 이런 면이 『격암유록』이 위서로 논란이 되고 있는 연유 중의 하나라고 생각한다. 그러나 예언서라는 선입견을 버리고 그 전체가 지향하는 본질을 봤을 때 이는 결국 선적(仙的) 세상의 도래를 예언하고 있다. 이는 유불도와 기독교가 각기 독립적인 종교가 아니라 하나의 근원을 두고 있는데 이를 선(仙)을 통하여 회통시킬 수 있다는 사상의 융합적 제시인 것이다. 결국 새로운 세상은 어느 한 지도자에 의해 통치되는 세상이 아닌 하늘이 개개인에게 하강하는, 즉 각자의 깨달음 속에 영위되는 사회를 미래불이라는 상징으로 나타내고 있다. 여기에서 우리는 유불도 삼교를 포함한 도가 풍류도이고, 이는 『선사(仙史)』의 내용이 함축되어 있다고 하는 고운 최치원 선생의 「낙랑비서문」[47]이 『격암유록』과 맥이 닿아 있음을 시사한다. 특히 仸의 '하늘사람' 또는 '영통하다'는 『격암유록』의 해석,[48] 특히 '古 神人 伀[49]'의 仸은 고대신앙에서 하늘과 교통한다는 '풍류(風流)'의 의미를 볼 때 더욱 그러하다. 그러므로 仸은 仙세상의 도래를 알리는 예고편의 상징어라고 할 수 있기에 仸과 仙의 관계에서 仙은 본체이고 仸은 이 시대에 仙의 역할을 대변하는 상징어이다.

그런데 이재은에 의해 필사되어 국립중앙박물관에 증정된 「남사고 비결」이 후일 『격암유록』으로 해독되며 이것이 실제 남사고가 전한 것이냐 하는 진위 논란[50]을 감안하더라도 이 『격암유록』과 남사고에 의해 전해졌다는 「남사고 비결」 사이에는 공통점이 하나 발견된다. 「남사고 비결」이 유통된 시기는 대략 임진왜란 20~30년 전으로 추정된다. 이

---

47) "國有玄妙之道 曰風流. 說敎之源 備詳仙史 實乃包含 三敎 接化群生."
   우리나라에 현묘한 도가 있으니 이를 풍류라 한다.
   이 도가 비롯된 것은 『仙史』에 상세히 기록되어 있는데
   유불선 삼교를 근원적으로 이미 자체 내에 지니어,
   뭇 생명을 접하여 저절로 감화시킨다. 『삼국사기』 권4 인용.

48) 이러한 영적인 면을 간과한다면 仸이 평이하게 깨달을 覺으로 해석된다.

49) 신유승은 『격암유록』에 나오는 한자 중 본인이 알지 못하는 글자는 일일이 중국을 답사하며 고서에서 그 뜻을 찾아 『격암유록』을 해독하였다 하였고 仸자도 그중 하나라 한다(인터뷰, 2018. 6. 11. 16:00-19:30, 청주 오송 자택).

50) 갑골문자의 해독가로도 알려진 신유승은 한자의 발생과 구성 원리로 봤을 때 그가 해독할 당시 『격암유록』은 어떤 특정 종교단체에 의해 20% 정도 훼손된 것으로 파악하였다. 그러나 그 전체 내용을 해독하는 데는 전혀 문제가 없었다고 한다(앞의 인터뷰).

원전이 이재은에 의해 발견됐다고 알려진 것은 1944년에 필사되어 1977년에 그 모습을 드러냈을 때이다. 전자는 왜의 침략을 앞둔 시점이고, 후자 역시 암울한 일제의 침략을 거친 시기라는 점에서 이 두 시기는 모두 약 400여 년이라는 시간의 간극을 사이에 두고 외세에 의해 한반도의 위기감이 고조되고 있었다는 공통점을 보인다. 이러한 때는 민족의 각성과 함께 미래에 대한 희망이 절실하게 요구되는 때이기도 했을 것이다. 그러기에 이러한 제시가 외세에 의한 것이 아니라 이미 최치원 선생에 의해 함축된 한민족의 토착적인 고대의 仙사상을 미래와 연결하는 매개의 징표가 伏이라고 보게 되는 것이다. 그러므로 伏은 仙을 대체하는 의미가 아니다. 오히려 仙이 우화등천한다는 식으로 민간에 회자되는 잘못되고 허황된 구태적인 관념51)들을 바로 잡아 주며, 仙의 세계가 인도하는 미래의 희망에 대한 사회적 역할을 촉구하고 있다.

청산은 1974년을 전후하여 이미 伏자를 쓰고 있는데, 1974년에 간행된 『국선도법』에 수록된 다음의 경구들을 보면 仙과 伏의 관계에서 仙이 본체임을 알 수 있다.52)

善化竟선화경

心田善化심전선화仙道法 萬化一歸만화일귀仙道法 利在田田이재전전仙道法 諸邦統一제방통일仙道法
造化仙境조화선경仙道法 然火作亂연화작란 必竟亡필경망

萬類解冤만류해원仙道法 蒼民一和창민일화仙道法 天地蒼造천지창조仙道法 永世無窮영세무궁仙道法
人體主義인체주의仙道法 一切蒼生일체창생 救活零구활령

天地神機천지신기仙道法 太平歌舞태평가무仙道法 宗教統一종교통일仙道法 地上天國지상천국仙道
法 眞主出世진주출세仙道法 大仙眞理대선진리 萬萬世만만세

道王歌도왕가

一. 출도출도 알고 보니 진리 출도요
　　도원왕국 알고 보면 종주국이라
　　신령도체 합일하여 능통을 하니
　　금수강산 백의민족 도왕국이라

---

51) 이는 또한 사회적 정치적으로 민족이라는 주체성을 망각한 상태이기도 하다.

二. 생도 사도 아닌 법은 영법이구요
　　진리근원 알고 보면 천인합이라
　　천지인에 합일법은 仙法大道요
　　선남선녀 되고 보면 영생이로다

三. 대기대승 하는 법은 仙法이구요
　　백두광명 仙道法은 자연승시라
　　억조창생 구활코저 나타났으니
　　세세년년 무궁토록 영원하리라

仙境歌선경가

一. 전 인류를 고해에서 구활하려고
　　심산유곡 초근목피 고행을 하신
　　성진선령 뜻을 따라 수도를 하면
　　우주진리 체득하고 仙人이 되어
　　천지인이 일화통일 낙원 된다네

二. 우리모두 仙道源法 수련을 하면
　　병고전란 기아고통 물러를 가고
　　선령님과 동거동락 영화뿐이다
　　자이자득 수도정심 닦아가면은
　　造化仙境 지상천국 건립된다네

三. 인류원귀 봉안하고 충효를 하는
　　배달정기 仙境國에 光明仙道는
　　천지인이 합일하는 영법이로다
　　수도하여 지옥생활 청산을 하고
　　선인되어 造化仙境 생활을 하세

善化歌선화가

一. 우주진리 정기 받아 태어난 이 몸
　　우주로서 집을 삼고 수도를 하여
　　심전선화 되고 보니 영화뿐이네

　　　　병고전란 기아고통 벗어났도다

　二. 선령님에 보호 받고 태어난 이 몸
　　　　선령님과 동고동락 수도를 하니
　　　　심전선화 자연 되어 仙人이 됐네
　　　　仙人됨이 선령님의 덕분이로다

　三. 대자연에 보호 받고 태어난 이 몸
　　　　대자연과 합일하는 仙수련 하니
　　　　심전선화 자연 되고 자연을 타네
　　　　자연승시 되고 보니 나타났도다

---

52) 『국선도법』, pp. 413-417.

제 **2**장
국선도 수련체계

Ⅰ. 정각도(正覺道) – 깨달음의 길[1]

국선도의 수련은 역리에 기초를 둔 단리(丹理)에 있다. 단리는 역리적 우주관과 그 생성원리를 인간의 심리와 생리에 부합시켜서 천(자연)·인(심리, 생리) 합일의 수련을 하고자 하는 방법이다.[2] 우주의 생성 원리와 인간의 생성 원리는 동일한 면과 상이한 면이 상존하므로 동일선상에서의 설명이 필요하다. 그러나 자연계는 자연의 원리에 의해 그 법칙에 따른 생성변화가 일어나는 것이며, 인간도 그 육체는 하나의 자연물이므로 자연법칙에 순응해야 한다. 그러면서도 인간은 한편으로는 자유의지를 가진 독립적 존재로서 자연법칙에 순응도 할 수 있고 역행도 할 수 있으므로 순응할 수 있는 이해와 수련이 필요하다.

국선도 수련은 크게 3단계로 되어 있다. 첫째 정각도, 둘째 통기법, 셋째가 선도법이다. 이 세 가지 단계를 풀이하여 정각도는 깨달음의 길, 통기법은 생명의 길, 선도법은 영생의 길이라 칭한다. 이러한 큰 전제하에 그 구체적 실천 방법을 보면, 정각도에서 중기단법, 건곤단법, 그리고 원기단법의 단계로 구성되어 있고, 통기법에서 진기단법, 삼합단법, 조리단법, 그리고 선도법에서 삼청단법, 무진단법, 진공단법으로 총 3법 9단계이다.

---

1) 정각도를 '깨달음의 길'이라 한글로 풀이하였다.
2) 『국선도법』, p. 73.

1. 정각도 행공원리[3]

» 중기단법

우주만유가 현실을 유지하는 것은 중기의 운용이니 중기는 음양이 합실한 중심원리이니 유도(儒道)의 윤집궐중(允執厥中)과 선도(仙道)의 포일수중(抱一守中)과 불도(佛道)의 중도(中道)가 모두 중을 집수(執守)한다. 음양이 변화하며 수화가 승강하며 기혈이 순환하는 것이 모두 중앙오십토의 중기 단합력에 의한 것이니 인체의 중은 비장과 위가 토니 중기는 실로 중대한 생리며 일신의 음양은 단합하면 생존하고 분리하면 사망하는 것이니 중기는 유음유양(有陰有陽)의 진실성이요 리음조양(理陰調陽)의 조절성이요 유무변화(有無變化)의 대사성이니 하단전에서 생동의 힘이 간으로 나와 생신한 기혈이 되어 내 몸을 보양하는 것이므로 중기단법의 오십토(五十土) 동작의 단법을 수도 초공으로 삼고,

» 건곤단법

천의 신공과 지의 덕기와 오기의 기운이 합성하며 만물이 화생하는 것이니 건곤기는 만물화생의 조종적 근원이 되는 것이며 오인생명체는 정기신인 즉 이를 삼원례라 하고 건은 천원이며 오인은 인원이니 건곤지중에 소장되어 있는 것이 인원인 고로 수도에는 건곤단법을 제2의 행공을 삼고,

» 원기단법

천의 오운과 지의 6기의 작용으로 일어나는 6기는 수화합실력인즉 인신의 원기요 체온이 되는 것이니 천도의 365도와 오인의 365 골절이 유하므로 원기단법을 우주적 입장에서 오인이 행공하여야 하는 고행인 것이니 고요한 적경에서 신심법의 정법, 건의 갑법(국선도 행공 CD).[4]

동양의 형이상학적 천리에는 하늘에는 오운(五運)이 있고 땅에는 육기(六氣)가 있는 것으로 본다. 그리하여 소우주인 인체에도 5장6부가 있는 것으로 본다. 오운이란 자연 자체가 가지고 있는 기본 요소이다. 오운은 그 오행이 실현되는 자율현상의 변화법칙과

---

3) 국선도 행공 CD에 행공을 하는 원리에 대해 청산선사의 육성으로 녹음되었다.
4) 『국선도법』, pp. 203-204.

그에 따라 보이는 상을 말한 것이다. 육기란 우리가 살고 있는 운동과정에서 오행의 길에 변화를 일으켜 운행지기가 하나 더 불어나게 됨으로써 육종의 기가 된 것인데 이것을 육기라 한다.[5] 천지의 조화는 무궁무진하나 그 변화의 법칙은 정해진 대로 운행되는 것이 다름 아닌 천도다. 지구상에서 이 오운육기의 상생변화의 법칙을 수련자 각각의 몸에서 이루어질 수 있게 정리된 수련이 국선도이다.

이러한 변화의 법칙을 내 몸에 적용해 보는 첫 단계가 정각도이고 여기에서 중심어는 각(覺)이다. 국선도에서의 각은 육체를 통한 마음의 관찰이다. 바람이 부는 것을 나뭇잎이 흔들려서 알듯이 마음은 형상이 없기에 아직 육체를 통해 마음을 바라봐야 한다. 이 과정에서 깨달음은 필수이다. 왜냐하면, 형상 없는 바람이 나뭇잎에 닿기 전에 잎이 움직일 수 있다는 것을 아는 것이 깨달음이기 때문이다. 이 길을 걷기 위해 정각도의 삼단계인 중기단법, 건곤단법, 원기단법을 수련하는 것이다. 깨달음은 의식의 확장이다. 나의 의식에 없던 것이 활성화되며 나와 무관 할 수 있는 많은 부분을 인식하여 포용할 수 있다.

2. 깨달음의 의미

청산은 국선도의 첫 단계인 정각도를 설명하며 불교의 깨달음과 국선도의 깨달음에 대해 비교를 하며 그 이해에 접근하고자 하였다. 불교의 空사상(無明)과 12연기설을 보면 국선도와 정반대에서 접근함을 볼 수 있다. 불교는 '나'가 없음을 자각하는 것을 깨달음으로 보고, 국선도는 나의 존재를 확연하게 보는 것이 깨달음의 시초(正覺道)이다. 그래서 불교는 공에서 물질(나, 또는 관념)로 되어온 것을, 국선도는 물질(육체적이기 보다는 나, 또는 관념)에서 공으로 진행하는 과정으로 본다. 따라서 이것은 역 12연기설이라 할 수 있다. 국선도를 이해하기 위해 正[6], 특히 覺과 空 사상의 이해가 필요하다.

불교에서의 깨달음(覺)은 우주의 모든 존재는 하나도 절대 불변의 실재를 갖고 있지 않으며 그 어느 것도 독자적으로 존재하지 않는다는 원리를 각해야 한다는 것이다. 그 이유는 연기적인 사고방법으로 관찰하면 그렇게 된다는 것이다. 시간적인 사고방식으로 보면 원인에서 결과가 있게 된다고 보나, 우주의 생성은 시간적인 인과관계가 아니라

---

5) 고장홍 외(1997). 흰구름 걷히면 청산이거늘. 밝문화 연구소, pp. 123-124.
6) 천도, 지도 그리고 인도에 올바른 것.

공간적인 상호연기 관계로서 어떠한 존재든 그 존재는 그 존재가 아닌 다른 존재와 서로 인연 맺은 관계로부터 존재하게 된다고 본다. 그러므로 만상은 하나도 본래 그 자체로 존재하는 것이 없다는 논리에서 무아(無我)를 주장한다. 불교 특히 대승불교에서는 이와 같이 '나는 존재하지 않음'을 알아차리는(覺) 것이 교리의 출발이 된다. 이러한 각에서 비로소 깨달은 자로서의 무사, 공평, 자비 등의 보리심도 나오게 된다는 것이다. 왜냐하면, 나는 존재하지 않기 때문에 현재의 이 존재가 추구하는 모든 것은 아예 성립될 수 없다는 것이다. 형체가 없어서 무인데 그 무(無)가 생산하는 몸, 마음 등 무슨 실체가 있겠느냐 하는 것이다.

여기에서 불교의 연기설은 연역 적으로 추적하여 분명히 존재하는 것 같은 '나'를 순식간에 없애 버렸다. 그런데 국선도 우주론(연기설)은 불교와 다른 귀납적인 방법으로 분명한 실체인 '나'를 우주라는 내가 존재함이 불분명한 상태의 공간으로 또 순식간에 분명하게 환원시킨다. 만물은 우주나 인간을 막론하고 변화유전하며 그 변화유전의 작용은 상호연기적인 것이다. 이러한 연기적인 관계로 어느 하나도 독자적인 존재성을 가지지 못한다는 것을 알아차려야 한다는 것이다. 동시에 그 변화생성의 모습을 자세히 관찰하면 거기에서 발견되는 하나의 통일된 원칙을 볼 수 있는데 그것이 다름 아닌 음양적인 변화라는 것이다. 정각도에 있어서 이 음양의 현상 속에서 만물의 생성소멸이 있음을 통찰하는 것이 국선도 깨달음의 근간이다. 이로부터 나와 우주는 무분별한 혼돈에서 연기하여 나오는 게 아니라 음양이 하는 통일된 연기적 현상 속에서 생성함을 자각하는 것이다. 따라서 인간의 기와 우주의 기는 결국 음양적 현상중 하나인 호흡의 실천을 통하여 그 본질인 우주와 연기된다는 것을 말하고 있다. 즉 정각도의 覺은 내 한 몸이 대우주와 음양적 연기관계로 생성하는 소우주임을 자각하고 실천에 의하여 입증함으로서 얻어지는 覺으로 설명될 수 있다.

그래서 정각도는 나를 발견하는 단법이고, 그 주제는 '나'이다. 동서양 공통으로 깨달음은 '나'의 발견을 주목하고 있는데, 이를 '견성' 또는 '자성,' '자기구현(self-realization),' 대아(자기, Self) 등으로 표현할 수 있다. 국선도의 정각도는 나의 존재를 인식하고 확인하고 깨닫는 과정이다. 불교는 내가 없음을 깨닫는 것이고, 국선도는 내가 있음을 깨닫고 나아가 그래서 내가 우주의 주체임을 확인하는 관점에서 시작한다.

정각도에는 세 가지의 하부 단계가 있는데, 중기단법, 건곤단법, 그리고 원기단법이다. 중기단법은 원소인 5행과 하나가 되는 나를 깨닫는 수련이고, 건곤단법은 하늘, 땅과 하나가 되는 나를 깨닫는 수련이며 원기단법은 이러한 우주의 이치가 나의 중심과 360도 맞물려 조화롭게 돌아가고자 하는 수련이다. 나의 중심은 단전이며 그곳을 통한 생명력(元氣)을 회복한 '나'를 구현하는 것이다. 우주의 중심을 반으로 나눈 것의 표의 문자가 中이다. 그 우주를 위와 아래로 합치시켜 보고(乾坤) 그리고 306도로 한 바퀴 빙 돌려보는 것을 원기단법이라 한다.

II. 정각도 수련단계

1. 중기단법(中氣丹法)

중기단법은 오행으로 구성된다. 수화목금토의 생성론적 배열로 되어 있다.

우주만유가 현실을 유지하는 것은 중기의 운용이니 중기는 음양이 합실한 중심원리이니 유도(儒道)의 윤집궐중(允執厥中)과 선도(仙道)의 포일수중(包一守中)과 불도(佛道)의 중도(中道)가 모두 중을 집수(執守) 한다. 음양이 변화하며 수화가 승강하며 기혈이 순환하는 것이 모두 중앙 오십토의 중기 단합력에 의한 것이니 인체의 중은 비장과 위가 토니 중기는 실로 중대한 생리며 중기는 음양이 합실하여 내용이 진실하고 현실을 항상 유지하는 실제작용이다. 음양이 단합하여 양기상합으로 중(中)에 핵심원력이 상의상생(相依相生)의 원리로 생(生)하는 것을 진실이라 하며 중기의 3(三) 작용이 유하니 하나는 보합이요 둘은 단합이요 셋은 보전이니 원래 생명이란 구체하고 기생함을 생명체라 하는 것이니 일신의 음양은 단합하면 생존하고 분리하면 사망하는 것이니 중기는 반음반양(半陰半陽)의 중성(中性)이요 유음유양(有陰有陽)의 진실성이요 리음조양(理陰調陽)의 조절성이요 유무변화(有無變化)의 대사성이니 하단전에서 생동의 힘이 간으로 나와 생신한 기혈이 되어 내 몸을 보양하는 것이므로 중기단법의 오십토단법(五十土丹法)을 수도초공으로 삼는 것이다.[7]

---

7) 『국선도법』, pp. 203-204.

본법과 별법 두 가지가 다 수(水) 요소인 것은 1번과 26번이다. 그 행공 동작은 선자세에서의 합장과 앉은 자세에서의 합장이다. 이 두 가지 동작은 기운의 창고인 水의 활용에 중요한 의미를 갖고 또 효과적인 자세가 됨을 알 수 있다. 그런데 水의 역할이 중요한 것은 水가 넘쳐도 치우치지 않는 가치를 지녔기 때문이다. 이는 다른 4가지 원소인 목(木), 화(火), 토(土), 금(金) 등으로 환원할 수 있는 성질을 가진 데에서 기인한다.

◎ 중기단법의 본법

사람의 한 몸과 한 마음을 합하여(一身一心法) 올바른 길로 가야 한다(正法)는 뜻과 올바른 우주심에 돌아가고자(正心法) 하는 마음을 내 몸에 받아(身心法) 모든 것을 인내로 끈기 있게 참아 나가는 마음을 가지고(忍心法) 동요됨이 없는 마음을 새기며(破心法) 수도를 하여야 한다. 그러한 것은 고요한 가운데 변화하는 우주심이 되어야 지킬 수 있으며(轉心法), 모든 잡념을 버리고(解心法), 쉬는 듯한 고요한 마음(休心法)이지만, 그 속에 음양의 기는 우주기와 함께 돌아가고 있는 것(動心法)이니, 이는 세상사의 이치를 올바로 분별하여 그 가운데를 지키려 함(事理正別法)이다.

◎ 중기단법의 별법

사람으로서 한 몸과 한마음이 상합하여 올바른 우주정신으로 고요한 가운데 올바로 포근히 안기기 위해서는(正法), 마음을 가라앉히고(坐法) 음양일기를 세워(立法) 견고히 하여(側法) 일기작용으로 지키도록 한다. 이를 지키고(動法) 모으며(合法) 내 몸에서 만들고(身法) 늘리고(洛法) 힘을 모아(力法) 고요한 가운데 변화하게 움직여(動法) 율여 작용으로 나아가고(前法) 물리고(後法) 한다. 음좌양우의 원리로 좌로부터 돌기 시작하여(左法) 우로 돌아온다(右法). 이 끝없는 돌아감(動法)이 또한 오르고(上法) 내리는(下法) 수승화강(水昇火降)의 원리이다. 중심을 잡고 커 감으로써(中法) 모두를 견고하게(壓法) 하고 중도를 지키며 화합하고자(動法) 하는 것이다. 16(一六)수인 양수(水法)와 이칠(二七)화인 음화(火法)가 서로 상통하여 합실하므로 생성하여(木法) 견고하게 거두고 모아(金法) 화평하게 하여(土法) 모든 세상사를 올바로 깨닫고 체득하게 한다.

1. 일신일심법: 正정 坐좌 立입 側측 動동
2. 정심법: 合합 身신 洛낙 力역 動동
3. 신심법: 前전 後후 左좌 右우 動동
4. 인심법: 上상 下하 中중 壓압 動동
5. 파심법: 水수 火화 木목 金금 土토
6. 전심법: 正정 坐좌 立입 側측 動동
7. 해심법: 合합 身신 洛낙 力역 動동
8. 휴심법: 前전 後후 左좌 右우 動동
9. 동심법: 上상 下하 中중 壓압 動동
10. 사리정별법: 水수 火화 木목 金금 土토

청운도사는 청산에게 다음과 같이 중기단법에 대해 설명하였다.

"너는 이제야 겨우 마음을 고르고(調心) 몸을 고르고(調身) 숨을 고르는(調息), 네 마음으로 네 몸을 움직이는 처음 문에(修道初功) 들어섰으며, 이 가운데 아랫단이 모이는 곳(下丹田)인 돌단자리는 하늘의 기운과 땅의 기운이 모이는 곳으로, 이곳이 사람 힘의 뿌리(根原)가 되는 것이다. 그러나 아직도 어려운 밝 받는 길까지는 창창하다. 이제 그 길로 쉬지 말고 가야 한다. 그것이 사람이 똑바로 가는 길이야. 알겠느냐?" 하신다. 나중에 생각하여 정리하니 "하늘에서 홀알 하나의 힘(宇宙의 一氣)은 모든 것을 생기게 하고 커서 변화(萬物生成變化)하고, 사람의 하나의 힘(人間의 一氣)은 홀알이 하나로 된(陰陽合實) 가운데(中氣)로 몸과 마음이 생겨나 커서 변화한다. 사람 몸의 가운데 기운이 모이는(中氣團合) 것은 하늘과 땅의 기운이 가운데 모이는(中央五十土) 데서 비롯하여 생겨나고 움직이는(생성작용) 것이 되는 것(전개)이라는 말씀이다. 그러시고서 "이제 네가 사람 몸 안에 있는 것이 튼튼하여진 것이다. 그것이 튼튼하여지면 안의 여러 곳으로 보내고 뭉치고 온전하게 잘 움직여 주는(中央土合實하면 保給과 團合과 保全의 三作用이 활발) 것이다. 그래서 네가 여태껏 숨 쉰 것은 몸 안의 가운데 기운을 키우는 곳을 튼튼하게 만드느라고 오십 가지 몸 움직임(五十動作)을 하면서 숨쉬기를(調息) 한 것이다. 앞으로 모든 곳을 튼튼하게 하려면 아직도 멀었다."[8]

---

8) 『삶의길』, pp. 206-207.

중기단법 50동작 법리도 ▶

1 一身一心法 일신일심법 正法 정법	6 正心法 정심법 合法 합법	11 身心法 신심법 前法 전법	16 忍心法 인심법 上法 상법	21 波心法 파심법 水法 수법	26 轉心法 전심법 正法 정법	31 解心法 해심법 合法 합법	36 休心法 휴심법 前法 전법	41 動心法 동심법 上法 상법	46 事理正別法 사리정별법 水法 수법
2 상동 座法 좌법	7 상동 身法 신법	12 상동 後法 후법	17 상동 下法 하법	22 상동 火法 화법	27 상동 座法 좌법	32 상동 身法 신법	37 상동 後法 후법	42 상동 下法 하법	47 상동 火法 화법
3 상동 立法 입법	8 상동 洛法 낙법	13 상동 左法 좌법	18 상동 中法 중법	23 상동 木法 목법	28 상동 立法 입법	33 상동 洛法 낙법	38 상동 左法 좌법	43 상동 中法 중법	48 상동 木法 목법
4 상동 側法 측법	9 상동 力法 역법	14 상동 友法 우법	19 상동 壓法 압법	24 상동 金法 금법	29 상동 側法 측법	34 상동 力法 역법	39 상동 友法 우법	44 상동 壓法 압법	49 상동 金法 금법
5 상동 動法 동법	10 상동 動法 동법	15 상동 動法 동법	20 상동 動法 동법	25 상동 土法 토법	1 상동 動法 동법	35 상동 動法 동법	40 상동 動法 동법	15 상동 動法 동법	21 상동 土法 토법

◉ 중기단법 전편(1, 2, 7, 8, 9 행)　　◉ 중기단법 후편(3, 4, 5, 6, 10 행)

1 一身一心法 일신일심법 正法 정법	6 正心法 정심법 合法 합법	11 解心法 해심법 合法 합법	16 休心法 휴심법 前法 전법	21 動心法 동심법 上法 상법	1 身心法 신심법 前法 전법	6 忍心法 인심법 上法 상법	11 波心法 파심법 水法 수법	16 轉心法 전심법 正法 정법	21 事理正別法 사리정별법 水法 수법
2 상동 座法 좌법	7 상동 身法 신법	12 상동 身法 신법	17 상동 後法 후법	22 상동 下法 하법	2 상동 後法 후법	7 상동 下法 하법	12 상동 火法 화법	17 상동 座法 좌법	22 상동 火法 화법
3 상동 立法 입법	8 상동 洛法 락법	13 상동 洛法 락법	18 상동 左法 좌법	23 상동 中法 중법	3 상동 左法 좌법	8 상동 中法 중법	13 상동 木法 목법	18 상동 立法 입법	23 상동 木法 목법
4 상동 側法 측법	9 상동 力法 역법	14 상동 力法 역법	19 상동 右法 우법	24 상동 壓法 압법	4 상동 右法 우법	9 상동 壓法 압법	14 상동 金法 금법	19 상동 側法 측법	24 상동 金法 금법
5 상동 動法 동법	10 상동 動法 동법	15 상동 動法 동법	20 상동 動法 동법	25 상동 動法 동법	5 상동 動法 동법	10 상동 動法 동법	15 상동 動法 동법	20 상동 動法 동법	25 상동 動法 동법

◉ 중기단법의 의미

중기단법은 50개의 분할된 '나'를 설정해서 이것들을 하나로 모으는 작업이다. 나 이전의 세계 즉 허공중의 원소를 中으로 집결시키는 작업이다. 진공단법에서 허공(宇宙)으로 돌아갔던 내가 다시 지상 위로 돌아옴이다. 그러니 그냥 중심을 지키는 중의 의미가 아니다. 중기단법에서 토단법이라는 것을 보고 알 수 있듯이 위장의 역할이 그 중심에 있다. 우주의 기운을 보합한다는 것은 위장에서 음식물을 분해하여 원소로 만든 다음 그 원소가 내 신체를 구성하는 것이다. 그렇다면 위장은 창조주의 역할에 비견되는 중요한 장기이다. 개성이 강한 다른 장부들의 국소적인 이기주의를 잘 다스려서 모아야 하기 때문에 호흡과 동작이 격하지 않아야 한다. 그렇지만 이 중을 지탱하기 위한 상태는 평화로움과 동시에 조율된 피아노 건반 줄의 팽팽함과 같은 엄중함이 같이 내재하고 있다.

다시 말하면 천지간에 아무것도 없는 텅 비고 공한 상태에서 그물로 채집하듯 우주의 기운을 모아 마지막으로 수화목금토인 5性(원소)을 생성시킨다. 이 생성된 상태는 외적으로는 평온한 상태이지만 내적으로는 조율된 피아노의 건반 줄처럼 팽팽함과 치열함이 같이 내재해있다. 건곤단법에서는 이 생성된 5性에 천지간에서 뻗치고 움츠려 보면서 변화를 주어 본다. 우주에서는 시간의 변화에 따라 5運이지만 땅에서는 6氣가 있다. 청산은 국선도를 심법이라 했다. 왜? 중기단법의 원리에서 보듯이 형태가 없는 데서(空) 형체가 있는 것으로 만들기 때문에 심법이 강조되고 그렇게 구성되어 있다.

2. 건곤단법(乾坤丹法)

우주만물에는 세 가지의 근원적인 공간에서 관찰되는 현상이 있다. 하늘의 작용을 신공(神功)이라 하고 땅의 작용을 덕기(德氣)라 하며 하늘과 땅 사이에는 5氣가 있으니 건은 천이요 곤은 지요 기는 천기이다. 천기란 우주의 정기를 말함이며 이 안에는 다섯 가지 원소인 오행의 운행 질서가 있다. 신공이란 천의 창조적 자세를 말함이고 덕기란 지의 육기로서 생산적 바탕의 혜택을 말한다.

이름하며 오기란 오행기운의 용을 말함이다. 천의 신공이란 부도요 지덕은 모도요 오기는 오행의 기운이니 천은 주가 되고 지는 체가 되고 기운은 용이 되는 것이므로 천의 신공과 지의 덕기와 오기의 기운이 합성하여 만물이 화생하는 것이니 건곤기는 만물화생의 조종적 근원이 되는 것이며 인간 생명체에는 정, 기, 신인 즉 이를 삼원이라 하니 만물화생은 자와 체와 요의 삼자가 화생만법의 묘리가 되는 것이니 건은 천원, 곤은 지원이며 사람은 인원인 고로 수도에는 건곤단법을 우주적 입장에서 인간이 행공하여야 하는 고행인 것이다.[9]

우주의 만유는 生, 成, 死 세 가지 근원에 의해 작동되고 있다. 즉 우주에는 하늘의 조화스러운 큰 작용이 있고 땅에는 만물을 품어 안는 기운이 있어 그 하늘과 땅 사이에 五氣의 작용이 이루어지고 있다. 기는 천기이니 천기란 우주의 정기를 말함이다. 신공이란 하늘의 창조적 자세를 말함이요, 덕기란 지의 육기로서 생산적 혜택을 이름하며, 오기란 오행기운의 용을 말함이다. 천은 주가 되고 지는 체가 되고 기운은 용이 되는 것이므로, 천의 신공과 지의 덕기와 오기의 기운이 합성하여 만물이 화생하는 것이다. 그래서 건곤기는 만물화생의 조종적 근원이 되는 것이며 사람의 생명체에는 精氣神의 작용이 있는데 이를 삼원(三原)이라고 한다. 만물의 화생은 주(主)와 체(体)와 용(用)의 세 작용이 화생만법의 묘리가 되는 것이다. 건은 천원이다. 곤은 지원이며 사람은 인원이니, 건곤지중에 소장되어 있는 것이 인원인 관계로 수도에는 건곤단법을 우주적 입장에서 수도자의 제이단계 행공법[10]으로 삼는다.

- 乾의 십간은 甲乙丙丁戊己庚辛壬癸
- 坤의 12지는 子丑寅卯辰巳午未申酉戌亥
- 乾의 主와, 坤의 体를 人原인 사람에게 적용하는 것이 건곤단법이다.

청운도사는 청산이 중기단법을 마칠 무렵 숨쉬기를 통해서 건곤단법에서 하늘의 이치를 스스로의 몸에 깃들게 하는 원리를 설명해 준다.

---

9) 『국선도법』, pp. 217-218.
10) 기체조, 단전호흡, 명상의 통합된 형태를 국선도에서는 행공이라 한다. 이는 단전의 힘으로 굴신동작을 하는 형태를 말한다(『국선도법』, p. 194.).

　　네가 처음에 숨쉬기를 한 것은 먼저 다소 알려 주었지만, 하늘 기운과 땅 기운을 아랫돌단자리에 모이게 하는 집을 지으려고 먼저 가운데 기운을 튼튼히 한 것이며(脾胃가 곧 中央土) 그 가운데 기운은 홀과 알이 하나의 힘으로 모이는 이치의 모습(氣는 陰陽造化의 像)인 것이니 이것이 가운데 기운을 기르는 처음이 되는 밝 받는 법(中氣를 養育하는 基礎)이고 그 힘(一氣)을 싸고(抱一守中) 가운데 기운을 키움이 밝 받는 법으로 들어가는 몸가짐이다. 또한, 도에 들어가는 자세다. 그리고 다음으로 숨을 쉬어 멈추고 숨을 내쉬어 멈추고 하는 숨쉬기는 하늘 기운과 땅 기운과 두 기운은 하늘에 가득하여 서로 맞물고 돌아가며 움직이고 있는 것으로 사람도 그와 같은 것이니 그 가운데서 생기고 커지는 것이 힘이며 그 가운데서 사는(同一한 原理 중에서 生存) 것이다. 그래서 둘째 숨쉬기는 (乾坤丹法) 하늘자리에서(宇宙的 入場) 하늘의 원래 이치를(宇宙의 生成元理) 네 몸 안에서 움직이게 시키는 법(作用方法)이다.11)

　　즉 중기단법에서 중앙에 모인 기운이 서서히 하늘과 땅에까지 팽창시키는 것이다.12) 건곤단법은 중기에서 훈련된 마음을, 하늘과 땅의 이치에서 다시 육체로 전환 회통시키며 마음이 몸을 관장하는 연습이다. 즉 건곤에서는 중기에서 50개의 '나'가 어느 정도 추스러져서 얼기설기한 형태지만 하나로 통일된 형태를 우주의 거울인 하늘과 땅에 비춰보는 작업이다. 하늘과 땅, 즉 우주의 운행질서에 건곤단법 19번 동작인 신법에서 임독유통을 통해 나를 우주(하늘과 땅)에 대입시켜 본다.

---

11) 『삶의 길』, pp. 213-214.

12) 역설적으로 선도법의 궁극적인 단계는 결국 이 중기에서 모여진 기운들을 원래 기운의 밭이었던 우주로의 환원을 이야기한다.

▌ 건곤단법 법리도 ▶

본법/별법	건(하늘)	건(하늘)	곤(땅)	곤(땅)	곤(땅)	우주(건+곤)
1 甲法 갑법 甲	6 己法 기법 己	11 子法 자법 子	16 巳法 사법 巳	21 戌法 술법 戌	23 座思法 좌사법 座思
2 乙法 을법 乙	7 庚法 경법 庚	12 丑法 축법 丑	17 午法 오법 午	22 亥法 해법 亥	
3 丙法 병법 丙	8 辛法 신법 辛	13 寅法 인법 寅	18 未法 미법 未		
4 丁法 정법 丁	9 壬法 임법 壬	14 卯法 묘법 卯	19 申法 신법 申		
5 戊法 무법 戊	10 癸法 계법 癸	15 辰法 진법 辰	20 酉法 유법 酉		

3. 원기단법(元氣丹法)

우주는 지, 체, 용의 변화무쌍한 시공력으로 절대성을 띠고 아무런 사심도 없이 자연법칙에 의하여 그 운행이 질서를 잃지 않고 있다. 사람 역시 우주 자연법칙에 의하여 대기대승할 수 있는 고행을 통해 과거 사리사욕으로 인한 역천적 자살행위를 벗어나야 하는 것이다. 그러므로 중기단법에서 중심을 찾고 건곤단법에서 천지적 고행을 닦고 원기단법에서 천지의 원기와 사람의 원기를 합일시키는 것이다. 수화가 합실한 기운이 원기이니 사람의 신장은 水의 요소요, 단전은 火의 요소다. 단전은 지하 음수중에 장한 양화이니 즉 수화교제로 인하여 래복(來伏)한 화다. 이것을 상화라 칭한다. 下에 在하므로 신에 속하고 삼초의 원이 된다. 수중화의 진양이요 지봉뇌처의 천근이다. 일신의 원기가 생하고 생리활동의 시발지가 되는 곳이다.[13]

> ■ 본법의 순서: 일신법, 정심법, 신심법, 인심법, 파심법, 전심법, 해심법, 휴심법, 동심법, 합심법, 일관법, 사리법

◉ 별법:

- 一身法(춘기초 정월)- 원형활체기 단전적광근하고 창구즉소개 총직용건월이니 곡덕은불해 쌍통금백선이라.
  元享活體己 丹田赤光根하고 蒼田卽小開 總直龍乾月이니 谷德銀佛海 雙通金白仙이라.

- 正心法(춘 이월)- 지생중구창 기주왕휘무하고 고정중격도 조사종굴윤이니 양보련학성 수승구반정이라.
  地生中救蒼 氣主旺揮無하고 高井中格度 曹寺鐘窟輪이니 養普蓮鶴星 壽崇區般貞이라.

- 身心法(춘 삼월)- 각평락전본 강단정능기하고 화집준미안 적조봉성야하니 통간신별도 임능암론우라
  覺平樂前本 江檀玎能機하고 花執準美案 寂照奉誠野하니 通竿腎別到 林能岩論牛라.

---

13) 『국선도법』, p. 226.

- **忍心法(하절기초 사월)**- 파곤황당궁 명광발원래하니 죽목오대정 왕화현천관하고 구담홍기은 구관주가가라

  破坤黃當穹 明光發源來하니 竹目伍大正 住華峴泉觀하고 句潭弘基恩 舊觀珠伽加라.

- **破心法(하기 오월)**- 일용효본영 진귀공사사로 양식소사과 진연운창갈이니 등영감 취장 작방신개시니라

  日用曉本永 眞貴公事司로 凉湜宵査科 陳然雲倉葛이니 登迎甘取臟 雀方新開始니라.

- **轉心法(하절기 유월)**- 인청의인례 성품지거창하고 향외폐인가 관부황지세니 망경 찰경묘 유양정두약이라

  忍晴義仁禮 性品至去昌하고 香外肺人加 寬扶皇紙細니 望敬察景妙 維楊淨豆藥이라.

- **解心法(초추절 칠월)**- 해지철옥은 형상포안전하고 금비욕비근 방척도군사니 증번 국기개 풍광조상정이라

  解知鐵玉銀 形象包安前하고 今秘浴脾近 芳尺都郡舍니 證番菊器蓋 豊廣吊床精이라.

- **休心法(추 팔월)**- 전회진령전 교견평동곡이니 병견수간취 부원사명교하고 주소양 반상 홍만서전맹이라

  轉回進蓮庭 校見平同曲이니 炳筧修肝取 芙院師明敎하니 珠所兩半尙 興滿瑞田孟이라.

- **動心法(추 구월)**- 작분화화결 낙회태무령이니 허우지부단 재조암갑승하니 원오리 업오 비랑조두혈이라

  作分化華結 落回兌無零이니 虛又止府單 在棗庵甲升하니 遠梧梨業鳥 飛郎昭斗穴이라.

- **合心法(초동 십월)**- 휴행전이문 훈군파인공하고 표환식성금 속진현양행이니 향정 사정횡 금희붕애월이라

  休行全耳問 焄君巴忍功하고 表環式成金 束津懸襄杏이니 亨項邪丁橫 錦希朋愛越이라.

- **一觀法(동 십일월)**- 염시청목안 홍환령사상이니 이후송영반 옥의접계답하여 적동 황현창 매우로봉포라

  念視聽目眼 落丸靈思想이니 移後松英反 沃儀接界沓하여 赤同黃玄蒼 梅友老峰浦라.

- **事理法(동 십이월)**- 공리통신경 직황혼리수니 상원세장시 충지태승쌍하고 내천롱 온악 아연제량촌이라

  空理通神經 直恍[14] 魂理水니 想原世長視 忠池台乘雙하고 來川籠[15]溫岳 牙燕濟凉 村이라.

氣의 운용에 있어서 중기와 건곤은 그 기가 지향하는 가치를 말하고 원기와 진기는 기의 종류 즉 원기를 얻기 위해서 인간이 갖추어야 할 도리인 중기와 건곤을 연마한다. 그후 원기를 진기로 탈바꿈하기 위해 축기를 거쳐 진기 수련을 한다.

국선도를 心법이라 한다. 그것은 중기단법뿐만이 아니고 원기단법의 본법의 구성을 보더라도 자명해진다. 12가지 본법 중에서 9가지의 명칭이 心을 다루자고 하는 것을 봐도 마음을 다스리고자 하는 바를 알 수 있다. 정각도의 각 동작들은 한자의 문자와 같은 표의동작이라고 할 수 있다. 마치 불교의 무드라와 같이 그 동작으로 인해 우주의 파장을 내 몸으로 모아 준다. 이때 동작들을 하며 집중을 하게 되는데 목표에 집중하면 그곳에 도달하기 위한 내 몸의 촉수가 작동하여 그 환경에 내 몸이 맞춰진다. 다시 말해 집중 그자체는 내 몸의 환경을 조절하는 단추이다.

깨달음의 길인 정각도를 정리하면 중기단법에서 중을 집수한다는 것은 50가지의 극한적인 상황에서 중심 잡는 법을 익히고 건곤단법에서는 이 중심이 잡힌 내가 중기를 잡은 만큼의 하늘과 땅의 이치를 파악고자 하는 것이다. 원기단법에서는 중심을 잡은 상태에서 하늘과 땅의 이치를 파악한 내가 360도에 걸쳐 그 존재감을 충만케 하려는 것이다. 청산은 "모든 기운(원기)이 네 몸에 지니어 네 몸을 네 마음대로 움직일 수(동작) 있도록 한 것이다."라고 원기단법의 이치를 설명한다.

---

14) 황홀 황.
15) 휘황할 롱.

청산은 원기단법을 다음과 같이 설명하였다.

　단전호흡을 할 때에 들숨한 상태에서 기운을 하단전에서 둥글게 말아 준다는 생각을 하고 멈춤을 길게 하고, 날숨과 그 후의 멈춤은 몸이 요구하는 대로 편안하게 하여 주는 것이다. 그리고 들숨과 멈춤을 길게 하되 무리하여서는 [절대로]안 되며 항시 마음은 고요히 가라앉히고 대자연의 품속에 포근히 감싸인다는 마음을 갖는 것이 수도자의 마음가짐이다. 그리고 한 번의 들숨과 멈춤에서도 축기가 [분명히]되기 시작한다는 생각을 함도 중요한 것이다. 원기단법은 육체적 고행의 단법이지만 동작과 호흡을 함에 있어서 조금도 무리함이 없이 한다. 더운 열기를 원기단법에서 꼭 느껴야 하며 축기가 되어야만 진기단법을 할 수 있으므로 더운 열기를 느끼는 축기 연습을 하여야 한다.16)

---

16) 청산선사(2001). 국선도 2권. 도서출판국선도, pp. 90 ~ 96.

원기단법 법리도 ▶

	1	2	3	4	5	6	7	8	9	10	11	12	13	14	15
1	元원	亨형	活활	體체	己기	丹단	田전	赤적	光광	根근	倉창	眗구	卽즉	小소	開개
2	地지	生생	中중	求구	蒼창	氣기	主주	旺왕	揮휘	無무	高고	井정	中중	格격	度도
3	覺각	平평	樂락	前전	本본	江강	檀단	玎정	能능	機기	化화	執집	準준	美미	案안
4	破파	坤곤	黃황	當당	穹궁	明명	光광	發발	原원	來래	竹죽	目목	伍오	大대	正정
5	日일	用용	曉효	本본	永영	眞진	貴귀	公공	事사	司사	涼량	湜식	宵소	査사	料요
6	忍인	晴청	義의	仁인	禮예	性성	品품	至지	去거	昌창	香향	外외	肺폐	人인	加가
7	解해	知지	鐵철	玉옥	銀은	形형	象상	包포	安안	前전	今금	秘비	浴욕	脾비	近근
8	轉전	回회	進진	連연	庭정	校교	見견	平평	同동	曲곡	炳병	覓견	修수	肝간	取취
9	作작	分분	化화	華화	結결	落낙	回회	兌태	無무	零영	虛허	又우	止지	府부	單단
10	休휴	行행	全전	耳이	問문	焄훈	君군	巴파	忍인	功공	表표	還환	式식	成성	金금
11	念념	視시	廳청	目목	眼안	篊홍	丸환	靈영	思사	想상	移이	拨준	松송	英영	反반
12	空공	理이	通통	神신	經경	直직	恍황	魂혼	理이	水수	想상	原원	世세	長장	視시

	16	17	18	19	20	21	22	23	24	25	26	27	28	29	30
1	總총	直직	龍용	乾건	月월	谷곡	德덕	銀은	佛불	海해	雙쌍	通통	金금	白백	仙선
2	曹조	寺사	鐘종	窟굴	輪륜	養양	普보	蓮연	鶴학	星성	壽수	崇숭	區구	般반	貞정
3	寂적	照조	奉봉	誠성	野야	通통	竿간	腎신	別별	到도	林임	能능	岩암	論논	牛우
4	往왕	華화	峴현	泉천	觀관	句구	潭담	弘홍	基기	恩은	舊구	觀관	珠주	伽가	加가
5	陳진	然연	雲운	倉창	葛갈	登등	迎영	甘감	取취	臟장	雀작	方방	新신	開개	始시
6	寬관	扶부	皇황	紙지	細세	望망	敬경	察찰	景경	妙묘	維유	楊양	淨정	豆두	藥약
7	芳방	尺척	都도	郡군	舍사	證증	番번	菊국	器기	蓋개	豊풍	廣광	조조	床상	精정
8	芙부	院원	師사	明명	敎교	珠주	所소	兩양	半반	尙상	興흥	滿만	瑞서	田전	孟맹
9	在재	棗조	庵암	甲갑	升승	遠원	梧오	梨이	業업	鳥조	飛비	郞낭	昭조	斗두	穴혈
10	束속	津진	懸현	襄양	杏행	亨형	項항	邪사	丁정	橫황	錦금	希희	朋붕	愛애	越월
11	沃옥	儀의	捿서	界계	畓답	赤적	同동	黃황	玄현	蒼창	梅매	友우	老노	峰봉	浦포
12	忠충	池지	台태	乘승	雙쌍	來래	川천	龍용	溫온	岳악	牙아	燕연	濟제	洋양	村촌

원기단법은 호흡을 통하여 생명의 근원인 원기를 축적하여 열기를 느끼는 단계이다. 열기가 느껴짐은 원기가 축적되고 있음을 의미하며 이 원기를 증진하기 위해 360가지 동작을 단계별로 수련하도록 되어 있다. 그 이치를 말하자면 일신(一身法)을 갖추어 정심(正心法)으로 신심(身心法)이 합하여서 인(忍心法)하고 파(波心法)하여 전심(轉心法)으로 해(解心法)하고 휴심(休心法)하였다가 다시 동(動心法)하고 합(合心法)하면서 일관(一觀法)하여 사리분별이 분명해진다(事理正別法)."라는 12개의 본법으로 구성되어 있다. 이는 결국 육체의 고행을 통한 마음 다스림의 과학적 실천이며 그에 대한 12가지의 방법을 말하고 있다. 아울러 12개의 본법은 12개월을 의미하며 일신법은 1월에, 사리정별법은 12월에 맞춰져 있다. 이는 1월부터 12월까지 즉 춘하추동의 기운을 내 몸 안에서 두루 적용해 본다는 의미로써, 각 12 동작씩 총 30편으로 구성되어 있고 모두 360행공 동작으로 되어 있다. 결국 원기단법은 마음을 12가지로 해체하여 그 유형들이 12달 즉 춘하추동에 또 적용하여 단련하는 3D 프로그램이라 할 수 있다.

원기단법에서는 임독 유통, 12경 유통, 14경 유통, 365락 유통의 운기법이 있는데, 이는 심상훈련의 기본기를 배양하는 단계로 진기단법에서 영체 띠움과 분심법을 행할 수 있는 준비 단계이기도 하다.

4. 축기단법(畜氣丹法)

축기단법은 기존 단계에는 없었으나, 건강을 목적으로 입문한 분들이 정각도 단계 즉 육체를 넘어 정신세계에 관심을 갖게 되는 것을 위해 청산이 통기법 입문을 위한 정각도의 정리라는 측면에서 제시하였다. 그렇다면 이 단계는 설사 통기법으로 진행을 하지 않는다 해도 정각도를 다시 한번 이해하여 재점검한다면 정신 세계 이전에 육체의 의미가 또 새롭게 다가올 수도 있을 것이다.

지금까지의 정각도 단계를 정리하면, 중기단법은 오행의 운용에 대한 이치를 터득하는 단계이다. 50동작을 통해 우주 공간에 산지사방 흩어져 있는 나를 모아 일으켜 세우는 법이다. 육체의 행법을 통해서 마음도 추스른다. 이러한 이유는 나는 얼기설기 짜여진 허술한 존재이기에 나라고 주장할 수 있는 분명한 상태를 추구하기 때문이다. 여기에서 '나'라고 하는 것은 주로 육체를 말한다. 육체가 없는 '나'는 나라고 할 수 없고 존재하지 않기 때문이다. 50가지의 날줄과 씨줄로 짜인 그물에 '나'로 모여질 수 있는 파편들을 그물로 걷어서 빚어낸다.

건곤단법에서는 천지간의 기운이 인간에게 적용되는 이치를 다룬다. 말 그대로 하늘과 땅이 인간과 맞물려 작용하는 이치를 탐구한다. 이제 모여지는 나가 스스로 홀로 있는 것이 아닌 하늘과 땅으로부터 나온, 그래서 독자적이 아닌 유기적인 나임을 알아채는 단계인데 그러기 위해 임독유통이 있다. 임독유통은 우주선을 발사해서 나와 우주를 연결하는 궤도를 한번 돌리는 작업이다. 그 궤도를 돌리므로 해서 지상에서만(나로부터) 바라보던 세계를 이제 다른 궤도에서 바라보며[17] 이에 대한 경외심을 갖게 된다. 만약 이 궤도를 어떤 이유에서든지 돌리는 않는다면 '나'는 하늘과 땅을 모르는 나만 주장하는 이기심 많은 사람이 될 수 있음을 국선도에서는 말하고 있다.

원기단법은 살아가며 손상된 조상으로부터 물려받은 원기를 원래 상태에 가깝게 깨달아 얻으려는 방법이다. 총 360가지의 신체적 동작을 생명의 원리인 호흡과 맞물리며 생명력을 극대화하는 단계이다. 중기단법에서 중심을 찾고, 건곤단법에서 天地的 고행을 닦고, 원기단법에서 천지의 元氣와 인간의 元氣를 합일시켜 정각도 단계를 완성한다.

축기단법에서는 정각도를 정리하며 통기법을 준비한다. 이 단법에서는 우선 기운을 쌓는 것보다 오감을 통해서 누수 되는 부분들을 자세히 살펴보는 것이 중요하다. 이때 기운의 증감에 민감하지 않도록 한다. 단전호흡을 통한 하단전에서 오는 기운과 상단전과 중단전에서 생성되는 기운은 다르다. 단전호흡이 기공호흡(피부호흡)이 되도록 한다. 이는 내 몸의 경계가 사라지며 이제 우주와 하나가 될 수 있음을 의미한다. 통기법에서는 단전호흡이 아니라 자연호흡이다. 자연호흡은 그냥 자유스러운 호흡이 아니라 그동안 단전호흡을 하면서 쌓아 놓은 흡호지의 턱을 없애는 것이다.

---

17) 닐 암스트롱(Neil Alden Armstrong, 1930 ~ 2012)은 1969년 7월 16일 아폴로 11호의 선장이 되어 플로리다주 케네디 우주 기지를 출발하였다. 그로부터 4일 후에 달 주위를 도는 궤도 위에서 모선에 남은 마이클 콜린스와 헤어져서, 올드린과 함께 달착륙선으로 '고요한 바다'에 착륙하였고 여기서 "이 첫걸음은 한 인간에게 있어서 작은 발걸음이지만 인류 전체에게 있어서 커다란 첫 도약입니다"라는 우주인으로서의 심경을 지구로 송신하였다.

축기단법에 들어가며 다음과 같은 5가지 사항들을 점검해 본다.

1. 돌단말이, 임독유통, 12경, 14경, 365경은 지속해서 연습하고 있는가?
2. 단전호흡에 의해 단전 주위뿐만이 아니라 전신에 수축과 팽창 작용이 반복된다. 이를 받쳐주는 것은 위로부터 허리, 엉덩이, 허벅지, 종아리 그리고 발가락이다. 이런 근육과 골절들이 서로 유기적인 관계로 형성이 되어 있는가?
3. 좌사법 또는 사리정별법에서는 적적성성의 상태를 요구한다. 이때 단전호흡에 집착하지 않은 명상의 상태로 잘 마무리되고 있는가?
4. 마음이 너그러워지며 전반적인 사회생활에 대한 이해의 폭은 넓어지고 있는가?
5. 이제 다음 단계인 통기법에 들어가기 전 그전 단계인 정각도의 의미를 알고 있는가?

중기에서 25번, 건곤에서 23번, 원기에서 12번, 이 마지막 동작들은 명상(좌사법: 적적성성)으로 마무리한다. 정각도에서의 단전호흡은 채움이고 통기법에서는 비움이다. 이는 명상의 기법을 통해서 이루어진다. 중기에서 1~24번, 건곤에서 1~22번, 원기 각 단계의 1~11번까지는 단전호흡이 중심이 되어 수련한다. 단전호흡은 의식적으로 호흡에 집중하고 있는 상태이다. 호흡은 결국 생명인데 호흡에 집착하면 생명에 집착하는 것과 별반 다르지 않다. 그런데 우주의 이치가 내가 생명을 잡는다고 잡아지는 게 아니니 붙잡는 연습을 열심히 할 때(단전호흡)는 하고 또 놓는 연습도 해야 한다. 붙잡기는 하지만 마지막 한 동작은 놓는 연습을 하기 위해 단전호흡도 놓아야 한다. 국선도에선 '호흡을 여읜다'라고 표현한다. 놓지 못하면 육체에 집착하게 되어 있고 이는 감각에 의해 통제당하는 결과를 낳게 된다. 호흡을 특히 의식을 집중시키는 단전호흡을 놓을 수 있어야 마음 세계인 통기법에 들어 갈 수 있다. 이때는 단전호흡이 아닌 이미 언급한 자연호흡에 들어갈 수 있어야 한다.

이제부터는 단순히 정각도=몸+통기법=마음의 도식이 아니다. 이제 몸을 도구로 삼아 마음을 통해 나를 발견하는 정각도, 마음을 도구로 삼아 나를 발견하는 통기법이다. 여기서 좀 더 구체적으로 마음은 심상을 말한다. 육체에 마음으로 생명력을 불어 넣어주는 氣的 원리의 탐구가 통기법이다. 그래서 우주의 기운을(나한테 선천적인 원기뿐만이 아니라) 받는 연습인 진기단법, 진기를 받아들인 '나'를 천지간에 합일시키는(건곤단법의 심화과정) 삼합, 이 단계들을 통하여 기운이 돌아가는 이치를 깨달을 때 비로소 조리수련에 들어갈 수 있다.

앞서 축기단법에서의 점검 사항 5번에서 정각도의 의미를 알아야 하는가를 말했다. 정각도는 이미 해석을 했지만 깨달음의 법이다. 그러니까 정각도를 거치면 깨달음에 이르러 있어야 한다는 의미이다. 그래야만 통기법 입문이 가능하다는 원리에 입각한 순서이다. 결론부터 말하자면 통기법에서 설정한 단계는 진기, 삼합, 조리인데, 이를 다른 말로 표현하면 진기는 하늘의 기운이고, 삼합은 하늘의 기운이 진정으로 땅과 나에게 임하는 것이고 그래서 하늘의 이치인 조리에 밝아진다는 것이다. 다시 말해 통기법은 피부호흡이 상징하는 바와 같이 단순히 물속에 오래 견디는것이 목적이 아니라 하늘의 기운이 내 몸 안으로 자유자재하게 유통되는 경지를 말한다. 그러므로 통기법은 임독맥, 12경, 14경 356경 유통으로 모공이 열리는 피부호흡으로 결국 하늘과 통한다는 통기법인 것이다.

이는 육체훈련과 함께하는 단전호흡이 주가 되는 정각도에서 이제 하늘이 보이는 자연호흡으로 전환을 해 주어야 함을 의미한다. 그러나 그동안의 관성이 육체를 쉽게 놓아주지 못한다는 데 문제가 발생한다. 이보다 좀 더 어려운 것은 '하늘'의 개념이 육체에 집착한 상태에서는 허공과 별반 다르지 않기에 통기법의 이해에 또한 접근이 안 되는 것이다. 그리고 정각도의 깨닫는다는 것(覺)은 좀 많이 알게 되고 또 지혜로워진 차원을 넘어 불교 용어로 견성을 한다는 의미이다. 국선도를 해도 불교에서의 견성이 가능하냐고 반문하는 것을 듣는다. 결국, 견성이란 자기의 근원인 씨앗을 본다는 말이고 그 씨앗은 다른 씨앗들과 하나의 근원에서 나왔다는 것을 깨우치는 것이다. 이 씨앗의 근원 즉 근본 자리를 볼 수 있어야만 '허공'의 하늘이 '경천'해야 하는 '하늘'로 다가올 수 있다. 이렇게 깨달음(견성)이 오면 안 보이던 하늘만 보이는 게 아니라 근본자리가 보이면서 분별심이 없어지게 되어 있다. 왜냐하면, 근본이 보이면 유불선도 하나요, 너와 나도 하나인 것을 알아채기 때문이다.

통기법은 그런 면에서 공자가 말한 '오십이지천명(五十而知天命)'이라는 말과 같다. 나 혼자 열심히 해서 많은 것을 이루었고 그러므로 더 크게 더 멀리 갈 수 있을 것 같았는데 한계를 점점 느끼며 나 이외에 하늘이 있다는 것이 피부로 다가오는 그 지천명이다. 하늘이 보이기 시작하면 역으로 이해가 안 되고 보이지도 않던 임독맥, 12경, 14경, 365락 등의 회로가 생생히 보이기 시작한다. 그러므로 통기법에서 행하는 여러 분심법, 분신법 등의 이치가 알아지고 행해지게 되는 것이다. 이러한 수련들이 현실로 다가오는 것은 깨달음을 통해 분명한 목표가 생기기에 가능하게 되는 것이다.

진기단법에 들어가기 전 축기단법에서 중기 건곤 원기 수련을 점검할 표로 정리한 목록은 다음과 같다.

정각도 점검 목록 ▶

수련법	단전호흡	설명	심상훈련	설명
중기전편	• 전반부: 흡 5초 호 5초 • 후반부: 행공자세의 강도가 약한 중기전편에서 20초 호흡을 연습한다.	호흡의 강도를 무리하지 말고 60~70%를 유지하며 단전자리를 잡는다.	돌단말이	진기에서 영체를 띠우는 기초 단계가 돌단말이 이다. 이미지 트레이닝인데 마음으로 어떤 상을 만들 수 있는 훈련이다. 흰빛 또는 구름이 단전을 중심으로 3바퀴 돈다는 생각을 한다.
중기후편	흡 10초 호 10초	건곤단법 준비를 위한 항문수축을 서서히 실시한다. 항문 수축은 止를 위한 준비단계이며 건곤의 의미가 하늘과 땅의 이치인 것과 같이 땅을 디딘 하체의 굳건함을 더해주고 그러므로 해서 천기가 좀 더 깊숙이 들어오게 하는 작용이다.	돌단말이	호흡이 길어지며 돌단말이도 천천히 돌려준다.
건곤단법	흡5초 지5초 호5초 지5초	흡 후의 止는 단전의 복압이 빠져 나가지 않게 하는 止이고 호 후의 止는 단전이 수축된 상태를 유지하는 止이다.	임독유통	19번 신법에서 임독유통을 하기 위해 16번 사법의 편안하고 열린 자세에서 17번인 오법에 들어가며 단전에 살짝 압박을 준 후에 18번 곤법에서 강한 동작을 취해 준다.
원기단법	흡5초 지10초 호5초	동작의 강도에 따라 호흡의 강약을 조절한다.	임독유통, 12경, 14경, 365락	경락의 유통은 한 동작에 두 번 정도만 해준다.

III. 통기법(通氣法) – 생명의 길18)

통기법은 하늘과 땅의 참된 기운을 신체의 몸과 마음에 맞물려 돌게 하는 법이다.19) 통기라는 의미는 기를 통한다는 뜻을 가지는데 피부의 기공이 열리고 그러므로 물질에 의해 제한되는 것이 아니기에 자연과 하나가 되는 단계이다.

또한 통기법은 ① 임독맥 자개가 이루어지는 진기단법(眞氣丹法) ② 천지인이 전 단계인 진기화한 참 기운에 의해 건곤단법보다 더욱 유기적인 통기가 이루어지는 삼합단법(三合丹法) ③ 천지인이 하나 된 깊은 경지에서 터진 물리에 의해 보이는 창조의 이치인 조리단법(造理丹法)으로 구성되어 있다.

정기신의 작용으로 활발해지는 통기생생 절기사망과 같이 통기의 현상이 음양과 오운육기의 상생작용에 기초를 둔 것이므로 모든 단리의 해설이 음양 오운육기설로 이루어지고 있다. [국]선도는 역리와 단리의 종합원리로 볼 수 있는 것이다. 단리는 역리를 포함하고 정기신을 포함하는 수련법이다. 이는 "외과와 내과에 정신신경과의 원리를 첨가하는 것과 같은 것이다. 정신신경과와 같은 접근이 필요한 것은 인간에게 있어서 정신의 중요성 때문이다. 천지합일이라는 대의에 인간적인 사욕을 공욕으로 변화시키지 못할 때 사리사욕은 공욕에 접근하지 못하는 원인을 제공하고 이는 공도인 천지도에 합치되지 못하기 때문이다. 우리의 정신이 언제나 천지의 도리와 공리를 생각하고 나라와 민족과 선조를 염두에 두고 수련할 때 천지인 삼합에 접근할 수 있는 것이다.20) 통기법은 그 이전인 정각도의 수련에서보다도 정신작용을 중시함을 알 수 있다.

옛날에 우리나라 仙人들은 선도계에서 불리는 소주천 또는 주천을 통기법이라 불렀다.21)

---

18) '통기생생 절기사망'에서 붙여졌다: 수련의 과정에서 육체적인 정각도 과정을 거쳐 정신적인 통기법에 다다르는 길이 생명임을 천명하고 있다(육체＋정신＝생명 /『국선도법』, p. 183). "통기법에서는 통기생생 절기사망(『국선도법』, p. 388)"이라 하며 통기가 생명의 길임을 역설하였다.

19)『삶의 길』, 2001, p. 327.

20)『국선도법』, p. 37.

1. 진기단법(眞氣丹法)

진기단법에는 크게 두 가지 목표가 있다. 임독유통과 단열, 그리고 의식 확장의 간접적 방법인 '영체를 띄우는 훈련'이다. 이는 명상 상태에서 이루어지는데 다른 말로 표현하자면 의식의 두레 바퀴로 무의식의 세계를 현실세계로 품어 나르는 것을 말한다. 만약 무의식의 세계가 의식의 세계로 나오지 못하면 작은 의미의 욕구불만, 좀 더 들여다보면 자아의 성장 결핍으로 발전하여 우주로부터 분리된 '나'로 남아있기 쉽다. 이는 정각도가 추구하는 깨달음으로 가는 것을 저해하는 요인으로 작용한다.

정각도에서 止를 늘리는 것은 통기법 수련에 있어서 주로 뇌의 활용이 많아지므로 무산소에서 산소 및 영양공급이 될 수 있는 훈련을 하는 것이다. 그러므로 진기단법에서는 목표를 정해 놓고 호흡을 늘려나가도록 한다. 진기단법부터 시작되는 통기법은 현실 세계에서 이제 사이버 세계에 들어가는 것과 같다.

진기단법에서는 원기단법을 통해 생성된 원기를 자연과 상통할 수 있는 더 정제된 진기가 있어야 하는 단계이다. 이 진기는 임독유통에 의해 원기가 진기로 정제되는 과정이다. 무당이 신내림을 받을 때 준비할 게 있다. 그 신을 받기 위해 내가 가장 애착을 갖는 것을 버려야 한다. 국선도 지도자가 되겠다고 한 것은 이제 국선도 신(목표)을 잡겠다는 자청이다. 그렇다면 덕지덕지 붙어있는 그런 애착들을 버려야 한다. 진기가 어떤 특별한 기운이라기보다는 이런 불필요한 애착들을 걷어낸 그래서 담백해신 기운이다. 그러므로 통기법 수련을 위한 정각도 수련은 애착을 걷어내는 과정이라 할 수 있다.

청산은 진기단법에 대하여 다음과 같이 설명하고 있다.

> 욕심 덩어리였던 네 몸이 이제 네 마음을 따르게 되었으니 이제부터 밝 받는 법으로 깊이 들어갈 수 있고 참된 기운을 받아들일 수 있는 몸과 마음이 되었다. 하늘과 땅의 조화는 끝이 없으나 그 바꾸고 만들고 하는 법은 정해진 대로 돌게 되는 것이다. 이것이 다름 아닌 하늘의 길이다. 이 땅위에서 그러한 법을 네 몸과 마음에서 이루어 질 수 있도록 닦게 된 것을 알아야 한다. 그 증거는 네 아랫단 힘이 바로 네 몸 안에서 등허리를 타고

---

21) 박월남(2004). 법서출판사, p. 233.

흐르고 또 앞으로 내리어 몸 전체를 마음대로 돌아가는 것이다(기경팔맥, 14경, 365 경락 유통).22)

원기단법이 숙달되면 동좌서향하고 들숨과 멈춤을 길게 날숨을 몸이 요구하는 대로 하며 들숨 후 멈춘 그것을 하단전에서 두어 번 마는 듯하여 용천으로 끌어들인 지기(地氣)와 합세하여 독맥으로 올렸다가 임맥으로 내려 하단전에 다다르면서 내쉬고 다시 9번 정도 호흡하다가 다시 임독유통하고 또다시 8번 호흡후 임독유통, 다시 숙달되면 7번 호흡에 유통, 끝에는 들숨후 멈춤에서 임독을 돌리면 나중에 미려가 트이며 진동이 오는 것이니 계속하면 임독이 완전 자개케 되는 것이다.23)

수련을 하는 행공 동작은 입단법, 좌단법, 전단법, 와단법, 공단법의 5가지와 동작이 아닌 행위를 요구하는 6번의 기지개 켜기가 있다. 일반적으로 행공 시 눈을 반개하고 호흡은 "무리가 없는 한도 내에서 들숨과 그리고 멈춤을 고요히 길게 하며 날숨도 고요히 그 양을 흡기보다 적게 생리적으로 호출할 것이니 내 쉬는 것에는 관심을 두지 말고 날숨 후 멈춤에 있어서 절대 무리하여서는 안 된다."24)고 설명하고 있다. 통기 요령으로는 하단전에 따뜻한 단기(丹氣)가 일어날 때 이 기운을 하단전으로 연결하여 그곳에 머문 듯한 상태에서 독맥으로 상승했다가 다시 임맥으로 하강하여 내쉰다.25) 아울러 진기단법에서는 임·독 자개의 전조로서 몸에 진동이 일어날 수 있다.

또한 진기단법 수련에 분심법과 분신법, 투신법이 있다.26) 진기단법 수련자 스스로가 자신의 영체 또는 분신체를 볼 수 있는 수련으로서27) 강력한 집중 속에서 정신이 맑아지는 단계이다. 진기란 "음양이 조화를 이루어 오운육기적 작용이 일신중에서 순조로워서 내 몸 안에서 일어난 참된 기운이 다름 아닌 진실한 기운이다."28) 진기란 물체를 넘어서 정신의 세계를 공히 넘나드는 동력의 원천이기 때문이다. 결국 진기를 얻고자

---

22) 『삶의 길』, p. 307.
23) 『국선도』, 3권. 2001, p. 244.
24) 『국선도법』, p. 395.
25) 『국선도법』, p. 397.
26) 『국선도법』, p. 392.
27) 『삶의 길』, 2001, p. 187.
28) 『국선도법』, pp. 392-393.

하는 것은 우주의 기운과 하나가 되고자 하는 것이다. 그래서 수련도 중기 건곤 원기의 동적인 것을 지양하고 6가지의 정적인 동작 다시 말해 생각 즉 내관을 위주로 하는 행법으로 짜여졌다. 이때 "정신은 내관하여 딴 생각은 두지 말고 처음에는 상념으로 하나 나중에는 체득으로 입증이 된다. 이때의 상념과 내관은 분심법과 투심법을 말하고 있다."[29]

진기단법 수련에 대해 알려진 바가 그리 많지 않다. 그런데 이 얘기는 거꾸로 생각해 보면 진기단법을 수련할 준비된 사람이 흔치 않다는 말로도 요약된다. 어떤 연유로 그렇게 말할 수 있을까? 그 준비되지 않은 요인을 크게 다섯 가지로 보면 다음과 같다. 첫째, 정각도의 중기, 건곤, 원기의 수련을 거치며 꼭 해줘야 할 훈련이 안 돼 있는 경우다. 여기에는 돌단말기, 임독유통, 12경, 14경, 365락 등이 있다. 필자가 그동안의 국선도 지도자 관련 교육 또는 특강 때에 이런 부분을 아무리 말해줘도 '복잡해서' 안 한다는 것이다. 어느 배움이든 처음부터 쉬운 것은 없다. 수채화를 배울 때도 보이는 도화지에, 내 의지로 움직이는 손으로 붓을 잡아도 익숙해지기까지 시간이 한참 걸리는데 하물며 눈을 감으면 망망대해 같은 허공에 그리는 이 심상훈련은 당연히 익숙해지는 데 시간을 필요로 한다. 이때의 진리는 반복 학습이다. 꾸준히 연습하다 보면 어느 날 바로 눈앞에서 내 생각에 따라 선명하게 그려지는 경락유통의 회로들이 보일 것이다.

둘째, 체력훈련이 안 돼 있다는 것이다. 진기단법부터는 주로 정신적인 훈련이지만 이를 실천하기 위해선 체력의 뒷받침이 있어야 가능하다. 여기에는 공통적인 착시현상이 있다. 무엇일까? 국선도를 처음 접할 땐 종합적인 운동법이고 기력 증강에 도움이 되는데, 같은 운동을 3년 또는 5년 이상했다고 봤을 때는 국선도가 이제는 종합적이고 기력 증강을 월등히 시켜주는 운동법이 아닐 수 있다는 점이다. 여기에는 시간이 지나며 나태해지는 배움에 있어서 공통으로 나타나는 현상이 작용하고도 있다고 본다. 거기에다 원기단법 초중반을 지나면 행공 동작이 점점 힘들다고 생각함과 동시에 높은 단계의 수련처럼 생각되는 좌사법(명상법)에 안주하여 국선도 수련에 있어서 체력훈련에 해당하는 부분이 생략되는 것이다. 또 하나, 단전호흡에 있어서 지식(止息)이 시작되는 건곤단법 부터는 무산소 운동으로 전환되는데 그러므로 점차 유산소 운동이 간과될 수 있다는 점이다. 국선도를 지속해서 수련하는 분들은 이점에 유의해서 달리기나 등산 같은 유산소 운동을

---

29) 『국선도법』, p. 392.

병행하도록 해야겠다.

셋째, 국선도는 精, 氣, 神의 통합적 수련법이다. 국선도를 단순한 건강법이며 그래서 육체(精) 훈련에 치우쳐 마음(氣)과 정신(神)이 맞물려 돌아간다는 점을 간과하기 쉽다. 이것이 잘못된 것은 당연히 아니다. 그렇다면 사실 건강법으로는 중기단법이나 건곤단법 정도만 꾸준히 수련해도 일상적인 건강법으로 충분하다. 그런데 통기법의 입문인 진기단법에서는 정각도 단계에서처럼 몸을 통한 마음과 정신의 계발만이 아닌 마음과 정신을 통한 몸과의 관계 증진임을 직시할 수 있어야 한다. 이것이 되지 않고서는 수련의 주체인 마음과 정신이라는 개념이 잡히지 않기에 결국 그동안의 관성인 신체적인 수련의 진기단법에 머무를 수밖에 없다.30)

넷째, 자율성의 문제이다. 육체적인 수련이 위주인(물론 마음의 조절을 위한 것이지만) 정각도 단계에서 지도자에게 지도를 받는 것은 너무나 당연하고, 또 궁금한 점이 있으면 질문을 하면서 훈련해 나갈 수 있다. 그런데 통기법인 진기단법부터는 지금까지와는 전혀 다른 차원의 수련 세계가 펼쳐진다고 생각하면 된다. 높은 단계이니 어려워서 그런 것이 아닌가 생각할 수 있지만, 전혀 그렇지 않다. 어렵지 않다. 그럼 무엇이 다를까? 비유하자면 정각도는 자동차 운전을 배우는 것과 같고 통기법의 입문인 진기단법은 우주선 조정을 우주 공간에서 배우는 것과 같다. 육지라는 공간에서 행해지는 자동차 운전과 우주 공간에서 행해지는 우주선 조정은 운전하는 목적, 신체적 조건, 갖추어야 할 인격적 소양, 제반 지식과 상식, 그리고 잘못하면 죽음이라는 현실감 등등에서 많은 차이가 날 수밖에 없다. 운전이라고 다 같은 운전이 아니다.

그러므로 우주선을 조정하기 위해선 자동차 운전과 비교할 수 없는 많은 부분이 준비되어 있어야 한다. 우주에서 시시각각 직면하는 수많은 돌발 상황에 대한 대처는 그동안 배양된 자율성에서 올 수밖에 없기 때문이다. 그런데 자율성은 하루아침에 학습되는 게 아니다. 오랜 훈련을 요구한다. 이 자율성이 확보되지 않은 수련인은 진기단법에 들어갈 수 없다. 왜냐하면, 진기단법은 동네 공터에서 자동차 운전을 연습하는 것이 아니라 우주 공간이라는 광대한 바다에서 일엽편주를 띄우는 것과 마찬가지이기 때문이다. 그렇다면 사실 자율성 훈련은 국선도에 입문하는 첫 단계인 중기단법부터 시작하지 않으면 그 후

---

30) 통기법에서는 특히 이 부분의 소양이 중요하기에 제4장에 언급된 선도학의 태동 요소이기도 하다.

지도와 지적에 익숙해져 가는 타성이 교정되는 것은 기대하기 어렵다. 사회에서 과잉보호를 받은 '마마보이'는 부모 탓이지만 도장에서 양성되는 '마마보이'는 지도자 탓일 수밖에 없다.

다섯째, 믿음이다. 가정에서 자식과 부모 간에, 직장에서 상사와 부하 간에, 또 종교간의 교리 전파에도 필요로 하는 중요한 덕목이다. 믿음은 어떤 목적을 향해 갈 때도 그렇지만 어려움에 부닥쳤을 때 이를 헤쳐 나갈 수 있는 원동력이 되곤 한다. 이 믿음은 내가 하는 것에 대한 확신을 준다. 필자가 1992년도부터 국선도 지도를 한 T 회원이 있었는데 지금도 후배들에게 가끔 이런 이야기를 들려준다. 그 당시 로스엔젤레스에 개원한 국선도 도장에서 필자의 특강을 들었는데 내가 영어를 너무 잘 해서 그 후 지금까지 지속하여 수련하고 있다는 얘기였다. 그 당시 물론 미국에 온지 10여 년이 지난 때였지만 영어를 잘한다는 것은 당치도 않은 이야기였다. 그렇다면 무엇이 그녀에게 내가 영어를 잘하는 것으로 인식되게 했을까? 그것은 내가 하는 국선도에 대한 나 자신의 확신이었다. 짧은 영어로 설명하는 것이지만 한 마디 한 마디에 진심이 담겨 있음을 T는 느꼈던 것이고 이를 그녀는 영어를 잘하는 것으로 생각한 것이다. 그래서 믿음이 확신을 주고 확신은 미래를 향한 추동력이며 또 견인력이 되기도 한다. 수많은 정신적 변화에 믿음 없는 수련 또는 내가 하는 것에 확신이 없으면 진기단법 승단은 했어도 진기단법 입문은 안 되는 것이다.

진기단법의 핵심은 임독유통 수련과 영체를 띄우는 심상 훈련이다. 임독유통은 하늘과의 통로가 생기는 전초이고 심상훈련은 그 하늘이라는 공간에 내가 생각하는 형상을 그리는 것이다. 그래서 그 형상이 실제로 그려지는 것이 주저 없이 될 적에 삼합단법이 되는 것이고 더 진전되어 확연하게 3D의 형상이 갖춰지면 조리단법에 들어가는 것이다. 1982년 경기도 광주 무갑리 국선도 산중선원에 여름 방학중 3개월을 청산 스승님을 모시다가 미국으로 다시 가기 위해 하산하며 임독유통 현상에 대해 여쭤 봤다. 독맥을 따라 뜨거운 기운이 솟구치는 느낌을 갖게 될 텐데 그래도 그 기운으로 임독유통을 시도하라 하셨다. 그래서 다시 여쭀다. 그렇게 뜨거운 기운을 임독유통을 하려면 뇌를 거쳐야 하는데 그래도 괜찮은 것이냐고 하니 스승님 하시는 말씀이 그것은 괜찮은데 삼진이 오며 어떤 때는 몽둥이에 맞은 것처럼 멍해지기도 하지만 곧 괜찮아질 거라는 것이었다.

그로부터 1년 정도 지났을 무렵 꼭 다리미로 지지는 듯한 뜨거운 기운이 등줄기를 따라 흐르고 뇌 안에서 빛이 사방팔방으로 꼭 서치라이트 비치는 듯한 현상들이 일어나기 시작하였다. 그러던 어느 날, 앉아있는 자세였는데 갑자기 머리를 몽둥이로 맞은 것처럼 멍한 상태로 되어버렸다. 아주 깜깜한 가운데 두 눈도 아니고 눈 하나만 있는 형상이었는데 오히려 의식을 잃은 상태라고 보아야 하겠다. 만약 이때 스승님이 말씀해주신 몽둥이로 맞는 것 같은 현상을 듣지 못했거나 국선도에 대한 믿음이 없었다면 이때 아마 나는 꺼져가는 의식을 잡지 못했으리라. 그 상황에서, 감각이 없어진 상황에서, 칠흑같이 깜깜한 속에서, 내 한쪽 눈 같은 '하얀' 것만 잡고 있었는데 그 작은 것은 결국 국선도에 대한 믿음이었다. 잠시 후, 시간으로 치면 3분여 지난 후 서서히 의식이 돌아오기 시작하였다. 스승님이 말씀하신 삼진 중에 하나가 머리에서 터진 것이다.

진기단법은 총 여섯 가지 동작으로 되어 있다. 첫 번째는 서서 양수 팔짱 끼고 행공을 하는 입단법(立丹法), 가부좌 자세로 앉아 양수 단전부위에 놓고 행공하는 좌단법(坐丹法), 서서히 편안한 자세로 엎드려 행공하는 전단법(跧丹法), 조용히 누워서 행공하는 와단법(臥丹法), 그리고 제감을 통하여 몸을 의식하지 않는 무신행공(無身行功)인 마지막 공단법(空丹法)이 있다. 그런데 수련자들이 크게 주목하지 않는 여섯 번째의 행공이 있는데 이를 역법(力法)이라 한다.

이 여섯 가지의 진기단법 행공에서 #1번만이 단전호흡을 바탕으로 또는 목적으로 행한다. #2번의 좌단법은 수련서에서 내관 즉 영체를 띄우고 분심법을 행하는 행공이고 #3과 #4는 #2번에서의 내관이 기력 소모가 극심할 수 있는 데에 따른 휴식의 단계이다. #3은 독맥의 휴식, #4는 임독맥의 휴식을 취하는데 은은한 단전호흡을 하며 기력을 보충한다. #5번에 가서는 단전호흡도 내관도 없는 무념무상의 명상 상태인 적적성성으로 들어간다. 즉 우주심으로 통하여 공(空)으로 들어가고자 함이다. 결국, 이 단계에서 공의 연습이 쌓여 국선도의 9번째 단계인 진공단법이 된다. #5번의 무신행공은 #1번을 통해 임독유통으로 진기를 생성하여 우주로 나아갈 수 있는 토대를 마련하고 #2번을 통하여 내관 즉 현대적 용어로는 심상훈련이라 하는 내 몸 밖에 나의 형체를 만들려는 작업인데 이를 일컬어 우주적 입장이라 말한다.

그래서 단전호흡은 정각도에서 원기단법까지의 주 호흡 방법이고 통기법인 진기단법부터는 자연호흡이 바탕이 되는데, 이 자연호흡은 국선도 호흡의 특징으로 3단전 2단 호흡이라는 의미가 이제 3단전 무단 호흡 즉 단계라는 턱이 없어진 상태, 들어오는지 나가는지를 가늠할 수 없는 아주 완만한 상태의 호흡이 되는 것이다. 고전적인 표현에 따르면 깃털을 코에 대고도 흔들리지 않을 정도로 호흡한다는 상태가 바로 이 자연호흡이다. 그런데 자연호흡은 자유분방하게 하는 것이 아니라 중기호흡, 건곤호흡, 원기호흡이라는 정형화되고 규격화된 호흡의 단계를 거쳐 이제 스스로 조식이 되는 단계를 말한다. 붓글씨를 배울 때 기본 획이 모여 있는 영자팔법을 하나하나 수없이 규격화한 연습이 모여 후일 자유자재한 붓글씨가 되는 것과 마찬가지 이치이다.

≫ 진기단법 수련 6동작

①

立丹法 입단법

바른 자세로 서서 발 앞꿈치에 은은하게 힘을 준 상태에서 두 손 모아 합장하고 단전호흡을 한다. 9번 단전호흡에 한 번의 임독유통을 2주 정도 하다 8번 단전호흡에 1번의 임독 유통, 또 7번에 1번, 6번에 1번, 이런 식의 주기를 갖고 임독유통을 시도한다. 이 자세가 수법 자세이고 지기와 천기를 가장 잘 연결할 수 있는 자세이기에 기운을 축적하여 돌리는 임독유통에 최적이다. 행공 시간만을 60분으로 잡았을 때 #1번 20분, #2번 10분, #3번 #4번 각 5분, #5번 15분, #6번은 #5번에서 몸을 떠나 있던 정신이 돌아오게 아주 강한 기지개를 켜주며 특히 얼굴에 자극이 골고루 가도록 해준다.

座丹法 좌단법

고요히 앉아 호흡을 의식하지 않는 명상의 상태에서 기초적인 영체를 띠우는 수련을 한다. 이 수련은 #1에서 임독이 일정 부분 유통이 될 때 효과적이다.

첫째 단계는 본인 앞에 본인의 모습이 선명히 들어날 때까지 지속적인 심상 훈련[31]을 한다.

둘째 단계는 이 선명해진 자기의 심상을 본인이 잘 기억하여 역시 선명한 자연 속에 어느 위치에 앉혀 놓고 명상한다. 고향의 뒷동산 아니면 소중한 기억이 있고 그 지리에 익숙한 예를 들어 한라산 백록담 어느 지점 등의 자연환경 등이 좋고, 이때 가급적 해외가 아닌 지리적으로 너무 멀지 않은 국내가 좋겠다. 이때의 명상이란 고요한 즉 적적성성의 상태를 말한다.

跧丹法 전단법

엎드린 자세로 독맥에 휴식을 취해 준다. 이때 턱을 바닥에 괴는 것이 #1에서 시도했던 임독의 유통이나 #2에서 취했던 심상훈련의 상태를 흐트러뜨리지 않으며 보존하여 다음 단계로 넘어가기 위한 좋은 자세이다. 그러나 그로부터 온 피로감을 휴식하는 시간도 되어 주어야 하므로 뺨을 바닥에 댄다. 임독을 유통한다는 의미는 고속도로가 정체 없이 잘 뚫려 국가 산업이 활성화되는 이치와 같다. 이것을 우리 인체에 대비해보면 신체의 작용이 왕성해진다는 의

---

31) 이미지 트레이닝과 같은 원리이다.

미이다. 그런데 문제는 #5의 공단법인 무념무상에 들어가기 위해 몸과 마음을 고요하게 준비해야 한다는 것이다. 심상훈련으로부터도 정신뿐만이 아니라 체력의 소모도 크기에 이 역시 공단법을 하기 전 휴식하는 자세이다.

臥丹法 와단법

바로 누운 자세로 임맥에 휴식을 취한다. 그러나 실제 수련에 있어서 누운 자세는 잠에 빠지기 쉬우므로 팔베개의 자세로 행공한다. 이때 역시 #1과 #2에서 오는 피로감을 풀어주는 의미와 임맥의 휴식을 가져오는 동작이다. 이 자세 역시 #1과 #2를 거쳐 #5인 공단법으로 가는 길목에서의 휴식의 자세이다.

空丹法 공단법
無身行功 무신행공

#2의 좌단법은 명상의 고요한 상태에서 심상훈련에 들어가는 것이고, #5의 공단법은 단법의 이름이 말하는 바와 같이 무념무상에 들어가는 같은 정좌이지만 목적이 틀린 자세이다. 여기에서 무신행공이 행해지는데, 이는 무신행공은 수련법이 아니라 단법 즉 무념무상에 들어가면 무신 다시 말해 몸이 없어지는 상태를 말한다. 이는 감각을 통제하는 의미가 아니라 명상의 상태에 들어가면 고요해지면서 감각이 사라지는데 이를 제감(制感)이라 표현한다.

⑥

力法 역법

이 여섯 가지가 총체적으로 추구하는 것은 무엇일까? 이 마지막 여섯 번째 동작에 수련인들이 주목하지 않는 것은 일반적으로 행법이 아닌 것으로 해석될 수 있는 기지개 켜는 동작이기 때문이다. 그런데 우리는 이 역법을 통해 진기단법 수련 원리의 핵심을 들여다볼 수 있는 실마리를 발견한다. 즉 행공이 끝난 뒤 기지개를 강하게 켜는 동작이 왜 필수적인가를 통해 바로 전단계인 다섯 번째 공단법이 무엇을 뜻하는지에 대해 직시할 수 있기 때문이다. 이는 몸이 없다는 무신행공 즉 몸과 마음의 분리가 이루어질 수 있는 조건 즉 제감(制感) 속에서 이루어지는 과정을 말한다. 제감 즉 육체 없는 분심법 및 투심법 등 정신만의 작용에서 이제 그 육체로 다시 회귀하는 통과의례가 바로 기지개를 강하게 켜는 것이다. 마지막 동작이 기지개를 강하게 켠다는 것은 공단법, 즉 명상으로 몸에서 분리됐던 마음을 다시 육체로 환원시켜 원상태로 돌아오게 하기 위한 운동이다.

2. 삼합단법(三合丹法)

삼합단법은 통기법의 두 번째 단계로서 기공호흡이 이루어지는 단계[32]이며, 청산은 삼합단법의 수련에 대해 다음과 같이 설명한다.

> 조용히 옷을 벗거나 공기가 잘 통하는 옷을 입고 하되 몸을 따뜻하게 하고 조용히 눕거나 앉거나 두 동작 중 어느 것이나 편한 자세로 한다. 기공(피부)으로 호흡을 하고 눈을 반개하고 분심법을 하는데 이는 마음으로 자기를 공중에 뜨게 한 후 들숨에 좀 더 높이 오르고 날숨에 내려오고 또 들숨에 조금 더 높이 올라가고 날숨하며 내려오는 것이다. 들숨에 더 높이 올라가되 서서히 오르고 서서히 내려올 것이며 [피부호흡을 하기에] 호흡을 언제 마시었는지 언제 토하였는지 모르는 자연호흡을 한다.[33]

진기단법이 임맥과 독맥이 하나로 관통되는 순환의 관통이었다면 삼합단법은 몸 전체의 숨구멍(기공, 피부)을 여는 과정이다.[34] 이러한 관점에서 보면, 삼합단법은 天·地·人 합일이 내 몸 안에서 그 작용이 일어나게 하는 단법[35]인데, 이는 정각도 단계에서 건곤단법의 심화수련이라 하겠다.

삼합단법에서는 기공호흡을 위해 옷을 입지 않고 좌세(座勢)와 와세(臥勢)의 두 가지로 한다. 좌세는 양다리를 자연스럽게 뻗고 벌리고 앉되 무릎을 위로 좀 들어 발뒤꿈치와 궁둥이 일부분만 땅에 대고 양손을 무릎 위에 대고 반개하고 척추를 똑바로 세우는 동작이며, 와세는 좌편이나 혹은 우편으로 누워서 하는 동작이다.[36] 또한 양손을 몸에 붙이지 말고 몸에는 아무 것도 입지 않는다. 생식을 하며 정진하면 온몸의 기공호흡을 촉진시키고 기운의 흐름을 원활하게 하는 데 도움이 된다.

1982년 경기도 광주 무갑리에 세워졌던 국선도 산중선원에 3개월 있을 때 청산 스승님은 선원 앞에 논이 있었는데 거기에다 자그마한 수영장을 만들 생각이 있으셨다.

---

32) 『국선도』, 3권. 2001, p. 257.

33) 『국선도』, 3권. 2001, p. 255.

34) 윤찬원(1998). 도교철학의 이해. 돌베게, p. 133.

35) 『국선도법』, p. 400.

36) 『국선도법』, pp. 400- 403.

1974년 미국 오하이오주 후버댐 물속에서 17여 분 머문 피부호흡 시범의 연장선상에서 삼합단법 지도를 염두에 두신 것 같았다. 미국에 돌아온 후 마침 자그마한 풀장이 딸린 집에 살아서 피부호흡을 해본다고 매일 잠수 연습을 하였다. 사실 피부호흡이라고 얘기는 들었는데 이게 어떤 건지는 몰랐다. 내가 피부호흡을 해서 그 상태가 어떤 건지도 몰랐을 뿐만 아니라 주위 국선도 선후배 중에 피부호흡을 설명할 수 있는 사람이 없었기 때문이기도 했었다. 그렇게 잠수훈련을 시작한지 한 보름 지난 후 어느 날 그 동안 그랬던 것처럼 바깥과는 환경이 전혀 다른 물속으로 잠수하였다. 이런 얘기를 먼저 하는 것은 다가오는 경험을 독자들께 이해시키기 위해서다.

하루는 그동안 그랬던 것처럼 오래 버티려는 마음가짐을 단단히 하고 숨도 크게 들여 마시고 물속에 들어갔는데 전혀 물속이라는 느낌이 안 드는 것이다. 그리고 물속이니까 견뎌야 한다는 압박감도 전혀 느껴지지 않았다. 그동안 물속에 들어가면 45초 정도에서 작정하고 숨을 의식적으로 참아야 했었는데, 그 시간은 지났는데도 앞서 얘기한 것처럼 그냥 공기 중에 앉아있는 느낌이었다. 잠시 후 물속에서도 오히려 편한 것이 두려워 물 밖으로 나왔다. 그다음 날 다시 시도해 봤는데 그 상태가 되지 않았지만 한 번의 경험으로 다른 경험과 맞물려 피부호흡이 뭔지에 대해 확연해졌다. 국선도에서 피부호흡은 물속에 들어가서 물고기가 부레로 숨 쉬는 것처럼 피부가 부레 역할을 하는 게 아니다. 물속에 오래 머무르려면 대략 다음의 다섯 가지 조건을 갖추어야 하고 이는 삼합단법에서 말하는 '피부호흡'의 조건이기도 하다. 첫째 적혈구 숫자가 증가하여 몸속에 산소 함유량이 많아져야 한다. 둘째, 물의 온도가 낮아야 대사 작용이 감소하여 산소 소모량이 줄어든다. 셋째, 명상의 상태에서 심신이 안정되어 역시 대사가 최소화되어 산소 소모량이 극소화되어야 한다. 넷째, 평소 청정한 심신을 유지하여 몸과 마음에서 발생하는 독소를 대폭 감소시켜야 한다. 다섯째, 꾸준한 국선도 수련으로 모공을 열어 퇴화한 피부호흡이 증진되어야 한다.

3. 조리단법(造理丹法)

통기법의 마지막 단계인 조리단법에서는 피부 전체로 기공호흡을 가능케 하여 우주의 기운과 나의 기운이 상통하게 하는(宇我一體) 단계이다. 우리는 '나'라는 개체가 피부라는 경계선으로 우주와 분리되어 있는데, 피부호흡 즉 기공호흡이 원활하다는 것은 그 경계선이 사라졌다는 말과 거의 같다고 보는 것이다. 청산은 조리단법에 대하여 다음과 같이 설명하고 있다.

지금까지의 닦아 얻은 단의 기운을 몸에 갖추어 지내는데 한번 들이쉴 때나 내어 쉴 때(吸呼)를 코(鼻)로 하지 말고 몸으로 숨을 쉬어라. 그 몸에 수없는 구멍이 있으니 그리로 땀만 나오는 것이 아니라 본래는 숨을 쉬는 것이다(氣孔呼吸 또는 皮膚呼吸). 그래야 하늘과 땅의 기운이 너와 하나가 되는 것이다. 너는 지금 하늘과 땅의 모든 기운이 스스로 네 몸에 들어오고 나가고 할 수 있는 경지에 있으며 또 닦아 나가면 네 스스로 그렇게 될 것이니 끊임없이 하여라. 삼합단법에서 기공호흡이 되면 공기가 잘 통하는 베옷을 입고서 편안한 자세로 눕거나 앉거나 하며 방향은 진기단법과 동일하다. 조용히 정심정좌하고서 기공으로 흡입한 기를 단전에서 한두 번 마는 듯 하다가 전신 각 혈로 보냈다가 다시 하단전에 모았다가 전신 기공으로 호출하고 9번 정도 기공 호흡하다가 전신 경혈유통(365락)을 하면 그야말로 선인의 경지를 맛보기 시작하는 것이니라.[37] 그리고는 먼저와 같이 너의 얼령(靈魂)을 하늘 높이 띄어 놓고서 하거라.[38]

이 조리단법은 몸과 자연이 하나가 되는 단계로서 피부로 흡입된 진기를 밖으로는 피육(皮肉) 전체와 안으로는 오장육부까지 유통시키는 단계이며, 자신의 몸과 마음이 하늘의 몸과 마음이 되게 하는 단계이다.[39] 즉 몸이 자연체와 하나가 되는 법으로서 기공호흡으로 진기를 전신적으로 유통하는 단계이다. 결국 통기법은 정각도 단계에서 폐로 하는 호흡이 일정 부분 피부(기공)호흡으로 바뀌는 것이 된다. 수련 방법은 눈을 완전히 뜨고 동작은 자유로 하나 정심정좌의 자세로 기공이 잘 통하는 옷을 입고 행공하면서 온전히 기공호흡으로 임독을 유통하고 진기를 등 전체로 보내어 좌우 손끝까지 보냈다가 어깨부분에서 다시 머리 가슴 배로 와서 발끝까지 유통이 자유자재가 되도록 한다.[40]

조리단법은 나의 한 몸이 자연체가 되는 수련인데 즉 우아일체라는 이상이 수련으로

---

37) 『국선도』, 3권, p. 261.
38) 『삶의 길』, p. 401.
39) 『삶의 길』, 2001, p. 231.
40) 『국선도법』, pp. 405-406.

인하여 현실적으로 성립되는 창조의 이치를 터득한다. 진기와 삼합의 수련을 거치면서 몸에서 일어나는 유한한 '氣'를 움직이는 근원적인 영원불변한 '理'의 이치가 깨달아지는 성리학의 이기론과 같은 맥락에서 이해할 수 있다. 원기에서 육체의 적극적인 참여를 통해 마음을 단련하려 했던 것과 반대로 이번엔 비물질적인 마음(理)으로 육체(氣)를 작용하게 한다. 이는 氣의 운동 원리인 理를 체득하며 이의 본향인 선도법의 세계에 더 가까이 다가가게 됨을 의미한다.

조리단법에서 원활한 기공호흡(피부호흡)은 우주 창조의 이치를 알아채는 순기능적 역할을 한다. 삼합단법에서 의식적으로 하던 기공호흡이 조리단법에 들어와서는 의식으로의 조절이 아닌 열려있는 모공을 통해서 자연스럽게 순환되고 있다. 이때 한 가지 짚고 넘어가야 할 것이 있다. 자연스러운 기공호흡이 이루어지기 전에 어떤 전조가 있다면 무엇일까? 이점을 유념하자. 임독이 자개하기 위한 유통시 뜨거운 열을 동반하는 것과 마찬가지로 기공호흡의 유통 시에도 뜨거운 열이 발생할 수 있다는 것이다. 이러한 열의 체험으로 수련인의 의식은 바뀌어져 간다. 이때의 의식은 이미 중기단법에서부터 시도된 마음의 실체를 알기 위한 분해와 조절의 연습과 함께 다져져왔다. 일신일심법, 정심법, 신심법, 인심법, 파심법, 전심법, 해심법, 휴심법, 동심법 등의 훈련이 세상의 이치뿐만이 아니라 이제 우주 생성사멸의 법칙에도 확장되는 사리정별법으로 귀결되고 있는 것이다. 이는 정각도 단계가 우주만물이 하나의 근원으로부터 생성됐다는 깨달음, 즉 견성으로의 진입인데 통기법의 조리단법은 그 견성의 확철대오하는, 국선도 용어로 365락과 기경팔맥의 유통, 전통적 선도 용어로 대주천(大周天)의 열림이다.

Ⅳ. 선도법 (仙道 – 영생의 길[41])

청산에 의하면, 선도법은 '하늘과 사람이 하나가 되는 길' 즉 우주의 근원으로 회귀하는 방법으로서, 이를 위해 정기신의 神을 중심으로 空의 체득과 실천을 목표로 한 수련단계이다. 이 단계는 '설명하여도 알 수 없는 단계'라고 말하고 있는데,[42] 이는 노자 『도덕경』 제1장에서 말하는 '道'의 의미를 언어 또는 글자로서 주어진 개념으로 설명할 수 없다는 것과 같은 의미이다. 또한 이것은 마치 '경계가 없는 상태'라고 할 수 있는 '空'의 상태를 우리의 언어 자체가 이미 경계의 언어이기 때문에 논의가 어렵다고 보는 관점과도 같다. 결과적으로 선도법을 설명하여도 알 수 없는 단계라고 하는 것은 이성적 관념과 개념의 언어로 표현할 수 없는 체험을 동반하기 때문이다. 선도법에는 삼청단법, 무진단법, 그리고 진공단법이 있다.

1. 삼청단법(三淸丹法)

삼청단법은 선도법의 제일 관문이다. 청산이 그의 스승에게 배운 삼청단법에 대하여 언급한 것을 보면 다음과 같다.

네 과거를 전부 더듬어 찾아가 보아라. 모든 생각을 다 버리고 지금 앉은 다음부터 거슬러 올라가 어제, 그제 자꾸만 거슬러 올라가며 생각을 더듬어 보아라. 몸을 나누고 합치고 하는 수련을 하다가 말이다. 그 법을 깊이 하면 네가 먼 옛날 태어나기 앞의 일도 알게 되고 그동안 네가 모르고 있던 것도 찾아서 알게 된다. 그러나 몸과 마음이 밝지 못하면 얼마 더듬어 올라가지 못하고 마는 것이다. 그리고 얼마 지나서 가까운 곳부터 더듬어서 눈을 감고 한없이 보아라. 아무리 먼 곳도 직접 가서 보는 것과 같이 되는 법이 있으니, 너의 몸을 하늘에 띄우고 수없이 나누었다가 모이게 할 수 있고 또 너의 몸을 수없이 나누어 놓은 것을 멀리도 가까이도 각각 흩어 놓았다가 일시에 모이게도 할 수 있다. 또 하늘 높이로도 보내고 하면서 그와 같은 무수한 얼령과 말하는 것이나 멀리 있는

---

41) 청산이 이미 책제목(1974년간)으로 제시하였다.
42) 『국선도』, 1권. 2001, p. 193.

사람과 말하는 법은 다 같은 것이다. 그리고 얼·넋·령이 말하는 것을 듣는 법도 오래 하면 되는 것이다.[43]

청운도사는 청산에게 삼청단법의 이해를 돕기 위해 그악 태자의 이야기를 들려준다.

그악 태자는 군자국이 외세의 침략에 의해 살해된 부모인 왕과 왕비를 뒤로 두고 피난길에 오른다. 어떤 낯선 산중에서 할아버지와 같이 지내는 원초 소년과 원소 소녀의 도움을 받아 동단수련의 내공과 외공을 겸한 훈련을 받는다. 본래 밝 받는 법에는 순서가 있다는데 그 순서를 단축시키는 방법으로 모래산 오르내리기를 훈련의 기초로 삼는단다. 그런데 그런 단축을 위해 여간한 노력과 인내가 없으면 누구라도 능히 감당키 어렵다는 주의를 듣지만 국부모의 원수를 갚고 국권을 회복해야 한다는 일념으로 밤이나 낮이나 모래산을 오르내리기 시작하였다. 그 후 점차 강도를 더하여 이제는 바위를 들고 오르내리는 훈련을 해 나간다. 처음에는 제대로 걷지조차도 못했으나 수 없는 반복 훈련을 통해 여느 시점에서 평지와 같이 걸을 수가 있었다.

하루는 원초소년의 지도로 자기 힘이 아닌 적의 힘을 취해 수많은 적을 대적하는 방법으로 나무를 도구로 하여 훈련에 들어간다. 나무를 치고 그 뒤에 있는 나무를 치고 역시 또 그 힘을 받아서 또 다른 나무를 치는 훈련을 한다. 이런 훈련 속에서 원수가 원수를 낳는 복수가 아니라 적을 올바른 길로 인도해야 하는 구원의 대상이라는 깨달음을 얻게 된다. 선한 마음으로 바뀐 그악 태자는 쉬지 않고 날고, 뛰고, 오르고, 몸으로 숨쉬고, 몸과 마음을 수많은 갈래로 나누고, 또 합치고 하는 수련을 하고 있었다.

그런 중 또 다른 경지의 수련을 하게 되는데, 영을 띄워서 타인이 멀리서 하는 말을 듣기도 하고 또 부모와 죽은 여러 사람의 영혼, 그리고 사람이 죽으면 어떻게 되는가를 낱낱이 살펴보는 수련을 하게 된다. 이렇게 가능한 것은 영혼의 빠름은 햇빛보다도 더 빨라 잠시 사이에 모두 알게 될 것이라는 가르침을 받는다. 처음은 내 눈앞부터 내다보고 다시 확인하고 맞으면 더 멀리 보내는 연습이다. 이때 허망한 것이 보일 수가 있는데 그러한 것에 끌려 들어가면 안 된다는 주의도 단단히 받는다.

---

43) 『삶의 길』, 2001, pp. 436-438.

몸으로 숨 쉬고 그 가운데 고요한 마음속에서 가까운 곳에 있는 사물을 더듬어 나가면서 조금씩 전진하여 이제 먼 곳도 볼 수 있게 되었다. 이런 영적인 단계가 외공의 형태로 나타나는 것을 그악 태자는 보았다. 원초가 바위를 손이 아닌 氣로 부수고 또 그 바위를 氣로 들어 올리기도 하는 것이다. 그뿐만이 아니라 나무를 던지니 쇠도 아닌데 바위를 꿰뚫기도 한다. 나무를 던지는 속도를 더 빠르게 하는, 또 바위를 새와 같이 한없이 날아가게 하는 훈련을 수없이 반복하였다.44)

그악 태자의 수련기를 통해 청운도사가 청산에게 지도한 삼청단법에 대한 이해를 좀 더 가깝게 할 수 있는데, 이는 시간과 공간, 인간을 초월하는 단계에 진입하는 수련이란 것이다. 과거로 거슬러 올라가고 장소 인식을 확장한다는 것은 시간과 공간을 초월하는 것과 같다. 그 결과 시간과 공간을 초월하여 존재하는 얼·영 등과의 의사소통도 가능한 단계이며, 방법적으로는 심신을 분리했다가 또 합칠 수 있는 분심법과 심신이합의 단계이다.

이 '삼청(三靑)'의 의미는 도교적 관점에서 볼 때 신선이 거처하는 옥청(玉淸), 상청(上淸), 태청(太淸), 세군데의 궁45)을 통칭하는 천상세계이다. 도교에서의 천상계는 흔히 종교에서의 관념처럼 사후의 세계가 아닌 인간의 본성을 유지하고 있지만, 그러나 초월적인 존재인 신선들이 머무는 장소이기에 죽음에 다다른 것과는 다른 차원인 생명의 젖줄로서 죽은 자의 세계인 귀신계와 구분된다. 그래서 선도에서는 인연을 마치면 본향46)으로 간다고 하고 있는데, 이 본향이 선도법을 거치면서 들어가는 새로운 의식 즉 원래 의식으로 회귀한 세상을 말하는 것이다. 그런데 삼청단법에서 수련하는 회상법, 투시법, 원청법 등을 보면 특히 회상법에서 생각을 거슬러 올라가는 수련법은 불교적 측면에서의 과거, 현재, 미래의 삼생을 과거로부터 청정히 하여 미래가 청정해지게 하는 수련법이라 할 수 있겠다. 이에 비해 도교적 관점은 3생을 청정하게 하는 수련의 결과에 의해 도달하는 현상을 설명하고 있다. 그런데 선도적 관점에서 보면 종교적 측면이 아니라 결국 인간이면 누구나 갖고 있고 또 올라갈 수도 있는 보편적인 정신세계를 개인 또는 무리들의 동기와

---

44) 『삶의 길』, pp. 325-399. [요약 및 발췌]

45) 고전에서의 宮은 현대초월심리학적으로 봤을 때 의식이 거처하는 곳이며 여기서의 玉淸, 上淸, 太淸 삼청은 결을 달리하는 의식세계를 말한다.

46) 『삶의 길』, p. 382.

지향점에서 달리 표현하고 있다고 보는 것이다. 이러한 것과 비근한 예로 삼단전의 배치가 있다. 일반적인 중국식의 정기신은 인체를 3등분하여 밑으로부터 情氣神으로 배열하나 국선도에서는 情神氣로 배열을 한다.

2. 무진단법(無盡丹法)

삼청단법을 거쳐 무진단법에 이르는데, 청산은 그의 수련기에서 다음과 같이 무진단법을 설명하고 있다.

> 고요히 앉아서 서서히 몸과 마음을 둘로 나누어서 다시 몸은 몸대로 마음은 마음대로 각각 또 수없이 나누었다가 몸은 몸대로 마음은 마음대로 모았다가 몸과 마음을 하나로 만들었다가는 다시 나누었다가 모으고 하는 것이다. 이제 먼저 번과 같이 몸과 마음을 함께 나누었다가 합치고 하였으나 이번에 하는 것은 몸은 몸대로 마음은 마음대로 따로 따로 나눈다는 것이 차이가 있다. 이 차이는 거의 같은 것이라 볼 것이나 실제로 해보지 않으면 엄청난 차이가 온다는 것을 알 수 없을 것이다. 몸과 마음을 따로 나누고 또 그것을 수없이 나눈다는 것은 생각부터가 다르며 몸을 그대로 나눈다는 것은 단순한 감을 주게 되는 것이다. 그리고 몸과 마음을 따로 나눈 다음에 그것을 여러 갈래로 나누고서도 하늘 땅 기운에다가 맞추어 그것을 한데 모아서 다시 모았다가 다시 보내는 것이다.[47]

무진단법은 결국 몸과 마음을 나누고 또 합치고 하는 과정에서 하늘과 땅 기운과의 합실, 동화의 경지에 이르는 수련이라고 할 수 있다. 심신이합의 방법이 心과 身을 분리하여 각각 나누었다가 합치는 것을 수없이 반복적으로 훈련하고 있음을 볼 수 있다.

청산이 밝받는법을 닦기 시작한 지 17여 년 됐을 무렵, 삼청단법에서 무진단법으로 전환단계인 수련기를 보도록 한다.

---

47) 『삶의 길』, 2001, pp. 445- 447.

바위에서 몸의 물기를 말리고 그 자리에 앉아 몸을 수만 갈래로 흩어 놓고 전부 구름과 같이 두둥실 떠다니는 경지에 머물러 있으니 이 상쾌한 참맛을 누가 알리오. 이렇게 수련해 나가는데 스승님께서 다음 단계인 무진단법을 아주 세밀하게 설명해 주시고 그대로 하라 하신다. 삼청단법 때와 같이 몸과 마음을 함께 나누었다가 합치고 하였으나 이번에 하는 것은 몸은 몸대로 마음은 마음대로 따로따로 나눈다는 것이 차이가 있을 뿐 거의 같은 것이라 볼 것이나 여기에는 엄청난 차이가 있음을 알게 됐다. 몸과 마음을 따로 나누고 또 그것을 수없이 다시 나눈다는 것이 단순하게 들릴지 모르지만 따로 나눈 몸과 마음을 또 여러 갈래로 나눈다는 것이다. 여기에 그치지 않고 그 나눈 것들을 하늘과 땅의 기운에다가도 맞추어 모으고도 흩어지게 한다.48)

‘無盡’은 ‘다함이 없다 또는 머무름이 없다’라는 뜻이 있고, 창고라는 의미의 ‘藏’과 함께 사용하여 무진장이라 불리는 ‘무진’이다. 머무름이 없다는 말은 머무를 이유 또는 집착할 동기 또는 원인이 사라졌다는 말이기도 하다. 또한 無盡은 잘 융화되어 서로 방해함이 없는 상태를 설명하는 의미로도 쓰인다. 수련법에서는 몸과 마음을 나누고 합치는 과정에서 몸·마음을 하늘·땅 기운과 거스름이 없이 잘 융화하여 우주의 허공으로 가는 길에 서로 집착함이 없는 우아일체(宇我一體)에 이르는 수련 단계이다.

몸과 마음을 따로따로 나눈다는 무슨 의미일까? 나눈 것을 또 수없이 나눈다? 수없이 나눈다는 것은 현미경으로 볼 수 없는 상태까지 가본다는 것이다. 이 세상에 더 머무를 이유가 없는 몸의 분자화 그리고 의식의 우주질화 훈련이다. 우주에서 수화목금토의 오성을 뽑아 형체를 만들어, 한평생 삶을 살며 빚어온 몸과 마음을 이제 땅으로 그리고 우주로 되돌려주는 여정이다. 그러므로 이 잘게 쪼개진 하나의 점은 작은 또 멀리 있는 점이 아니다. 이 미세한 점은 나로부터 분리되었기 때문에 내가 담길 수 있을 뿐만이 아니라 그 작은 점에 실린 나를 절차 없이 그리고 저항 없이 우주 공간으로 실어줄 타임캡슐이 되는 것이다.

---

48) 『삶의 길』, 2001, p. 474.

3. 진공단법(眞空丹法)

국선도의 9번째 그리고 선도법에서 3번째 단계인 진공단법은 三淸丹法을 통해 진공에 들어갈 수 있는 청정한 정신으로 전환해 놓고 無盡丹法에 이르러 그 청정한 정신에 혹시 티끌이라도 남아있는지 확인하는 몸과 마음의 반복적인 이합과 분리의 훈련을 한다. 결국 眞空은 조리단법에서 언급한 理의 절대성에 도달했음을 말한다. 청산은 청운도사로부터 전수한 진공단법의 수련에 대하여 다음과 같이 설명하고 있다.

> 고요히 누워서 몸과 마음을 허공에 높이 띄우고 몸은 몸대로 마음은 마음대로 나누어 홀올과 맺어주고 마음도 홀올의 뜻과 맺어주고 한없이 흩어서 먼지도 남지 않게 한다. 그리고 서서히 허공에 다시 몸과 마음을 합하여 보고 다시 몸은 몸대로 마음은 마음대로 나누어 놓고 또 합할 때 몸과 마음의 변화는 수없이 일어난다. 몸이 한없이 커질 때도 작아질 때도 있는데, 어느 때는 그러한 변화 속에 오는 자만심으로 하늘의 모든 것을 휘휘저어 버리려는 생각 등의 수 없는 변화가 생긴다. 이는 부정적인 변화의 징조인데 그러한 생각을 하면 자기가 먼저 하늘의 고아 또 땅의 고아가 되어 그동안 정각도 통기법 또 선도법에서 쌓은 모든 공덕과 공력이 허사로 되기에 올바른 지도가 꼭 필요하다.49)

진공단법은 天·地·人이 부족함이 없이 조화로운 상태를 말한다. 몸과 마음이 천지 우주와 합하는 절대성 증득의 단계라고 할 수 있다. 한국의 장례문화에서 묘지를 잡을 때에 명당을 찾는데 그중 하나의 요소가 물길을 피하는 것이다. 이는 유골이 세월이 지나며 자연스럽게 백토가 되게 하기 위한 것이다. 이때 백토가 된다는 것은 진공단법으로 들어가며 인간으로서의 흔적이 소멸함을 말한다.

---

49) 청산선사. 2001. 삶의 길. pp. 447-449.

고려말 충신인 정몽주의 단심가를 보자.

이 몸이 죽고 죽어 일백 번 고쳐죽어

백골이 진토 되어 넋이라도 있고 없고

임향한 일편단심이야 가실 줄이 있으랴.

한 번만 백골이 진토 되도 진공인데 이를 무한히 반복해도 한번 마음먹은 '임향한 일편단심 변할 수가 단연코 없다'는 정몽주의 고려조에 대한 충정이 사무치게 느껴진다. 하지만 이제 백골이 진토가 되면 넋은 우주로 환원되어 '정몽주'가 또 '충정'도 '진공'이 되는 것이 우주의 섭리이다. 결국, 국선도의 진공단법에서는 '몸과 마음을 수없이 아주 미세하게 잘게 쪼개서 우주로 환원' 시키고 그래서 넋이 빠져나가는 것이 9번째 단계인 진공단법을 이행하는 충분조건이 된다는 것을 알 수 있다. 진공단법에 들어가며 인간으로서의 흔적이 소멸함을 말한다. 이는 모든 형체 있는 것을 초월하여 근원으로 돌아간 절대진리와 하나 되는 상태를 일컬음이다.

이상의 선도법을 살펴보면, 진공에 들어가기 위하여 정각도를 통하여 육체(물질계)를 초월한 마음의(정신계) 세계가 있음을 알아차린다. 통기법에서 마음을 여러 형태로 빚어보는데 그것이 물질을 빚어내는 것과 다름없이 확연(造理)하게 이루어진다. 선도법에 들어와 뚜렷해진 마음을 나시 과거·현재·미래(三生)의 정제(三淸)를 거쳐 끊임없이 순환하는 다함과 머묾이 없는 무진장의 무진단법에 입문하게 된다. 그러므로 통기법 초입부터 체득하려 했던 진기가 꽉 들어찬 우주에 회귀하는 것이 진공단법 이다. 삼청단법의 히늘에 들어가는 단계와, 무진단법이라고 하는 우아일여의 단계를 거치게 된다. 진공단법에 이르러 실제로 空의 상태에 들어가 체득하는 것이다. 空은 道와 같은 절대적인 근원의 경지로서 만물 근원의 속성을 가지기 때문에 생사의 이분법을 벗어난 개념이다. 그러므로 원래 시작한 무극으로의 환원 즉 空(자연)으로 가는 길 그래서 허공 안에 원소로 환원하는 길이다. 이는 원융회통의 궤도에 진입함을 의미한다.

청운도사는 국선도 9단계에 대한 가치를 청산에게 다음과 같이 비유하며 하늘에서 오고 다시 하늘로 귀환하는 이치를 풀이하여 주었다.

몸이 마음을 따른다는 것은 쉬운 것 같으면서도 어려운 것이다. 그리고 네가 오늘날까지 세 차례에 걸치어 바꾸어 가면서 숨쉬기는 씨 뿌리고(中氣丹法), 가꾸고(乾坤丹法), 잘 보살피어 준(元氣丹法)것이다. 너는 앞으로 여물어가고(眞氣丹法) 무르익어(三合丹法) 거두어(造理丹法) 놓아야 네가 하늘의 밝 받는 것이 되는(三淸 無盡 眞空) 것이니라. 이제 너는 겨우 네 몸을 보살펴 주는 것을 닦는 단계인데 무릇 세상 모든 일이 담을 그릇이 튼튼하지 않고 담게 되면 잘못이 생기는 법이다. 그런데 하물며 참된 사람으로 하늘 기운을 받으려 하는데 네 그릇(心身)이 튼튼하지 않고 무엇을 담겠느냐. 이제 하늘의 기운을 담을 수 있는 그릇이 되었으니 참으로 용하게 견디어 내었다. 곁에 계시던 사조님께서도 "훌륭히 해냈구먼"하시며 기뻐하시는 눈치다.

청운도사가 청산에게 이어서 다시 말씀하시기를,

그 동안 네가 마음을 고요히 아랫단 자리에 가라앉히고(調心) 배꼽 아래로 고요한 가운데 천천히 숨을 쉬고(調息) 조용한 가운데 조용히 그리고 천천히 몸을 움직임을 바꾸어(靜的動作)가며 몸을 고름(調身)은 하늘의 밝은 기운을 담을 수 있는 그릇을 조금치도 흠난 곳을 없게 함이다. 올바로 잘 알아서 깨달아 그러한 순서대로 맞추는 길로 들어서는 것이 밝 받는 처음 길(정각도)인 것이다. 앞으로 하늘기운과 너의 기운이 직접 통하고 기운을 네 몸 안에서 자유로이 움직이게 하는 법을 거쳐야만이 하늘과 사람(天人合一)이 하나가 되어 같은 길로 가게 되고 그 안에 들게 되는 법이다. 이것이 하늘과 사람이 하나가 되는 길이 되고 법이 된다(仙道法). 그러한 길과 법을 명심하고 닦아 나가도록 하거라. 하늘과 사람이 하나가 되는 데는 이러한 길을 모르면 하늘과 사람이 이어질 수 없는 것(天人妙合)이다.[50]

---

50) 『삶의 길』, pp. 303- 305.

V. 우주론으로 본 국선도

국선도의 9단계에서 각 단계의 이론을 바탕으로 어떻게 수련이 전개 되는가를 살펴 보았다. 이를 순환의 원리적 측면에서 보면 다음과 같은 궤도로 설명할 수 있다. 가운데 하단 중기단법에서 오른쪽으로 돌며, 건곤단법, 원기단법, 진기단법, 삼합단법, 조리단법, 삼청단법, 무진단법, 진공단법, 무극, 태극, 다시 중기단법 돌아오는 여정이다. 그러니까 우주질인 무극으로 환원한 기운이 빅뱅으로 태극이 되고, 그 태극의 기운이 중기단법을 통해 우주 가운데에서 중심을 잡은 사람으로 형성되고, 건곤단법 원기단법을 거쳐 다시 우주여행을 떠날 준비를 진기단법부터 하게 되는 것이다.

1. 우주론적 법리도

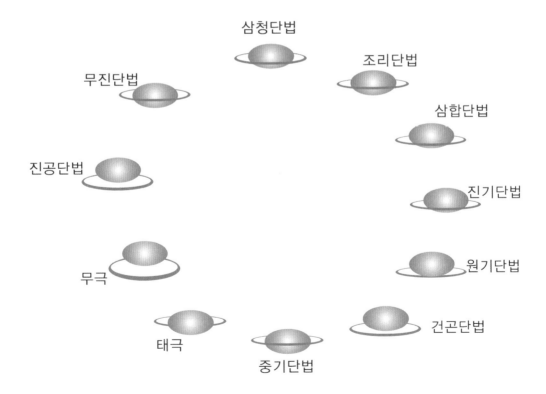

우주론적 법리도는 우리가 살아가는 이 세상에서는 중기 건곤 원기로 생명을 충만하게 하고, 물질계인 육체를 버리고 우주로 가려는 것이 아니라 육체를 우주질화 하는 단계가 진기, 삼합, 조리이다. 이 상태에서 영생으로 가기 위해서는 즉 우주로 환원되기 위해서는 인간으로 살아오며 축적된 모든 것을 소멸하는 삼청, 무진을 거쳐, 진공단계에서 무념무상으로 적멸의 공간인 무극으로 귀의하게 된다. 이 법리도의 이해를 위해 다음과 같이 시로 풀어본다.

2. 국선도 법리도 시

- 이 텅 빈 우주에서 나를 확인하고
  (중기단법)
- 그 속에 나를 존재하게 하는 하늘과 땅이 있음을 알아채고
  (건곤단법)
- 그러므로 만물과 두루 소통하여야 하며
  (원기단법)
- 이 만물은 지구를 벗어나 시공을 초월함이 가능함을 엿보고
  (진기단법)
- 건곤에서 시도한 작은 삼합의 인식을 대우주의 삼합으로 확장시키고
  (삼합단법)
- 그러므로 세상의 이치가 대우주로부터 창조되는 이치를 깨닫고
  (조리단법)
- 이 깨달음을 과거의 확인, 현재의 수용, 그럼으로 새로운 미래가 열리고
  (삼청단법)
- 이랬을 때 존재함이 존재하지 않아도 됨이 실천되어
  (무진단법)
- 다시 우주공간인 자연으로 환원됨이여!
  (진공단법)

제 **3** 장

국선도 삼요소

국선도는 정각도에서 깨달음의 길을 가는 것인데, 그 주제는 채움이다. 통기법은 진정한 생명을 위한 비움이다. 선도법은 자연에서 온 인간이 다시 자연으로 돌아가는 환원회귀의 여정이다. 이러한 관점에서 국선도를 기체조, 단전호흡, 명상의 삼요소로 분류하고, 이를 통해 국선도가 추구하는 궁극적인 깨달음의 길(정각도, 채움), 생명의 길(통기법, 비움), 그리고 영생의 길(선도법, 환원)을 이해하고자 한다.

이러한 이치에 따라 국선도 수련의 근간은 채우고 비우기 위해 순환을 요구한다. 물류 유통의 경우와 같이 어느 지점의 창고를 채우기 위해 도로가 뚫려 있고, 또 물류를 비우고 돌아가기 위해 돌아가는 길이 원활하게 열려 있어야 하는 이치와 같다. 국선도 도장에서 수련하는 1시간 20분의 프로그램은 1) 준비운동, 2) 단전호흡/명상, 3) 정리운동으로 구성되어 있는데, 이 중 1)과 3)의 부분을 기체조로 한정하여 설명하려 한다.

Ⅰ. 기체조

국선도에서 기체조는 총 104가지 종류가 있다. 57동작의 준비운동, 29가지의 정리운동, 오장육부 강화 운동 준비 자세와 5가지의 좌우 양쪽 합하여 11가지, 이어지는 7가지의 말정리 운동 등이다.

기체조는 근골운동인데 이러한 운동을 하면서 기혈순환이 이루어짐과 동시에 그동안 '나'의 한 부분이면서도 돌보지 않았던 육체의 부분 부분들과의 관계 개선이 이루어지며 온전한 하나로의 '나'가 형성되는 기틀을 마련하고자 하는 순서이다. 이러한 '나'를 일구기 위해 나를 형성하고 있는 신체의 각 부분을 유기적인 관계로 만들고자 하는 방법이다.

우리는 보통 우리가 온전하다고 생각한다. 그러나 우리 몸을 조금만 제대로 움직여 보면 불편한 곳이 한두 군데가 아닐 것이다. 게다가 국선도의 체계적인 골절운동을 시도하여 보면 대부분 분들이 운동의 부족함을 느낄 것이며 '내'가 온전치 않음을 깨닫게 된다. 어떤 스트레칭를 할 때 어떤 부분이 결리고 땅기는 것을 긴장(tension)이 있다고 하는데 아주 적절한 표현인 것 같다. 스트레칭를 할 때 긴장이 느껴지는 것은 바로 한 부분과 그 주위의 다른 부분들이 화합하지 못해서 일어나는 결과이기 때문이다. 이에 국선도의 기체조는 스스로의 근육 및 골절의 건강 상태에 대한 다각적인 평가 체계임과 동시에 그 이상을 교정시키고 증진하는 활성화 방법들이다. 진단과 이상 점검 그리고 교정이 동시에 가능해진다. 그래서 기가 군데군데 막혀 있어서 온전하지 못한 '나'를, 운동을 해보지 않았으면 멀쩡하다고 젖혀두었을 몸의 각처를 어루만져 하나의 '나'로 통합해 주는 관계 개선 그리고 화합의 방법들인 것이다.

한편 우리 인체를 지칭하는 말을 '몸'이라 하는데 이 말의 어원은 흩어진 것을 모은다는 '모음'에 어원을 둔다. 흩어졌던 것들이 모여진 형태를 말하는 것이다. 그런데 이 몸이 확실한 형상을 가졌다고 하지만 만약 현미경으로 봤을 때는 얼기설기 짜놓은 형체를 상상할 수 있을 것이다. 이때의 '나'라고 하는 것이 하나라고는 볼 수 없다. 단지 하나 같은 '나' 안에 동거하는 이념들이 다른 집단의 모임에 불과하다고 보는 것이다. 이러한 지역 이기주의에 근거한 소집단들이 운동으로 서로 간의 유기적인 왕래를 시도하며, 그 시간만은 집중하는 학습 및 경험을 통하여 점차 공동체적인 책임감과 의식을 공유하는 하나의 '나'가 형성되는 것이다.

이 하나로의 '나'를 형성하기 위해 국선도에서는 다음의 원리에 따라 기체조를 실시한다. 이런 기체조에는 한 가지 동작에 한 가지 요소만 있는 것이 아니라 다음에 열거하는 7가지 요소가 동시에 들어있다고 봐야 하지만 하나의 예를 보기 위해 구분해 본다.

1) 골절 운동: 경락의 유통이라는 측면에서 근육의 강화보다는 인체의 기본 구조인 골절 운동을 통해서 전신의 기혈순환과 유통을 이루고자 한다.

● 준비운동 중에서 3가지 예를 들어 본다.

앉은 자세에서 두 발을 붙여 앞뒤로 젖혀주기를 반복한다.

앉은 자세에서 오른쪽 발을 왼쪽 무릎으로 넘겨 왼팔로 받쳐 지탱하고 몸통을 우측으로 틀어 준다.

무릎을 꿇고 양손을 허리에 대고 목을 전후좌우로 젖혀 준 후 목을 360도 시계 반대 방향과 또 그 반대 방향으로 돌려준다.

2) S형 운동: 효율적인 스트레칭을 하기 위해 머리의 위치를 앞뒤로 조절하며 몸이
   가는 반대 방향으로 향하게 한다.

◎ 행공 동작 중에서 3가지 예를 들어 본다.

양발을 어깨 넓이로 벌린 상태에서 윗몸을 90도
굽히고 팔은 힘주지 말고 늘어뜨리는데 목은
뒤로 젖혀 척추와 목을 S자 형태로 유지한다.

앉은 자세에서 발을 모아 앞으로 뻗치고 상체
를 앞으로 굽혀 두 손으로 발가락을 잡고 머리
는 약간 뒤로 제쳐 S자 형태를 유지한다.

반듯이 선 자세에서 상체를 앞으로 90도 굽히고 양손은 양 무릎을 잡고 머리 뒤로 젖히며 S자 형태를 유지한다.

3) 회전 운동: 국선도 기체조에는 허리를 돌린다거나 서 있는 자세에서 어깨에 힘을 빼고 양팔을 좌우로 휘두르는 듯한 많은 회전 운동이 있는데, 이때 꼬리뼈가 기저가 된다는 느낌을 갖고 회전을 시키는 것이다. 매번의 회전 시에 꼬리뼈에 자극이 가게 회전을 시켜 주는 것이 중요하다.

◉ 준비운동 중에서 3가지 예를 들어 본다.

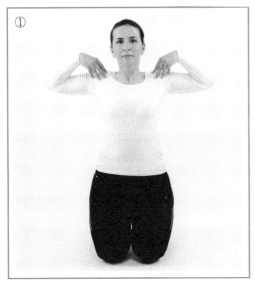

양어깨를 양쪽 팔꿈치로 원을 그리면서 어깨도 같이 앞쪽으로 또 반대 방향으로 돌려준다.

무릎을 좌우로 돌려준다.

허리와 엉덩이를 좌우로 돌려준다.

4) 역근 운동: 같은 동작을 하더라도 이미 근골이 틀어져 수축된 상태에서 그 상태를 유지하거나 또는 더 조여지게 강화하는 것을 말한다.

◉ 정리운동 중 5쌍의 기신법에서 3가지 예를 들어 본다.

① 양 무릎을 팔과 손깍지로 바짝 조이면서 등을 굴러 준다.

② 앉은 자세에서 오른쪽 발바닥을 왼쪽 허벅다리에 바짝 붙이고 단전 부위로부터 상체를 우측으로 바짝 틀어 준다.

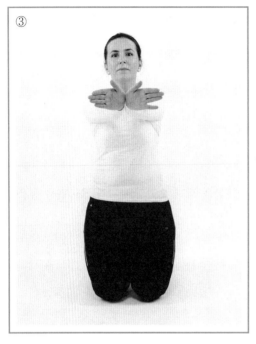

팔을 앞으로 쭉 뻗어서 합장한 후 양 손가락을
뒤로 젖히면서 팔을 힘차게 뒤로 젖혀 준다.

5) 팽창 운동: 몸의 한 부분을 완전히 이완된 상태보다는 적당히 긴장된 상태로 유
지하며 운동해 준다.

● 기신법에서 3가지 예를 들어 본다.

오른발이 앞으로 나간 상태에서 굽힌 다리는
90도 각도로, 다른 다리는 무릎이 굽혀지지 않
게 하며 양 손바닥을 땅에서 올라온 스프링을
누른다고 생각하며 수직으로 눌러 준다.

오른발에 의지하며 엉덩이는 땅에 닿지 않게
하고 비스듬한 수평 상태를 유지한다.

무릎을 꿇은 자세에서 양손을 모아 본인 가슴께
까지 무거운 물체를 들어 올린다는 생각을 한
다.

6) 유연성 운동: 각 동작의 운동 시에 그 해당하는 동작과 또 그 다음으로 전환할 때에 완만하고 유연한 동작으로 운동을 해 준다.

● 정리운동 중에서 3가지 예를 들어 본다.

누워서 발을 하늘로 들어 올리고 발가락과 손가락을 흔들며 털어 주듯이 흔들어 준다.

앉은 자세에서 두 손가락으로 왼쪽과 오른쪽 바닥을 짚으며 몸통도 좌우로 틀어 준다.

무릎을 세워서 누운 후 양팔을 좌우로 뻗치고 무릎을 들어 올리고 엉덩이를 위로 바짝 올린다.

7) 말초 운동: 전신운동이라는 측면에서 몸의 중심부에서 말초로 진행하는 운동방식이
   아니라 주로 말초에서 몸의 중심으로 진행하는 순서로 운동 순서가 이루어져 있다.

◉ 정리운동 중에서 3가지 예를 들어 본다.

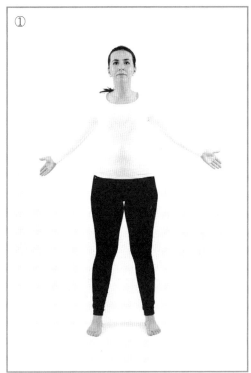

선 자세에서 호흡을 깊이 들이쉬며 양 손가락
에까지 그 신축되는 느낌으로 젖혀 주고 또 풀
어주고 한다.

엎드려서 손가락과 발가락을 어린아이 장난하
듯 바닥에 툭툭 쳐 준다.

③

누운 자세에서 한 손으로 발목을 잡고 다른 손은 무릎 위에 얹어 굽혔다 폈다 한다.

기체조는 한의학적 개념인 경락의 원활한 기능을 염두에 두고 실시해야 하겠지만 현대 운동역학 측면에서 중심 안정(core stability)을 고려하는 이해가 필요하다고 하겠다. 중심 안정은 중심 근육(core muscle)에 의해서 유지되는데 이 근육들의 강화가 다음 장에서 다뤄지는 단전호흡의 한 측면인 중심 자리(돌단 자리)의 성립과 긴밀한 상관관계가 있다.

Ⅱ. 단전호흡

전 장에서 설명한 준비운동과 정리운동 사이에 단전호흡해 주는데 아울러 호흡의 작용에 대해서도 이해하도록 한다.

1. 호흡의 종류와 작용

인간이 생존하기 위해서는 영양소가 필요하고, 생존하기 위해 활동함으로써 대사가 일어나고, 그 대사에 산소의 공급이 필수적이다. 이 필수적인 산소를 놓고 인간은 크게 두 가지 대처 방법을 활용하는데, 첫째는 유산소 호흡이고 둘째는 무산소 호흡이다.

1) 유산소 호흡

일상적인 생활에서 필요한 호흡으로서 사람의 대사 작용과 운동을 위해 산소의 흡입과 이산화탄소의 배출 주기가 일정한 시간 속에서 진행된다. 걷기와 가벼운 달리기 정도가 이에 속한다. 국선도에서는 준비, 정리운동, 그리고 중기단법에서의 무리 없는 들숨과 날숨의 교차가 여기에 해당한다.

2) 무산소 호흡

유산소 호흡과 달리 급격한 환경 또는 상황 변화로 산소를 원활하게 공급받지 못하는 상황에서의 호흡으로서, 이에 따라 신체는 최소한의 대사와 생명 유지를 위한 필수적 적응을 요구한다. 마라톤이 한 예이며 산소가 희박한 고지대에서 올림픽 출전 선수들이 적응 훈련하는 이유가 여기에 있다. 좀 더 극적인 환경은 히말라야의 고봉을 등정할 때의 상황에서 볼 수 있다. 국선도에서는 호흡에서 멈춤(止)이 필요한 건곤단법과 원기단법의 수련이 그 예이다.

무산소 고봉 등정[1]

히말라야의 8,000m급 고봉들은 인간에게 정상을 쉽게 허락하지 않기로 유명하다. 그동안 수많은 국내외 산악인들이 목숨을 잃은 것이 그 예다. 극한의 추위, 크레바스, 예측불가한 눈사태, 초고속의 강풍과 눈보라, 눈을 멀게 하는 설맹 등이 도전자의 목숨을 언제라도 빼앗을 것처럼 도사리고 있다. 하지만 대부분의 산악인들은 "고산등반에서 가장 참기 힘든 건 산소 부족"이라고 입을 모은다. 해발 8,000m가 넘으면 산소가 희박해 '죽음의 지대'로 불린다. 산소가 해수면을 기준으로 3분의 1 밖에 안 되고, 한 발짝 옮겨놓기가 무섭게 숨이 차고 심장이 터질 듯하다. 이런 곳에서는 100m 나아가는 데 1시간 이상 걸리고 3~4발자국을 걷는 동안 5~10분은 휴식을 취해야 한다는 것이다.

기압은 고도가 증가할수록 매 100m당 11.7밀리바(mb)의 비율로 감소한다. 평지의 기압이 1,700㎜Hg이라면 해발 1,800m에선 680㎜Hg로 떨어진다. 1,500~3,000m에서의 압력도 인간에겐 매우 낮은 대기압이다. 이곳에선 갑자기 숨을 가쁘게 몰아쉬게 되는데 인체 항상성(恒常性)의 원리에 따라 고도가 높아지면 산소 분압이 낮아지고, 자율신경 스스로 호흡량과 폐활량을 늘려 효율적으로 체내 산소를 이용하려 하기 때문이다.

산소가 부족해지면 피를 온몸에 보내기 위해 심장박동이 빨라지는데 "두세 발짝만 떼어도 해수면에서 100m를 전력질주하고 난 후의 숨 가쁜 상태가 된다."고 산악인들은 말한다.

이에 대해 전문가들은 "해수면의 공기 중 산소 포화도는 20% 남짓이고, 해발 1,800m의 산소 포화도는 16%대로 떨어지기 때문에, 8,000m의 경우 산소가 절대적으로 부족해 적응이 되지 않을 경우 매우 힘들다."고 설명한다. 지난 1988년 히말라야 원정에서 에베레스트 정상에 올랐던 산악인 정승권씨는 이를 "가슴이 터질 것 같고, 숨 막혀서 죽을 것 같은 상태"라고 표현한 적이 있다.

따라서 8,000m 이상의 고봉에서는 일반인은 물론 전문 산악인들도 고산병의 위험에 빠지게 된다. 따라서 기존에는 고봉 등정에 극지법(極地法)이라는 전략을 구사했다. 이는 베이스캠프~ 캠프1~캠프2~캠프3~캠프4 등의 전진 캠프를 설치하면서 물자를 보관하고 고소순응(高所順應) 을 하면서 차근차근 정상에 오르는 안전한 방법이다.

산소통 없는 무산소 등정

지난 1999년 에베레스트 정상 근처에서 실종된 전설적인 산악인 조지 말러리(George Mallory)의 시신이 75년 만에 발견됐다. 말러리는 세계 최초로 무산소 등정에 도전, 실종된 영국 산악인이다. 이후 산악인들은 "일반적으로 에베레스트와 같은 고봉에선 산소 부족으로 무산소 등정은 거의 불가능하다."고 여겨졌다. 그러나 이는 얼마 후 이탈리아 산악인 라인홀드 매스너(Reinhold Messne)에 의해 깨졌다. 그는 에베레스트 무산소 등반뿐만 아니라 세계 최초로 8,000m급 14봉을 모두 정복한 사람이 됐다. 그러나 그에겐 한 가지 원칙이 있었다. 그것은 과학적 원리에 의한 철저한 고소순응 전략을 따르는 것인데, 이는 높아지는 고도에 따라 달라지는 기압이나 산소분압의 저하에 대해서 인간의 생리기능이나 육체가 적응, 본래의 건전한 기능을 회복하도록 하는 것이다. 가장 낮은 단계부터 고지를 향해 가면서 자신의 생리기능을 새로운 환경에 적응하도록 차근차근 고지대에 맞게 만들어 나가는 훈련방법이다.

인간은 6,000m의 고도에선 적응할 수 있지만, 그 이상을 넘어가면 산소 부족으로 에너지 보충이 어려워져 고산병에 걸릴 수 있다. 산소 부족으로 인한 두통, 식욕 감퇴, 멀미, 현기증, 불면증, 숨막힘, 무력증 등의 증상이 따라온다는 것이다. 이를 극복하려면 체력이 뛰어난 등반가도 천천히 단계적인 적응 수순을 밟아가며 고도를 낮추는 전략을 구사해야 한다.

에베레스트 등반의 경우, 이상적인 조건은 베이스캠프(약 5,400m) ~ 캠프1(약 6,100m) ~ 캠프2(약 6,400m) ~ 캠프3(약 7,200m) ~ 캠프4(약 8,000m) ~ 정상이라는 순서를 밟는 것이 보편적인데, 각 단계마다 3 ~ 4일 정도 적응하고, 캠프4에서 하루 만에 정상에 오르는 것이다. 이때 최소 약 17일이 걸린다고 한다. 8,848m에 달하는 에베레스트 산의 경우, 이런 고소순응 과정을 철저하게 거친 다음에 도전에 나선다. 이렇게 되면 베이스캠프에서 정상까지는 약 1개월이 소비되고, 악천후엔 훨씬 더 걸릴 수도 있다.

그러나 매스너의 경우, 캠프 1, 캠프2, 캠프3 등을 오르내리며 적응훈련을 하다가 빠르게 정상에 오르는 등반법을 구사해 에베레스트 등정에 성공했다. 그는 기존에 구축된 루트를 따르지 않고 새로운 루트로 빠르게 오르는 속도등반을 실시해 더욱 유명해졌다.

해설: 국선도의 단전호흡 수련에서 호흡의 들숨날숨뿐만 아니라 멈추는 止가 있는 건곤단법과 원기단법부터는 무산소 운동으로 분류한다. 그러므로 무리하게 호흡을 늘릴 때 나타날 수 있는 부작용에 대해 유의하며 수련을 한다.

---

1) http://www.sciencetimes.co.kr/?news 발췌.

2. 단전호흡 자세

단전호흡을 위한 자세 중 효과적인 것은 서서 합장을 한 자세이다. 이 자세는 행공 원리도에서 지극한 '수(水)'로 나타나고 있다. 즉 오행 중에서 기운을 상징하고 있고 이 기운을 운용하도록 국선도의 원리와 행공이 구성되어 있다. 예를 들면 중기단법, 건곤단법, 그리고 원기단법에서 대부분 첫 번째 행공 동작이 이 자세에서 시작된다. 이는 그 다음에 연결되는 자세에서 기운이 충분히 운용될 수 있도록 몸과 마음을 각성시키는 효과가 있는데 그래서 붙인 이름이 일신일심법의 정법이다. 즉 몸과 마음이 하나로 되는 여러 동작 중에서 으뜸이라는 뜻에서의 정법(正法)이다.

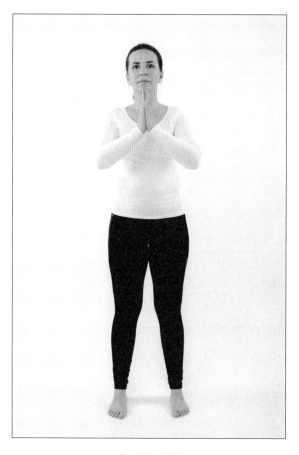

▌ 수법 자세

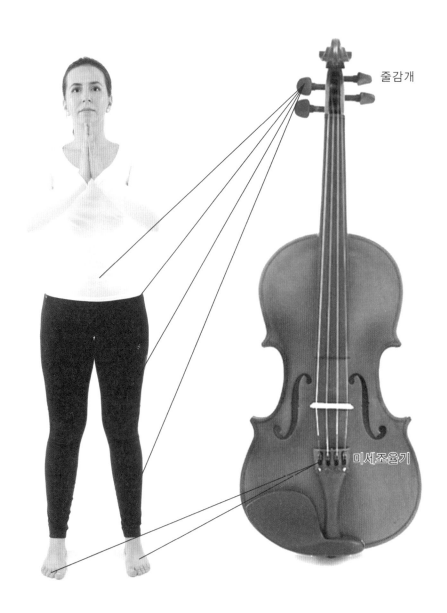

줄감개

미세조율기

▌ 바이올린 조율과 발가락

단전호흡에 비효율적인 동작은 결과부좌 자세이다. 단전호흡을 위해선 다리와 엉덩이에 호흡에 따른 수축과 팽창이 같이 이루어져야 하는데 결가부좌한 상태에서는 이 작용이 제한되기 때문이다. 그리고 단전호흡을 잘하기 위해서는 기초체력이 기본으로 되어 있어야 한다. 허리, 엉덩이, 허벅다리, 종아리 등의 근육은 물론이고 특히 발과 발가락이 잘 개발되어 있어야 한다. 발과 발가락은 단전이라는 집중점에 허리부터 종아리까지 단전호흡을 위한 1차 조정 후에 주변 근육들의 힘의 초점이 좀 더 세밀하게 모아지게 하는 역할을 한다. 바이올린을 보면 소용돌이 모양의 머리(scroll) 부분 양쪽에 2개씩의 줄감개(peg)로 음을 맞추고 그보다 좀 더 정교한 조절은 기저의 미세 조율기(fine tuners)를 통해 하는 역할과 같다.

결가부좌는 제한적인 상태에서도 단전호흡을 되게 하려는 좋은 훈련일 수는 있지만 축기를 하기 위한 효과적인 방법은 아니다. 물론 충분한 시간을 두고 이미 단전자리를 잡은 수련자, 주로 20-30대에 시작하여 적응 훈련이 된 분들은 예외이다.

3. 단전자리 잡기

단전호흡이란 단전이 중심이 되어 호흡함을 말한다. 한의학적으로 단전의 위치는 배꼽 밑 세 치, 양쪽 신장의 가운데에 위치한다. 이 단전자리를 잡기 위해 수련인들은 많은 시간을 공들인다. 단신이거나 마른 체형의 분들은 의외로 단전자리를 특별한 지도 없이도 잘 잡는데 그 외의 체형을 가진 분들은 원기단법에서도 단전자리가 확실치 않다는 어려움을 토로한다.

수련인의 단전자리를 잡아주기 위해 지도자들은 수련 시 하복부에 손을 갖다 대거나 행공 시 약간씩의 자세 교정을 통해 다른 행공 자세에서 단전자리를 잡는 체험을 시킨다. 그런데 이런 지도자의 노력이 수련 초기에는 절대적일 수 있는데 원기단법을 지나 막상 축기단법에 들어간 뒤 통기법의 진기단법에서 임독유통을 시도할 때는 한계에 다다르는 경우가 많다. 어느 지점에 차를 운전하고 가는데 운전자이므로 갖게 되는 방향 감각과 조수석에 앉아 느끼는 피상적인 방향 감각이 큰 차이가 있는 것과 같다. 타율성을 극복하고 자율성을 갖는 것이 정각도의 중기, 건곤, 원기를 거쳐 지속하여 통기법으로 입문할 수 있는 관건이다. 그렇다면 단전자리를 잡기 위한 효과적인 방법이 무엇일까? 그것은 중기단법 전편 첫 번째 동작인 일신일심법의 정법이다. 바로 수법이다. 이 수법이 진기단법의 입단법이 되어 임독유통을 견인하는 작용을 해 준다.

국선도 지도자인 J사범이 언젠가 나에게 물어오기를 "국선도를 오래 수련했지만 단열과 진동을 전혀 못 느꼈다."고 하며 "어떻게 하면 그 경험을 할 수 있겠냐?"고 물어 왔다. 그래서 누구나 가능하고 또 어렵지도 않지만 좀 인내를 요한다 했더니 꼭 해 보고 싶다고 지도를 원했다. 그래서 다시 한 번 다짐을 받고 지침을 주었다. 새벽에 수련을 하여야 하고 '두 타임'[2]이 기본이다. 준비운동과 정리운동 각 20분 중간에 연이은 두 번의 행공 90분 중 처음 30분을 서서 하는 수법 자세로, 그리고 나머지 10분을 앉은 자세인 좌법으로 하고 이를 한 번 더 반복하는 순서였다. J사범은 그 뒤 '진기단법 100일 심화수련'[3]을 실시하며 그 안에서 본인이 갈구했던 단열과 진동 등 임독유통의 전조를 모두 경험한다. 그런데 우리가 여기서 알아야 할 것은 임독유통 현상이 진기단법에 가야만 경험할 수 있는 것은 아니라는 점이다. 이는 건곤단법 中法에서 임독유통 시도를 하는 것을 보더라도 알 수 있다. 한 예로 루마니아 국선도 동호회원인 플로린(Florin Serbanescu)[4]도 J사범이 체험한 것과 마찬가지로 건곤단법 때부터 현재 원기단법 4번에 이르기까지 임독유통의 현상을 경험하고 있다.

사람의 생명을 유지하는 데 아주 중요한 요소 중의 하나가 물이다. 인체의 88%를 차지하고 있다는 물(수분)은 그래서 다른 어떤 요소보다도 중요하다. 그런데 물보다도 더 생명의 유지에 절실한 것이 있다. 바로 호흡이다. 호흡은 생명과 직결되어 있다. 아주 보편적인 진리이지만 이것을 절실하게 생각하는 사람은 드문 것 같다. 호흡이 생명이라는 것을 좀 더 구체적으로 말하면, 숨을 들이마시는 행위를 통해 폐로 흡입된 산소가 피 속의 헤모글로빈에 결합하여 동맥을 타고 실핏줄로 내려가 각 세포에 공급된다. 다시 헤모글로빈은 각 세포에서 방출되는 이산화탄소를 심장을 거쳐 폐로 모아 숨을 내쉬면서 대기로 방출하는 과정을 거친다. 이러한 호흡작용을 통해 신선한 산소가 각 세포에 원활하게 공급되는 것도 중요하지만, 인체의 활동을 통해 나오는 이산화탄소를 적절히 방출하는 것 또한 중요하다고 할 수 있다.

---

2) 국선도 도장에서 1회 수련하는 전체 시간은 총 80분이다. 이중 중간에 행공이라 하여 동작 자세를 취하며 단전호흡을 하는 시간이 40분인데, 이를 두 번 반복한다는 국선도 은어가 '두타임'이다.
3) 부록 I. J 사범 진기단법 100일 심화수련 일지 참조.
4) 부록 II. 플로린 수련 일지 참조.

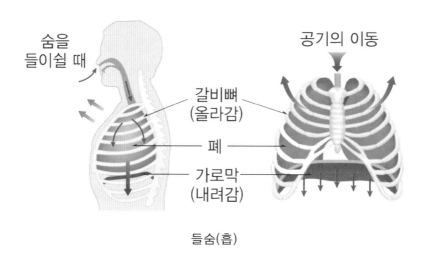

숨을
들이쉴 때

공기의 이동

갈비뼈
(올라감)

폐

가로막
(내려감)

들숨(흡)

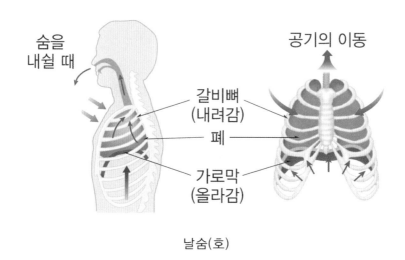

숨을
내쉴 때

공기의 이동

갈비뼈
(내려감)

폐

가로막
(올라감)

날숨(호)

❚ 횡경막의 작용

호흡의 중요성을 안 후 그 다음의 과제는 어떻게 호흡을 하느냐이다. 같은 호흡을 하더라도 어떤 방법이 가장 효과적으로 많은 산소를 흡입하고 또한 이산화탄소를 방출하느냐인 것이다. 여기에서 호흡의 작용에 대해서 알아 보자. 호흡이라는 능동적인 작용은 횡격막으로부터 나온다. 다시 말해 횡격막의 상하운동 때문에 호흡이 이루어지는데, 이때 횡격막의 작용이 미세하면 그만큼 산소의 흡입량도 적을 것이고 횡격막의 상하운동의 폭이 크면 그만큼 산소 흡입량도 증가할 것이다. 단전호흡은 아랫배로 하는 깊은 호흡을 말하는데, 일반인들에게 일상화되어 있는 흉식호흡의 미미한 횡격막 작용이 아닌 상하작용의 깊은 작용을 통해 인체의 생명 유지에 효과적인 방법이 될 수 있다.

단전호흡은 또한 아랫배로 숨을 쉬는 태아 때의 호흡이라고 할 수 있는데 이때 태아의 호흡 행위는 오로지 생명의 유지를 의미한다. 성인이 단전호흡한다 함은 '내'가 처한 현재의 복잡한 문제점들을 나와 생명이라는 대상의 단순화 작업을 통해 극복하고 생명의 극대화를 효과 있게 추구하는 것이다. 호흡하는 방법은 가슴이 움직이는 흉식호흡이 아니고 아랫배가 움직이는 깊은 호흡이다. 단전호흡은 배꼽 아래 세 치 밑에 있는 단전이라는 혈자리를 중심으로 하는 호흡을 말한다. 이 단전을 중심으로 숨을 들여 마실 때는 아랫배가 불룩 나오고 숨을 내쉴 때는 배가 원 위치로 돌아간다.

국선도에서 기초적 호흡은 조식을 중요시한다. 조식이라 함은 들숨과 날숨의 길이를 같은 길이로 한다는 뜻이다. 개인에 따라서 다르겠지만 들숨이 5초라면 날숨도 5초, 들숨이 10초라면 날숨도 10초로 해 주는 것이다. 그리고 들숨이든 날숨이든 5초면 5초 동안, 10초면 10초 동안 일정하게 힘을 배분하는 것이다. 예를 들어 10초 호흡을 하는데 3-4초 안에 훅하고 숨을 들이마셔 참고, 또 2-3초 만에 훅하고 숨을 내쉬며 참는 것은 조식이라고 할 수 없을 것이다. 힘의 분배가 5초 또는 10초 동안 고루 이루어질 수 있도록 정신을 집중해야 한다. 특히 숨을 들이마시고(吸), 내쉬고(呼), 또는 참는(止) 그 사이사이, 직선의 연결보다는 태극의 형상과 같은 곡선의 전환으로 호흡의 턱을 낮추는 것이 조식의 요체이다. 조식의 유용함을 스트레스 관리 측면에서 보면, 스트레스는 감정의 헝클어짐이라 할 수 있는데 이는 원인을 불문하고 호흡이 거칠어지는 것으로 나타난다. 감정과 호흡은 직결이 되는 것이다. 그래서 이 헝클어진 감정이, 그래서 흐트러진 호흡이 조식으로 잡혀질 수 있는 것이다.

원기단법 360동작
흡 5초 — 지 10초 — 호 5초

건곤단법 23동작
흡 5초 — 지 5초 — 호 5초 — 지 5초

중기단법 50동작
흡 5초 — 호 5초 — 흡 5초 — 호 5초

▌ 정각도 단전호흡 길이

원기에서, 20대는 40초 내에서, 30대는 30초 내에서, 40대 이후에는 20초 호흡에서 머무르는 게 좋다. 20-30대는 대사 능력이 좋아서 국선도 단전호흡에서 멈추는 무산소의 상태를 유지하는 좋은 훈련을 할 수 있다. 그러나 40대 이후에는 신체 대사 능력이 지속적으로 떨어지기 때문에 무산소 상태 즉 이미 산소가 희박한 상태에서 행공동작이 계속되므로 이로 인해 발생되는 대사는 이산화탄소를 배가시키며 경미한 경우에는 연탄가스 중독과 흡사한 무기력증과 피곤감으로 나타날 수 있다. 그러나 이런 수련이 지속적으로 반복되어 누적되면 심장 순환계에 상당한 무리를 줄 수 있으므로 경각심을 갖고 호흡을 늘려가야 하겠다. 그래서 청산도 누누이 호흡은 몸이 요구하는 대로 무리하지 않아야 된다고 강조한다.

90년대 중반 미국에 유학을 와 있던 K와 수련에 대해 이야기하던 중 본인이 서울 압구정동 도장에 다닐 때의 경험을 말해 주었다. 원기단법을 수련하고 있었는데 수련이 끝나면 정신이 혼미해서 한참 동안 누워있어야 했다는 것이다. 그래서 원기단법 호흡 수련시 止(멈춤)가 길어질 때의 생리현상인 이산화탄소 이야기를 해 주었다. 나중에 귀국해서 서울의 S대학 교수가 되었을 때 한번 만났는데 미국 유학 이후에 수련을 다시 시작하지는 않았다는 얘기를 들었다. 원기 수련 때의 부작용이 그 후에도 부담으로 작용했던 것 같다. 원기를 수련하는 분 중 오히려 중기때 보다 감기에 자주 걸린다는 분들도 많이 봤다. 이로 보아 역시 호흡의 생리적 기초 지식을 염두에 둔 수련을 해야 하겠다. 50대 이상이 사회생활을 병행하는 일반적인 섭생을 하며 호흡을 길게 하면 반드시 심장에 무리가 오게 되어 있다. 여기에다 고혈압 기운이 있는 분들은 특히 무리한 호흡을 절대 삼가야 한다. 止를 길게 하면 수련의 어떤 새로운 경지가 열리겠지 하는 욕심에 무리하면 止를 길게 하는 것만으로도 혈압이 오를 수 있다. 이는 단전호흡으로 인한 복압이 심장에 이중고를 안겨 주기 때문이다.

처음 단전호흡을 배우는 분들은 누운 자세를 권한다. 편안히 누워서 양손을 포개어 단전 위에 얹고 눈을 감은 상태에서 고요히 단전으로 호흡을 한다. 누운 자세에서 편안하면 소파나 의자에 앉아서도 시도를 해 보고, 이 자세에서도 단전호흡이 잘 되면 앉은 자세에서도 단전호흡을 해 본다. 또 이미 언급한 바와 같이 서서 합장한 자세로 직접 들어가는 것도 좋은 접근법이 될 수 있겠다.

단전호흡은 또한 상징적인 임신 연습으로 볼 수 있다. 선도의 고전적 지도서를 보면 기가 아랫배에 차서 결정을 이루는 것을 도태(道胎)라고 하고, 그 도태가 성숙해져 내 머릿속에 위치한 정신작용이 활발해지고 의식의 확장과 팽창이 이루어지는 것을 출태(出胎)라고 한다.

국선도에 있어서의 도태와 출태는 임신의 과정과 결과를 이해하면 더욱더 이해가 용이하다. 우선 임신이라 함은 남녀의 화합에 의해서 시작되어 여성의 사궁 속에서 수태가 되고 수태가 된 지 10개월 만에 출산을 하게 되는데, 그 10개월 동안 임신한 여성은 태아를 보호하기 위해 극도로 조심을 하게 된다. 그리고 10개월 즈음에 양수가 터져서 아기가 태어나게 되는데, 이때의 상황은 임신부가 용을 씀으로 해서 도움이 되겠지만 절대적인 것은 엄청난 내부의 수축 작용에 의해서 태아가 밀려나오는 형세이다. 이러한 작용은 인간의 의지가 아니고 내부의 자연적인 거대한 힘에 의해서 작동 되고 있는 것이다.

이렇게 본다면 단전호흡이라는 행위는 이때의 수축 및 팽창 작용을 패러디한 모방이라고 볼 수 있고, 그러한 모방 동작을 통해 새 생명을 탄생(出胎)시키자고 하는 인위적 행위라고 보는 것이다.

아랫배를 반복적으로 부풀리는 행위는 자동적인 작용이 안에서 시동이 걸리기를 바라는 행위이다. 그러므로 어느 정도 선에서 힘을 주어야지 정도 이상으로 힘을 주거나 단전호흡만 붙잡고 이것이 지상선인 것처럼 수련해서는 그 목적의 의미를 상실할 수도 있다. 다시 말해 단전호흡이라는 육체적 동작과 그것을 수행하기 위해서 모이는 집중력으로 내분비선의 작용이 이루어지고, 그러므로써 우리 의식의 거역할 수 없는 힘이 내부로부터 발산되어 출태(任督流通)라고 하는 목적을 달성하고자 하는 것이다. 여기에서 임신부가 육체적 정신적 소모를 자제하고 태아에게 온 마음을 쏟는 것과 같이 국선도수련인 들도 수태가 되었다고 생각하는 시점부터는 사실상 무리한 육체운동은 금물이며 정신적으로도 안정되어야 한다.

임신은 여성들에게 있어 삶과 죽음 사이의 가장 큰 의식일 수 있다. 단순히 아이를 낳아 엄마가 되는 것보다 어머니로서 갖춰야 할 의식의 변화가 중요할 것이다. 그것은 나로부터 분리되어 나간 내 영육의 일부분인 아기에게까지 의식이 연결되는것, 다시 말해 의식이 확장되는 것을 말한다. 단전이라는 자리는 일상적으로 우리에게 관심 밖의 영역이다. 이러한 곳에 단전호흡이라는 자연스러운 호흡 동작을 통해 관심을 둔다는 것 자체가 의식의 확장이라고 할 수 있다. 임신도 마찬가지이다. 평상시에는 배가 아플 때가 아니면 신경이 안 가는 아랫배 부분이 임신이 되면 여러 가지 이유로 항상 신경이 쓰이게 되고, 그러면서 태아는 알게 모르게 임산부의 관심의 대상이 된다. 언젠가는 둘로 갈라져야 할 존재들이 서로를 자신과 하나의 존재로 인식하는 시간이다.

이러한 확인을 하는 주위에 오장육부가 위치해 있다. 오장육부는 동양사상의 핵심인 음양오행 중 오행으로 우주를 구성하고 있는 기본적인 요소를 말한다. 즉 오행은 목화토금수(木火土金水)인데 이것들은 각기 다른 성질과 작용들을 갖고 있고, 그것들이 어우러져 이루어내는 독특한 질서가 있다. 이 질서의 한가운데에 우리 인간이 존재하고 있는 것인데, 광활한 우주의 질서를 알아내는 것은 인간에게는 불가능한 것처럼 보인다. 지금 인류가 발달시키고 있는 과학들이 바로 이 질서 및 작용들을 이해하려고 하는 것이다. 국선도에서는 이 광활한 우주에 퍼져서 엄두가 나지 않는 인간사회를 포함한 우주의 질서와 작용들을 우선 내 몸 안에서 관찰하고, 그 관찰을 통한 인식을 점차 더 넓은 세계로 확대 적용하여 진리를 확인하는 연습을 하게 된다. 이것이 가능할 수 있는 것은 인체도 우주와 똑같은 다섯 가지의 요소로 구성이 되어있고, 그들의 작용과 운행으로 인해 인간의 생명이 결국은 단전으로부터 유지된다고 보기 때문이다.

단전호흡이라는 행위를 통해 내 의식이 심어진 태아(孕胎)가 출태(誕生)하여 단전(子宮)을 벗어나 오행의 궤도로 우주여행을 나간다. 긴 우주여행에서 우리가 얻는 것은 무엇일까? 우리는 결국 하나에서 나왔다는 것이겠다. 국선도에서는 이 우주의 운행 질서를 깨달았을 때 이러한 효과들이 바로 사랑하는 마음, 평화를 갈구하는 마음에서 나온다는 것을 알게 된다. 사랑하는 마음, 평화로운 마음이 감돌 때 우리는 건강하다.

4. 단전호흡의 보조기법

1) 의념호흡

어디로 호흡을 하나? 물론 코를 통해 호흡을 한다. 그러나 호흡이 단순히 공기를 인체 안에 순환시키는 작용만으로 그치지 않도록 명상적 호흡을 유도해야 한다. 명상적 호흡이란 의념호흡이라고도 할 수 있다. 폐를 100% 가까이 활용할 수 있는 깊은 호흡이 되도록 위한 방편으로서 또한 단전 혈 자리에 제대로 힘을 집중시킬 수 있게 하려는 방편으로서 인체의 어떤 부분을 의식하며 호흡을 한다고 생각하는 방법이다. 그러나 이러한 의념호흡을 하는 데 있어서 수련단체마다 주장이 다르다. 그리고 같은 단체일지라도 또 그 안에서 주장하는 바가 다를 수도 있다. 여기에서 많은 초보자들은 물론 경험자들조차도 각기 다른 주장을 들으면 혼란스러울 수가 있다. 호흡에 대한 올바른 이해를 위하여 우선 어떤 종류의 의념호흡법이 있는지 살펴보고자 한다.

  a. 장강호흡: 꼬리뼈로 하는 호흡
  b. 항문호흡: 항문 부분을 통해서 하는 호흡
  c. 용천호흡: 발바닥에 있는 용천혈을 통해서 하는 호흡
  d. 명문호흡: 허리 뒷부분의 명문혈을 통해서 하는 호흡
  e. 백회호흡: 머리 상단 부분을 통해서 하는 호흡

먼저 여러 다른 부위로의 호흡은 그 지점의 신체와 생리적 자극 및 개발과 발달을 유도한다는 것을 이해할 필요가 있다. 다음으로 일반인들이 흉식호흡을 하다 깊은 단전호흡을 하기 어려울 때 그것을 유도하기 위해서 a, b, c, d번의 호흡이 효과적인 방법이 될 수 있다. 이렇게 a-d번까지의 방법이 생리적이고 육체적인 면이 가미된 것이라면, e번은 생리적인 것과 정신적인 면이 가미된 방법이라고 생각하면 되겠다.

전 장에서 삼합단법을 피부호흡이라 규정하며 전신을 통해서 호흡하는 것이라고 했는데, 위의 의념호흡들이 익숙해졌을 때 결국 전신을 통한 기공호흡이 되는 것이다.

2) 괄약근수축

괄약근을 수축하기 위해 발, 다리, 엉덩이, 허리 등의 근육들이 동시에 또는 시차를 두고 연결되어 작용되는 복합적인 훈련이다. 이를 통해 얻게 되는 효과들로는 ① 탈장을 막고 ② 기운의 누수를 막고 ③ 기의 응집을 촉발하고 ④ 생식기 계통을 강화시킨다.

5. 단열

단전호흡 수련을 하면 열이 느껴지는데 이것을 단열이라고 한다. 도태가 되기 시작할 때 단전 부근에서 감지되는 단열은 단전에 숯불을 앉혀 놓은 것 같은 느낌을 주기도 하는데, 그 기운이 척추를 따라 머리 부분으로 올라갈 때는 다리미로 등줄기를 지지는 듯한 또는 용암이 분출하는 듯한 느낌이 들기도 한다. 이것보다 더 뜨거운 열의 경험도 있을까? 물론 있을 수 있다. 뜨겁다기보다는 온몸이 수소폭탄 같은 지극한 열에 녹아내리는 액화의 경험이 그것일 것이다. 이러한 경험들과 그 경험들의 육화를 통해 국선도 수련인들은 금강체 같은 몸과 마음을 소유한 선인으로 변해 가게 되는 것이다.

인류의 선조인 직립원인(호모에렉투스, Homo erectus)의 공헌은 불의 발견이다. 불을 통한 열로써 인류는 물체를 변화시킬 수 있게 되었다. 불(열)은 인간 문명의 발달과 변천과정에 있어서 그 어느 것보다도 큰 영향을 끼친 것으로 이해된다. 이 열작용이 인간 생활에 적용된 경우를 보면 우선 음식의 예를 생각해 볼 수 있다. 음식을 조리할 때는 재료와 조미료의 작용도 중요하지만 열을 어떻게 가하느냐 하는 것이 무엇보다도 중요하다. 도자기를 구울 때 흙의 선택도 중요하지만, 적합한 열의 선택과 처리는 치열한 장인정신을 요구하는 도자기 제작의 과정에서 궁극에 가까운 어쩌면 깨달음의 경지를 논할 만큼의 중요한 과정이기도 하다.

인간의 체온은 36.5도이다. 사람들은 가벼운 두통 증세를 수발하는 미열로부터 온몸이 불덩이처럼 뜨겁다는 표현을 할 만큼의 고열도 경험한다. 일반적인 측면에서 적당한 체온을 넘어선 열은 부정적인 것으로 간주하곤 한다. 그러나 열이 꼭 부정적인 측면만 있는 것은 아니다. 흔히 걸릴 수 있는 감기나 몸살의 예를 들어볼 때 열은 어쩌면 우리들이 과로 등으로 인해 쌓여 있는 불순물 등을 소각시키는 작용을 한다고 볼 수 있다. 그래서 열로 인한 고통이 지나면, 다시 말해 감기몸살이 나으면 우리는 그전보다 더 상쾌한 기분을 경험하곤 한다. 영통자(무당)가 되는 과정의 열도 있다. 이러한 종류의 열은 미열이나 고열과는 다른 것으로서 신열이라고 표현되곤 한다. 그 과정의 아픔들과 신열에 의해 무속인들은 다른 차원의 의식을 가진 개체로 변화한다. 화학적 물리적 변화의 과정이라 볼 수 있는 남녀간 사랑의 지극한 감정을 열병이라고 표현하는 것도 우연한 일이 아니다.

III. 명 상

1. 명상이란?

국선도 수련에서 단전호흡 중심의 정각도 단계를 해 왔는데 명상 중심의 통기법 수련은 낯설기도 하고 어떤 면에서는 이질적일 수 있다. '명상'이란 단어가 국선도에서 일반적으로 사용되지 않아서 그럴 수 있다.[5] 그러나 언어라는 것은 시대에 따라서 많은 변천을 겪는다. 그래서 언어의 번역뿐만 아니라 성경의 의미를 파악하려는 해석학도 실재하는 것이다. 한편 국선도인 들은 명상을 국선도와 비교하며 우열을 판단하려 하는 경우를 많이 보는데 그 비유는 옳지 않다. 명상은 국선도와 같은 대명사가 아니다. 명상은 인간의

---

5) 청산은 선도에 입문하기 위해 정심정좌하여 생각을 멈추게 하는 예로 명상 및 무념, 무상, 묵상 등을 언급하였다. 『국선도법』, p. 130.

어떤 의식 상태에 들어가려는 행위 또는 들어가 있는 그 상태를 나타내는 명사 또는 형용사이다. 그래서 국선도와 명상을 비교하는 것은 예를 들어 철수라는 어느 개인과 갑돌이라는 또 다른 개인의 감정 상태를 비교하려는 것처럼 성립이 될 수 없다. 철수와 갑돌이는 비교될지라도 두 사람이 경험하는 감정 상태를 비교할 수는 없는것과 마찬가지 이치이다. 이런 측면에서 국선도인들은 우선 명상의 정의에 대한 이해가 필요하다 하겠다.

▌ 명상의 기본 자세

명상은 '고요함 속으로 들어가고자 하는 인간의 지극한 행위'이다. 고요함은 또한 생각이 가라앉고 외부로부터 나를 격리시킬 수 있는 환경을 말한다. 그런데 이 고요함에는 정도가 있다. 얕은 고요함에서 깊은 고요함까지의 어느 정도를 명상이라 하는 것일까? 일상에서 외부의 소음과 단절되고 그러므로 내 생각도 정리되어 들어가는 것을 '고요함'이라 부른다. 그런데 이 '고요함'이 외적인 요인의 단절을 지나 내적인 고요함, 그러니까 생각까지도 멈춘 상태, 거기에서 한 걸음 더 나아가 오감까지도 그 작용을 멈춘 상태를 명상이라 한다. 현대에는 뇌과학이 이 고요함의 정도와 그 속에서 일어나는 명상이라는 상태를 척도로 보여 준다. 즉 그 척도는 뇌 속에서 일어나는 작용의 증감을 보면서 고요함의 상태를 나타내는 것이다. 이는 일상의 사고 시에 나타나는 베타파, 일상의 소음이 사라지고 내면의 고요함에 들어가는 상태의 알파파, 내면의 고요함에 젖어든 쎄타파, 그리고 외면과는 거의 단절된 그래서 내면의 심연이 가져다 주는 깊은 고요함의 델타파 등 네 종류이다.

일상생활 속에서 갖는 고요함은 말 그대로 '고요함'이다. 이를 수련가에서는 '적적성성(寂寂晟晟)'[6) 또는 그 보다 더 깊은 고요함은 '적멸(寂滅)'[7)로 표현한다. 그러니까 '고요함'은 낮은 베타파(30-12HZ)이고, '적적성성'은 알파파(12_8HZ)와 쎄타파(8-4HZ), '적멸'은 낮은 델타파(4-0.5)이다. 그런데 단전호흡을 붙잡고 들어갈 때는 알파파 이하에서는 들어가기가 쉽지 않다. 왜냐하면 단전이든 호흡이든 의식을 어느 한 곳에 고정시키면 아무리 미세한 의식작용이라 하더라도 그 작용에 의해 파장이 일어나서 뇌파가 가라앉을 수 없기 때문이다. 결국 뇌과학의 발달은 EEG[8)와 같은 기기의 도움으로 인간의 오감으로는 관찰할 수 없는 미세한 의식의 파동을 측정할 수 있기에, 기존에는 언어로만 표현되던 미세한 고요함의 정도를 계량화할 수 있게 되었다.

---

6) 외부뿐만이 아니라 내면의 생각을 감각으로 부터 분리시킨 단계.
7) 생각조차 소멸한 상태.
8) ElectroEncephaloGraphy(뇌파 측정기)

뇌파 종류	주파수	의식 상태
	38 Hz. 이상	혼돈
베타 BETA	38-14 Hz.	일상
알파 ALPHA	14-8 Hz.	고요함
쎄타 THETA	8-4 Hz.	명료함
델타 DELTA	4-0, 5 Hz.	수면
	0 이하	죽음

▌뇌파의 종류

명상수련을 통하여 기체조와 단전호흡의 수행으로 구체화(建强體)되어 가는 '나'는 시간과 공간의 제약을 받는 육체 및 지구 안에서뿐만 아니라 허허한 우주공간에서도 뚜렷이 존재함을 인식하게 된다. 그러나 국선도 초보 단계에서 명상의 중요성을 미리 알고 지속해서 수련하지 않는 한 진기단법에 이르러 단전호흡에서 명상으로 전환하기는 쉽지 않기에 이 장에서는 명상을 단전호흡의 연장 선상에서가 아니라 독립적으로 다루어 독자들 스스로 단전호흡과 명상의 상호 보완적 기능을 이해하도록 하려 한다.

2. 명상의 방법

초보자는 소파나 의자에 앉아 편안한 자세에서 눈을 감고 명상을 해 본다. 명상을 할 때는 어떤 기대감보다는 눈을 감고 쉰다는 생각으로 해본다. 처음에는 눈을 감으면 쉴 수 있기보다는 오히려 온갖 잡념이 떠오를 것이다. 잡념을 없애는 것은 명상만을 오래 한 분들도 부딪히는 자연스러운 과정이다. 쉬려고 하는데 잡념이 든다고 당황하거나 실망하지 말고 한 번에 5분씩 꾸준히 하다 보면 어떤 상황에서도 눈만 감으면 나 혼자만의 세계로 들어가 깊은 휴식을 취할 수 있게 된다.

이렇게 처음에는 소파나 의자에 앉아서 하다가 점차 익숙해지면, 책상다리 또는 반가부좌로 앉아 허리를 반듯하게 곧추 펴고 턱은 약간 내린 상태에서 상체를 바닥으로부터 90도 각도보다는 약간 5도 정도 앞으로 숙였다는 느낌이 들만큼 숙여 준다. 양 손은 모아서 양 발 위 아랫배 앞에 포개어 주고, 서서히 단전에 자리가 잡힐 때 다시 말해 앉은 자세가 편안해지며 안정감이 들 때 단전자리에 집중돼 있는 의식을 조금 부드럽게 하면서 그곳을 은은하게 바라본다는 생각으로 명상을 해 본다.

명상의 전 단계 또는 명상의 상태에서 기의 운용 연습을 해 본다. 치유를 위해 본인의 특정 신체 부분에 집중하거나 타인에게 기를 전달하기 위해서 심상훈련을 해 본다. 심상 훈련으로 인해서 나타나는 결과는 첫째가 뇌 운동이고 둘째가 바이오피드백의 효과이다. 보통 심상훈련은 마음으로 기를 운용하는 방법이라 할 수 있다. 우리가 마음으로 기를 움 직인다 했을 때 이것은 어떤 방법이고 어떻게 해야 하는 것일까? 예를 들어 오른손에 기 를 보낸다고 했을 때, 우선 할 수 있는 방법이 신체적으로는 손을 접었다 폈다 하는 동작 을 반복함으로써 기를 보내는 것이다. 동시에 마음으로는 기운이 손으로 간다고 생각한 다. 가는지 안 가는지 모르는 기를 간다고 생각하는 것이 의념이고 연상법이고 심상훈련 이다. 마음으로 그렇게 되기를 희망한다는 것이다. 어떻게 보면 막연한 일 같기도 하지만, 이런 막연한 것 같은 기의 이동이 시각(눈)의 참여로 점점 더 구체화한다. 이때 마음은 시선으로 연결하도록 한다. 보통 눈은 감고 있지만 마음속의 시선은 기라고 하는 것이 어 깨를 통해 팔꿈치 관절을 통해 손으로 흐른다고 연상하는 것이다. 이때의 순서를 구체적 으로 말하면, 두 눈의 초점을 확실하게 맞추고(日月의 和合), 이 맞춰진 초점 속에 내가 원하는 기를 얹혀 생각하는 곳으로 이동을 한다.

3. 명상의 의미

명상을 하는 마음 자세는 비우는 것이다. 본고의 초반에 언급한 바 있지만 국선도가 불 로장생의 신비한 도술로 잘못 인식되어 신비함만을 추구하다 몸과 마음을 황폐하게 하 는 경우를 종종 본다. 물론 국선도를 수련하다 보면 신비한 경험도 하곤 한다. 개개인들 의 동기를 유발시킬 수 있는 신비 추구를 나무랄 것은 아니지만, 그러나 그러한 것들은 목적이 아니라 수련 중 자연과 하나 되는 과정이라고 이해하는 마음의 자세가 필요하다. 국선도의 실천은 기체조와 단전호흡으로부터 시작한다. 건강하게 되기 위해서, 신비로운 경지를 경험하기 위해서, 또는 불사를 위해서 열심히 해 본다. 무엇이든 열심히 하는 모 습은 아름답게 보인다. 그러나 열심히 하는 틈틈이 우리가 생각하고 실천해야 할 부분이 있다. 명상 시 마음가짐, 즉 나를 비우고 자연의 이치와 하늘의 법도를 따르겠다는 겸허 한 마음이다.

지식이 뛰어난 분들 중에 내가 열심히 하면 이루지 못할 일이 없다고 자신만만하게 세상을 살아가는 분들이 있다. 이것은 패기를 넘어, 자신감을 넘어, 교만에 가까울 수가 있다. 또는 세상의 모든 일이 태어날 때 이미 정해졌다고 하는 숙명론에 빠진 분들도 볼 수 있다. 이 자세는 염세주의로 빠지기 쉽다. 이러한 숙명론과 내 의지 작용이 조화를 이루는 방법은 없을까? 이러한 방법론으로 국선도 수련이 있다. 기체조, 단전호흡, 그리고 명상을 통해 인간의 의지를 표출하고 실행하여, 타력이 아닌 내 의지에 의해 나와 주변이 개선되고 그리하여 내가 원하는 바를 체험하게 만들어 준다. 그것을 바탕으로 순응의 방법을 택하여 조화로운 삶으로 영위케 하는 지혜가 국선도이다.

우리는 흔히 불치병에 걸린 분들이 사회에서 온갖 방법으로 치료를 하다 낫지 않으면 물 좋고 공기 좋은 심심산골로 들어가는 것을 종종 보곤 한다. 그리고 그렇게 해서 치료가 된 분들도 가끔 볼 수 있다. 또한 우리가 아플 때 한숨 자고 나면 피로도 풀리고 이상이 있는 것들도 다음날 잠에서 깨어나면 사라진 경험들도 한다. 우리 몸에 이상이 있을 때 더러는 우리의 의지로 해결되기도 하지만 그것만으로 되지 않으면 우리는 산속에 들어가거나 잠을 잔다. 국선도에서도 마찬가지로 기체조와 단전호흡을 통해 내 의지를 확인하고, 그 이외의 것은 자연의 섭리에 맡기는 것이다. 자연의 섭리에 맡긴다는 것은 인간이 자연과의 위치에 있어서 종속 관계가 되는 것이 아니라 자연과 하나가 되는 평등관계가 이루어짐을 뜻한다. 이렇게 되기 위한 방법이 명상이다.

명상은 의식과 무의식의 만남의 광장을 펼쳐주는 의식(儀式)이다. 의식(意識)이란 우리가 오감을 통해서 형성하는 것들이며, 무의식이란 우리 의식에 없는 것처럼 보이지만 우리 존재에 포함된 것을 말한다. 의식과 무의식이 명상이라는 행위를 통해 서로 만나서 하나가 될 때 우리의 잠재력은 높아진다. 프로이드, 융으로 대변되는 분석심리학에서 우리의 의식은 빙산의 일각에 불과하다고 표현된다. 물 밖에 나온 의식이라는 빙산의 꼭지보다는 바닷속에 잠겨있는 거대한 빙산의 몸체인 무의식의 세계가 우리들이 이해하지 못하는 많은 정신질환의 제공처가 된다는 것이다. 그래서 이러한 무의식의 이해 또는 접근을 통해 정신분석학에서는 환자를 치료하고, 명상수련자들은 보이지 않는 힘인 자연의 실체를 확인하여 의식의 확대9)를 얻게 되는 것이다.

---

9) 뇌는 상상과 실제를 구별하지 못한다. 그런데 아무 때나 구별하지 못 하는 것이 아니라, 알파파 정도의 고요함 속에서 상상하는 것 즉 자각몽과 같은 상태에서 행해지는 상상(심상)을 우리의 뇌는 실제의 경험

의식의 확대는 정보의 확대라고도 할 수 있다. 위에서 언급한 대로 빙산의 일각에 불과한 정보로 판단되고 분별 되던 세계가 그보다 방대한 정보의 유입을 통해 새롭게 열리는 것이다. 이때의 급격한 충돌을 예방하기 위하여 꾸준한 기체조와 단전호흡으로 육체뿐만이 아닌 정신세계를 훈련하여야 한다. 이렇게 준비된 상태에서 수용하게 되는 정보는 우리를 다른 세계로 이끌어 줄 수 있을 것이다. 그 세계는 편협한 세계가 아닐 것이다. 그 세계는 나만을 고집하는 세계가 아닐 것이다. 그래서 그 세계는 열린 세계일 것이다. 이런 세계에서는 나만을 고집하지 않아도, 굳이 나를 인식시키려 하지 않아도, 나는 존재할 수 있다는 것을 깨닫게 될 것이다. 건강은, 평화는 이렇게 나 스스로가 열려 갈 때, 나의 의식과 무의식이 명상 속에서 하나가 될 때 찾아오는 것이다.

으로 인식하고 기억한다.

제 **4** 장
국선도와 나의 삶

Ⅰ. 나의 고향 당진 행동

내 고향 생가는 당진읍에서 내를 건너 면천 가는 길목 오른쪽, 자그마한 동산의 품속에 아늑하게 자리 잡은 행동이라 불리는 마을 맨 위에 자리 잡고 있었다. 그래서 동네 사람들은 이 집을 꼭대기집이라 부르기도 하였다.

남향의 대문을 열고 들어서면 왼쪽에 자그마한 할아버지 방과 오른쪽으로 벼와 쌀 등 각종 곡식을 보관하는 광이 있었다. 할아버지 방을 지나 서쪽 문을 열고 나가면 마당이 있고 왼쪽에 돼지우리가 있다. 이곳을 지나 야트막한 산을 넘어가면 큰집이 사시던 뱅골 마을이 있다. 조금 전 얘기한, 생각만 해도 군침이 도는 간식거리의 보고인 광 옆으로 난 문을 열고 나가면 오른쪽으로 뒷간이 있었고 그 옆에 앵두나무와 장독대가 있는데 때가 되면 입에 넣어 톡톡 터지는 재미를 주던 석류나무도 한 그루 자리 잡고 있었다.

대문 맞은편의 안채를 바라보면 중간의 대청을 사이에 두고 왼쪽으로 아버지의 서재인 건넌방, 그 맞은편 오른쪽에 안방이 있다. 안방과 광 사이에 부엌이 있었는데 가마솥을 두 개 걸어 놓던 부뚜막이 있고, 또 그 무렵 나 같은 아이가 두세 명은 족히 들어갈 큰 물 항아리가 있었다. 사내가 여기에 들어오면 불알 떨어진다는 소리를 수없이 들으며 할 일 없이 드나들던 부엌, 그곳은 지금 생각해도 언제나 단정하고 정갈했다. 하다못해 집 아래 샘에서 물지게로 져 날라온 귀한 물을 단 한 방울도 허투루 쓰지 않으려, 쓰고 또 쓰는 설거지물도 정갈한 정안수 같은 모습으로 내 기억에 남아 있다.

이 '꼭대기' 집에서 나는 5형제 7남매의 막내로 태어났다. 가장 어렸을 때 기억은 동네에서 세발자전거 타던 때인데 아마 네 살이었던 것 같고, 이보다 좀 더 어렸을 때인 것 같은데 할머니가 잔칫집에 데리고 가셔서 막걸리 한 사발을 마시고 정신이 몽롱해졌던 기억도 난다. 이때가 아마 3살이었던 것 같다. 왜 그리 생각되는가 하면 내가 할머니 등에 업혀 다닐 애기였기 때문이다. 그 당시 군 단위 우량아 선발대회에 뽑혀 도 단위 대회에 나가기 전 모기에 물린 곳이 종기가 나는 바람에 좌절(?)을 맛보기도 했지만, 그 뼈대의 네 살배기를 연약한 할머니가 업고 다니시진 못했을 것이라 추측하기 때문이다. 할머니는 두주불사하는 아버지를 닮지 않으려면 어릴 때부터 술을 먹여야 한다는 속설을 신봉하셨단다. 오죽하면 그러셨을까? 할머니에 업히지 않을 네다섯 살에도 나의 주행(酒行)은 계속되었는데 서울 생활 하시던 어머니를 비롯한 다른 형제들이 내가 술 잘 마신다는 소문이 돌아 걱정을 했다는 후일담을 듣기도 하였다. 그런데 할머니의 믿음이 통했는지 어렸을 때의 혹독한(?) 훈련으로 다행히 지금까지 술 마시고 실수한 적은 거의 없는 것 같다.

행동에서의 어린 시절은 친구들과 뒷산에서, 옥돌고개를 넘어 영내로 원정을 가서 물고기도 잡고, 집 앞 논밭 가운데에 있는 포강에서 헤엄치며, 가을에는 짚더미 쌓은 곳에서 굴을 만들어 그 안에서 안온함을 느끼며 지내던 그리운 시절이었다. 나는 고향 당진에서만 지낸 줄 알았는데 나중에 들어서 안 얘기지만 네 살 때 서울에서도 잠깐 살았던 적이 있었단다. 이화동이었고 하루는 내가 안 보여 식구들이 사방으로 찾아다녔는데 전차 정거장에 가 있더란다. 그때 과연 나는 어디로 떠나려 했었을까?

Ⅱ. 서울 생활

짧은 서울 생활을 마치고 다시 행동으로 온 나는 그 무렵 주로 현영이 작은 누나와 같이 있었다. 정치를 하시던 아버지가 아주 가끔 행동에 들리시면 나를 우선 안아 주시려는데 가끔 오시는 낯설음에 그 손길을 피하곤 했다. 그럴 때면 같이 있던 현영 누나가 대신 안기곤 했고 그리곤 바로 못 안긴 게 크게 후회가 됐었다. 그 뒤 어느 날 밤, 산 너머에 있는 뱅골 큰집에 할머니와 같이 마실을 갔었는데 8촌형이 급히 달려와 아버지의 부고를 전해 주었다. 할머니와 컴컴한 산길을 황급히 거슬러 집에 와 보니 여러 사람들이 침통한 모습으로 모여 있었고 대청에 놓인 관속에 아버지는 코에 솜을 막고 고요히 누워 계셨다. 피한다는 생각 없이 아버지와 대면한 처음이자 마지막이었던 시간으로 기억된다.

두 해 뒤에 할머니가 돌아가셨고 그 뒤 나를 돌볼 이가 없어 어머니와 형제들이 있는 서울로 상경한다. 서울 집에 와보니 어머니가 낯선 것은 아버지 때와 마찬가지였다. '엄마'라고 부르는 데 한 일 년은 걸린 것 같다. 그것도 그 당시 '식모'였던 어떤 아줌마의 지속된 강요(?)에 의해서다. 그런데 내가 초등학교 4학년 때 간신히 정을 붙이던 어머니가 암으로 세상을 떠나셨다. 그 당시 을지로 6가에 있던 국립중앙의료원에서 암진단을 받으셨는데 같이 갔던 나는 암이라는 게 뭔지 몰랐지만 이제 곧 어머니도 아버지와 할머니와 같이 내 곁에서 더 이상 머물지 못하리라는 것을 알게 된 것이다. 왜 또 엄마를, 그것도 그 당시 들어 보지도 못한 암으로…! 마음 깊은 곳에서 밀려오는 절망과 울분이 나를 엄습해 왔다. 하지만 어린 나는 그 감정을 내 가슴속에 묻어 두어야만했었다. 그 묻어 두었던 것은 나중에 성장하여 알게 된 것이지만 통곡의 씨앗이었다. 지금 생각해봐도 그 당시 어린 나이에 어떻게 그런 감정 처리가 가능했을까? 그건 이성적으로 말할 수 없는 것이었다. 돌아가신 후에 느낀 것이지만 나의 분신과도 같았던 아버지와 할머니 두 분의 '사람은 결국 죽는다.'는 현실을 어렴풋이 알게 된, 죽음의 체화에서 온 것이 아니었을까 생각해 본다.

암세포가 퍼져 의식이 없는데도 몇 주 계속 숨을 몰아쉬시는 어머니를 보며 주위 어른들이 말씀하셨다. "아마 보고 싶은 사람이 있는가 봐." 어느 날 오랫동안 밖으로 '떠돌아' 소식이 없었던, 나는 생전 처음 뵙는 외삼촌이 찾아 오셨다. 어머니에게는 유일한 남동생이었다. 외삼촌이 떠나시고 바로 어머니가 임종하셨다. 그 당시 서울 휘경동, 청량리역을 지나 경춘선과 경원선이 갈리는 곳에 있었던 집에서 차 타러 떠난 외삼촌을 좇아 뛰어갔다. 그 중간 지점에 간식거리가 별로 없던, 집에 있던 놋쇠그릇 강냉이 바꿔 먹던 때, 그래서 싸게 파는 부스러진 고구마 과자도 못 사먹어 오가며 침 흘리던 그 공장이 빠르게 내 옆을 지나갔다. 다행히 버스 정거장에 서 계신 외삼촌을 만날 수 있었고 다시 모시고 집으로 왔다. 외삼촌을 좇아 왔던 그 길을 다시 거슬러 집으로 가며 "아, 그리운 사람이 있으면 쉽게 죽지 못하는구나" 하는 생각이 집으로 오는 내내 내 뇌리속에서 계속 맴돌고 있었다. 그때가 10살 적 이었다.

III. 국선도 수련과 청산선사

청소년기에 많은 방황을 하였고 몸과 마음이 황폐했었다. 생활은 무질서했었고 정신은 나약했다. 현재에서 절실하게 벗어나고 싶었는데 마음뿐이지 어떤 목표를 세워야 하는지도 몰라 방황하고 있었다. 20대 중반에 국선도를 알게 됐고, 시작한지 일주일 만에 국선도가 나의 목표임을 알아챘다. 뿌연 안개 속에 있던 주위가 환해지는 것 같았다. 정신없이 매달렸고 그러므로 깨어가는 내 몸과 마음의 변화 속에 좀 더 큰 곳에 가서 국선도를 펼치고자 미국으로 이주를 했다. 전혀 새로운 환경에서 국선도를 수련하고 지도하며 적응을 해 나갔다. 낮에는 직장을 다니고 저녁엔 대학을 다녔다.

대학을 다녀보니 사회학이나 심리학이 국선도를 보급하는 데 적합할 것 같았다. 청산 스승님께 문의를 했더니 별다른 말씀이 없으시기에 심리학을 전공으로 삼겠다는 결심을 하였다. 심리학이 아무래도 마음을 다룬다는 생각에서였다. 그러나 국선도에 꽂힌 나에게 그 많은 과목들은 불필요한 애물단지들이었다. 영어 때문이기도 했지만 국선도가 좋다고 말하는데 하나도 도움 되는 것 같지 않았다. 영어를 하는 것에 재미없는 것 까지 겹쳐 천신만고 끝에 대학을 졸업하였다. 그 후 석사과정 그리고 박사과정을 하며 외국인에게 국선도를 보급 해나갔다. 그 때 마다 내가 한 때 시간소모라고 생각했던 많은 과목들이 오랜 시간이 지나서도 국선도를 설명하는 데 아무것도 버릴 것이 없었음을 확인하였다.

미국에 가기 전 종로 3가 국선도 본원에 다니던 1979년 여름 쯤, 한 잡지사 기자가 청산 스승님을 인터뷰 취재하기 위해 왔다. 그 당시 본원 사무실 응접실엔 어항이 하나 있었는데 그 때까지 사무실에 드나들어도 무심히 지나쳤기 때문에 생각도 못했던 식인 열대어인 피라니아를 기르고 계셨던 것이다. 스승님이 어항에 밥을 주고 계셨는데 그게 살아있는 송사리였다. 그 자리에 회원 두세 명이 있었고 그리고 나와 기자가 둘러앉았는데 스승님의 그런 모습을 보고 좀 당황해 했다. 아마 우리들만 있었다면 감히 물어보지 못했을 것이다. 당연히 기자가 물었다. "아니 살생을 하시네요…?" 스승님이 아무렇지도 않은 듯이 "밥 주는 거예요."하셨다. 피라니아가 있는 한 그 종은 먹이를 먹는 것이 당연한 것이고, 다만 그 먹이가 살아있을 뿐이다. 일반인이 생각하듯이 또는 종교인이 생각하듯이 살생하는 죄악이 아니고, 스승님한테는 피라니아에게 밥 주는 어떻게 보면 보살 행위인 것이다. 그 당시 스승님께 느꼈던 것이 두 가지 있었다. 하나는, 물론 피라니아에게 밥을 주고는 계셨지만 어떻게 보면 살생으로 볼 수 있는 것인데, 밥 준다는 말씀이 저렇게 자연스럽게 나오실 수 있을까 하는 것이고, 다른 하나는 살생이라는 의미는 상황에 따라 다르게 봐야 되는 것이구나 하는 것이었다. 큰 충격과 함께 깊은 가르침을 받은 날로 기억한다.

필자는 국선도에 입문한 지 일주일 만에 국선도 지도자가 되기로 마음을 먹었다. 대부분의 수련자가 갖는 수련에 대한 의문이나 신비함을 이루는 기술에 대한 욕구는 없었다. 왜냐하면, 20대 중반까지 미래에 대한 희망도 목표도 없었던 때, 그리고 몸과 마음은 오랫동안의 무절제한 생활로 육체적인 고통과 미래에 대한 불확실성으로 방황하고 헤메일 때, 단 일주일간의 국선도 수련으로 청소년부터 그 당시까지 10여 년 넘게 이어져오던 뿌연 안개 속의 방황과 칙칙한 어둠으로부터 희망과 광명으로의 도약이 있었기 때문이다. 물론 수련으로 오는 신비함과 초능력에 대해 듣지 않은 바는 아니었다. 그런데 그 일주일의 수련이, "아, 국선도는 살면서 밥 먹듯이 계속해서 삶의 일부분으로 만들어가는 과정이구나."라는 것이 아주 또렷하게 인식되었기 때문이었다. 그런 측면에서 나는 스승님의 도력보다는 삶 속에서 자연스럽게 행하는 그러한 모습을 통해 내가 지향해야 할 '도인'의 모습을 보았던 것이다.

스승님은 일상 속에서, 적어도 나에게는, 수행과 세상의 중간이라는 의미가 아니라 도 닦는 게 무엇인지에 대해 모범을 보이셨다. 수행의 궁극적인 목표를 다양하게 열거할 수 있겠지만 필자가 스승님을 보고 배운 바는 평상심의 증득이었다. 진정한 인간이 되는 데 의미를 두는 것이다. 삶을 자연과 우주의 법칙에 맞게 하는 것이 수행의 목표라고 하면서도 정작 그 법칙의 궁극적 목표보다는 방편일 수 있는 신비함에 경도된 수련인들을 흔하게 볼 수 있다. 신비롭게 보이는 기술 또는 그 기술의 과시가 주가 되기 때문이다. 그러나 대부분의 능력자가 보여주는 인격의 결함들을 그 당시 나의 작은 소견으로는 받아들일 수 없었다. 그래서 그런 능력들은 인격과 같이 가지 않는 한 기술일 수밖에 없다는 확고한 생각을 갖게 되었고, 그 때문에 어떤 능력을 얻기 위한 기술의 습득엔 아예 관심을 갖지 않았다. 그렇기에 평상심을 얻기 위한 기술의 단련은 당연히 내가 평생 가져가야 할 연습이라고 생각했다. 필자가 국선도에 입문하며 유지했던 바는 살려고 수련하는 것이지 수련하려고 사는 것이 아니라는 원칙이다. 수련의 가치는 인간이 자기 자신, 또는 일상생활과 얼마나 연결되어지느냐에 대한 효용성의 문제였다. 그러나 그것이 남들과 다른 특별난 사람이 되기 위한 것은 아니라고 이해했던 것이다.

미국에서 늦은 나이에 들어간 대학에 다니던 중 82년 초에 국내 경기도 광주 무갑리에 산중선원이 생겼다는 말을 듣고 그해 여름 방학 중 3개월을 그곳에서 지냈다. 스승님 가까이 생활하며 수행자가 사회 속에서 어떻게 살아가는지에 대한 지향점을 확실히 볼 수 있는 기회가 되었다. 거리낌이 없다는 표현이 맞을 텐데, 맘대로 사신다는 게 아니라 그 상황에 또는 그 사람에 맞게 무심히 하시는 것이 너무 자연스러웠다. 우리가 상상 또는 책에서만 보게 되는 고고한 도인의 모습이 아니었다.

그 당시에 국선도 고급지도자 교육이 있었는데 스승님은 교육생들을 대상으로 매일 저녁 강의를 하셨다. 한 번은 내가 질문을 하였다. 며칠 전 같이 머물던 이들 중 민간처방을 잘 하는 사람으로부터 들은 편도선이 부었을 때의 처방이었다. 그것은 말린 뱀 껍질을 가루내서 그것을 대롱으로 목에 훅 불면 신효하다는 이야기였다. 신기하다는 생각에서 새로운 지식을 자랑도 할 겸 스승님께 여쭤 보았다. 돌아온 답은 다음과 같았다. "그런 것 잘못하면 위험해요, 아니 목캔디(요즘 말로) 먹으면 잘 낫는데…" 나의 한쪽 부분이 또 무너져 내렸다, 그 한마디에.

그런데 며칠 후 스승님의 생활철학을 알 수 있는 사건이 또 발생했다. 그 당시 열심히 교육을 받던 한 분이 스승님의 강의 중 질문을 하였다. 어떤 한자(漢字)를 말하면서 칠판에 그 글자를 쓰는데 지금 기억에도 아주 복잡한 글자였다. 스승님의 대답은 아주 간단명료하였다. "그렇게 복잡한 글자 필요 없어요." 이어 말씀하시길 "한글로 쓰면 되는데." 하시는 거다. 그 순간 며칠 전 목캔디 일화의 여운이 아직도 남아있는 상태에서 어려운 한문을 안다는 것과 국선도를 깊이 안다는 것을 동일시하려는 것 같은 과시가 그때 나에게는 지독한 위선으로 다가왔다. 그 상황에서 나는 마음으로 다짐을 했다. 한문은 물론 내가 갖고 가는 몸과 마음 이외의 어떤 것으로도 나를 치장하지 않겠다고.

거슬러 올라가서 79년 7월경 도장에서 혼자 외공인 오공법(五空法)을 연습하고 있었다. 12월에 미국으로 이주해 국선도를 가르치려면 여러 가지를 배워야하는데, 보여줄 게

별로 없다고 생각된 국선도에서 오공법이 좋은 도구가 되겠다는 마음에서였다. 그때 스승님이 도장에 잠시 볼일 보러 오셨다가 내가 연습하는 것을 물끄러미 바라보시더니 잠시 후 가깝게 다가와서 한마디 하셨다. "외공은 이미 네 안에 있으니 할 필요가 없다. 외공이 필요한 사람들이 있는데 그들은 그들 나름대로 하면 되는 것이다." 하신다. 또 한 번의 큰 깨침이었다. 국선도를 보급하는 데 아주 중요한 도구라 생각하고 열심히 연습하는데 하지 말라 하시니, 오히려 가슴에 확 다가왔다. 그 이후 외공을 딱 끊었음은 물론이다. 가끔 외국인 외공 고단자들에게 국선도 워크샵을 할 때가 있다. 이때에 오장(五腸) 강화운동인 기신법만 보여줘도 그들은 내가 외공의 고단자인 것 같은 시선으로 경이로워했다. 일심의 수련 안에 내공과 외공의 요소가 다 들어가 있음이다.

스승님의 저녁 강의에는 물론 국선도 강의도 있었지만 그 중 반은 스승님이 하산하신 후 겪은 일화들이어서 같이 머물던 분들은 시간 가는 줄 모르게 흥미진진해하였다. 이 때 많은 이야기를 들었는데 그 중에서도 우리들의 호기심은 단연 격파였다. 수련원 옆에 개울이 흐르고 있었고 나는 같이 지내는 분들과 종종 개울가로 나가 격파 연습을 하였다. 그래서 손바닥만 한 차돌을 골라 깨는데 어느 날은 스승님이 옆에 와서 구경을 하시다가 이런 말씀을 하셨다. "돌이야 아무 돌이나 골라서 깨지만 그 돌의 결을 알아야 한다." 그리고 그 결대로 치면 된다고 하며 사람 머리만한 차돌을 하나 집어서 발로 차시는 것이었다. 아니 차는 게 아니라 힘도 안 주고 밟으시는 것 같았는데 소리도 없이 '퍽'하고 두 쪽으로 갈라지는 것이었다.

그때 스승님이 해 주시던 말씀 중 또 하나 기억나는 게 있다. 국선도를 세상에 알리기 위해 내키지 않는 외공 시범을 다니실 때였단다. 1974년과 1976년 두 차례 미국을 방문할 때 TV에서 시범으로 '공중돌아발차기'로 벽돌을 격파했는데 나중에 그 영상을 슬로우 모션으로 보는데 발이 닫기 전에 이미 벽돌은 파괴되기 시작하더라는 것이다. 집중의 상태에서 작용하는 염력의 현상이라는 말씀이셨다. 그 뒤 20여 년 후 미국 동부에 살던 필자가 서두에 청운도사와 S선생의 스승 얘기를 할 때 언급한 P선배님의 초청으로 미국 중부에 있는 그의 도장을 방문 한 적이 있었다. 그 때 그 선배님이 국선도 수련으로 다른 무인들이 감히 흉내 내지 못하는 비기를 하나 보여 주겠다고 하였다. 그 날 어떤 파티에 200여 명이 참석한 자리였는데 붉은 벽돌을 가로로 세워놓고 잠시 호흡을 가다듬더니 측면에서 수도로 격파를 해 버리는 것이었다. 이런데 대해 잘 모르던 필자의 눈에도 특별한 내공이 없으면 해 낼 수 없는 것으로 보인 격파술이었다. 그러면서 필자에게 살짝 그 비기를 알려 주었다. 벽돌을 세워놓고 준비 자세에서 국선도에서 하는 대로 눈을 감고 호흡을 가다듬으면 눈앞에서 번개 같이 '번쩍'할 때 격파하는 것이란다. 그런데 이 번개가 안치면 세상없어도 격파가 안 된다는 것이다. 이때 무갑리에서 스승님이 해 주시던 염력으로 몸이 닿기 전에 이미 산산조각 나는 격파 얘기가 주마등처럼 필자의 뇌리를 스쳐 지나갔다.

필자가 국선도에 입문한 지 일주일 즈음에 "아, 내가 갈 길은 국선도 지도자로구나."라는 것을 알았다. 무질서한 생활과 나약한 정신으로 방황하던 청년에게 삶을 송두리째 변화시켜 버린 국선도는 믿음이었고 희망이었다. 그 국선도를 넓은 세계에 가서 펴고자 미국으로 이주했는데, 현실은 녹록치 않았다. 20대 중반의 혈기왕성한 청년, 거기에다 국선도를 통해 새로운 세계를 경험한 혈기는 단기필마로 주저함이 없이 만 명의 적군을 향해 돌진하는 장수의 용맹함을 가졌었다고 회상한다. 그런데 새로운 환경과 문화 그리고 언어 소통의 어려움 속에서 내가 최고라고 믿어온 국선도를 알리는 데 나는 너무 미미하였다. 이 벽을 넘고자 무수한 시도를 하면서 역설적으로 내가 국선도라 믿어왔던 나의 주관적인 국선도가 객관적인 국선도로 변화하기 시작하는 것을 보게 된 것이다.

미국은 물질만 세계의 선두가 아니라 세계의 최고라 하는 것은 다 모였다고 보면 된다. 그중 특히 자타가 인정하는 도사들, 전통 수련 단체와 그들의 모임 장소와 수련장등을 접하며, 개인의 역량도 중요하지만 그 역량의 바탕이 되는 단체의 배경이 얼마나 중요한가를 깊이 느꼈다. 그러잖아도 주위의 국선도인 중에서 승려가 되는 사람들을 여럿 봤는데, 이는 산에서 수련하기를 원하는 욕구를 충족시켜줄 시설과 제도들을 국선도가 갖고 있지 못하였던 것에 기인하는 것이었다. '소도 등을 비빌 언덕이 있어야 된다.'고 하지 않는가.

국선도를 신봉하는 분들도 국선도는 건강에 국한된 것으로 생각하며 종교와 비교하며 국선도에 마음공부가 없다고 생각한다. 국선도인으로서 종교의 유무의 문제가 아니라 국선도가 사회 속에서의 어떠한 위치에 있는지를 여실히 보여주고 있다고 보는 것이다. 그래서 불교를 예로 들어 보면 마음공부는 불교에서 하는 것이고 또 불교의 경전이야말로 마음공부의 지고선이라고 생각한다. 자동적으로 불교가 국선도보다 상위의 차원이라고 보는 것이다. 아마 사회적으로 정착한 제도적 종교이기에 그렇게 생각하는 것 같다. 신앙이라는 것을 떠나 세상과 함께한 2,500년 불교의 역사와 이제 50여 년의 국선도를 물질적이고 보이는 것만으로 비교할 수는 없지 않겠는가? 그런 마음으로 고착된 상태에서는 아무리 수련을 한들, 국선도의 마음공부가 그 분들의 마음에 들어갈 틈이 없다. 그러면서도, 삶을 이해하는 한 부분이 텅 비어있음에도, 국선도에 정통한 것처럼 생각한다. 왜? 오랫동안 수련해 왔으니까!

단지 오랜 기간의 수련이 정통으로 인도해 주는지 나는 알지 못한다. 국선도가 무엇인가? 핵심은 정기신 3단전 2단 호흡법이다. 정은 육체다. 기는 마음이다. 신은 말 그대로 신의 세계를 들여다보는 영성이다. 국선도에 몸법, 마음법, 그리고 영성 이 세 가지가 다 있는데 왜들 마음공부가 없다고 하는 것인지 아무리 생각해도 모르겠다. 국선도인이라고 종교를 갖지 말라는 법은 없다. 같은 맥락에서 종교인들도 국선도를 수련한다, 건강법으로. 어느 종교를 본인의 신앙으로 삼는 것을 얘기하는 게 아니라 국선도에 없다고 생각되는 마음공부를 종교로부터 차용한 뒤 그로 인해 본인이 국선도를 잘 꿰고 있다고 생각하는 게 잘못됐다는 것이다. 본인들은 심지어 그 사실을 모르고 있을 수도 있다. 그러나 이러한 혼재로 인하여 국선도를 제대로 보지 못할 수도 있다는 경각심을 가져야 한다. 이는 내가 1982년 산중선원에서 느꼈던 것처럼 어려운 한문을 아는 게 국선도 수련의 정도를 입증하지는 못하는 것과 마찬가지 이치이다.

Ⅳ. 국선도의 미래상

2003년 국내에 들어와서 수련 단체의 여러분들과 교류를 하려 할 때 영이 밝은 것으로 잘 알려진 분에게 이제 막 출범한 선도학 석사과정에 학생을 좀 보내 주십사 요청하고자 방문한 적이 있었다. 그 분이 나를 보더니 몇 가지 얘기를 해주셨다. 영적인 얘기였다. 조금 길게 얘기하시는 것을 묵묵히 듣고 있다 내가 한마디 하였다. 그 분이 말하지 않은 나의 영적인 얘기를 해 드렸더니 깜짝 놀라며 "아니, 그걸 어떻게 아냐."고 반문했다. 그래서 내가 말했다. "나도 전엔 그런 영적인 것을 보는 능력이 많이 열려 있었다. 그런데 사람들이 자신들의 어려움, 즉 병이 됐든 바로 그 어려움을 극복하는 데에 내가 갖고 있는 영적인 능력이 도움을 줄 것으로 생각했었다. 그러기 위해서는 결국 본인들의 성품이 바뀌어야 하는데, 아무리 그들이 상상도 할 수 없는 영적인 얘기를 해 줘도 크게 변하지 않는 것을 보고 내가 그 문을 스스로 닫아 버렸다." 나는 그보다는 자신의 깨달음을 통하여 개개인의 삶의 여정을 열어 가게 하는 것을 국선도 지도의 신념으로 삼겠다는 얘기였다.

그렇다. 남들이 보지 못하고, 듣지 못하고, 또 알지 못하는 것을 '훤히' 알 때에도 묵언할 수 있어야 기술의 보급이 아닌 하늘법인 국선도를 세상에 지혜의 법으로 깨달음의 법으로 펼칠 수 있다. 동시에 국선도가 사회 속에서 정체성을 가진 단체로 성장하지 않고서는 그 안에서 일어나는 개개인의 체험들은 설사 그것들이 신비스러운 것이라도 큰 의미가 없다는 생각에, 나의 지난 40여 년의 세월은 체계와 제도 그리고 수련을 이해하는 학문적 토대를 구축하는 기간이 되었다. 더군다나 미국과 캐나다 등 북미주를 이미 일찍이 선점한 중국과 일본 브랜드의 정신수련과 건강법 중심에서 국선도를 전파하는 80-90년대 적어도 초기의 나의 상황은 우주의 어느 혹성에 홀로 떨어뜨려 진 상황과 흡사하였다. 단체가 어느 개인이 지향하는 바를 지탱해 주는 버팀목으로서의 중요성을 절실하게 느낄 수밖에 없었다. 그러나 지금 당장 없는 버팀목을 어떻게 할 것인가. 그런 측면에서 앞으로 국선도가 사회 속에서 단체로서의 제 기능을 할 수 있도록 내가 할 수 있는 한도 내에서 하나씩 만들어가기 시작하였다. 그러면서 4가지 서원을 세우고 지금도 하나씩 실천해 나가고 있다.

1. **국선도 보급** : 나에게는 이 서원이 미국을 벗어나 더 넓은 세계에 보급하는 것이 목표였다. 그동안 미국, 캐나다, 말레이지아, 태국, 프랑스, 덴마크, 체코공화국, 루마니아 등지에 국선도 지부를 설립해왔다. 국선도를 배우겠다고 하는 사람이 있으면 천리가 아니라 만 리라도 달려갔다. 그러한 것들 하나하나를 모아 점차 세계로 넓혀 나가는 토대를 쌓기 시작하였다. 외롭지 않았다. 힘들지 않았다, 하나도! 왜냐하면 그 넓은 천지에 국선도 등불이 하나씩 점화되는 기쁨이 나를 충만케 하였기 때문이었다.

2. **산중 수도원 건립** : 사회 속에서 수련하는 수련인들이 어느 시점에 가면 집중 수련을 원하게 되는 때가 있는데 이 욕구를 충족시켜 줄 수 있는 기반 시설이 있어야 된다. 1982년 산중선원에서 스승님을 모시고 3달 머무는 동안 국선도 최고 지도자인 '법사양성 교육'과 '전남, 전북 대학 국선도 동아리 연합 하계 수련회'등의 진행을 도와드리며 타 단체와 비교하여 느끼는 점이 많았다. 스승님이야 동굴에서 수련하셨고 또 워낙 담백하시니 격식과 거리가 멀어서 비바람만 가리면 수도장이라 생각하셨으리라. 그러나 사회적 기준으로 보면 그 당시에도 평범한 붉은 색 기와의 양옥인 산중수련원은 일반인들을 대상으로 하는 미래의 국선도 수도장으로 턱없이 부족했다고 생각했다. 여름방학이 끝나고 다시 미국으로 돌아가기 전 산중선원에 머물며 느꼈던 것을 정리하여 '산중선원 발전 방향'이란 일종의 보고서를 대학노트에 정리하여 스승님께 드리고 하산하였다. 그러면서 스스로 다짐하였다. "스승님, 제가 생각하는 산중선원을 만들어 한번 보여드리겠습니다." 그로부터 좀 시간이 흐른 1995년, 회원들의 성금을 모아 미국 버만트에 8만여 평의 땅을 매입하여 산중선원을 건립하기 시작하였다. 기금이 만 원 들어오면 만 원어치, 십만 원 들어오면 십만 원 어치, 백만 원 들어오면 백만 원어치 건립을 한다는 정신으로 이어오고 있고, 1996년 부터 지금까지 3박4일부터 9박10일의 국선도 정기 수련회를 운영해 오고 있다.

3. **사회봉사활동** : 국선도인 양성만을 목표로 하는 도장 중심의 보급으로는 한계가 있다는 생각을 일찍이 했다. 공공의 이익을 목표로 하는, 예를 들어 국가적으로 재벌과 지성인의 사회적 기여를 기대하듯이 국선도도 그런 안목의 역할인 사회봉사 활동에 적극 참여해야 한다는 생각이었다. 앞으로 좀 더 사회 속에 뿌리를 내리려면

도장에서 수동적으로 국선도를 알리는 것과 병행하여 사회봉사 활동을 하며 국선도와 무관하게 사람들 속에 능동적으로 파고 들어가야 된다는 생각이었다. 이 사업의 기금을 마련하기 위해 1988년 미국 하트포트 대학 링컨기념관에서 1988년에 국내에서 활동하는 一道 김태수 선생 초청 서화전을 개최하였다. 판매 수익금 일부를 갖고 1988년부터 1992년까지는 미국 서부의 LA와 동부의 하트포트에서, AIDS환자를 위한 국선도 강습회를 실시하였고, 1992년 부터 1999년까지 7년 동안 태국 치앙마이 적십자사와 공동으로 치앙마이 인근 AIDS전문 병원인 싼파통 종합병원을 중심으로 AIDS환자를 위한 사화봉사 사업인 '원주민 자아찾기 운동'을 전개하였다.

4. **국선도의 학문화 :** 국선도인이 신봉하는 표어 중 하나가 체지체능이다. 머리로 하지 말고 몸으로 하라는 얘기이다. 그런데 원래 이 말은 너무 머리로만 하려고 하니 제발 몸으로도 확인을 하라는 얘기이지 몸만 갖고 하라는 얘기는 아닌 것이다. 특별한 경우가 아니고는 그동안 살아오면서 대략 몸만 갖고 지탱해 왔는데 이것만 갖고 뭘 체득한다는 것인가? 국가의 간접자본시설에 도로와 항만 시설이 있다. 국가가 움직이기 위해선 국토인 몸 자체가 움직이기 위해 이러한 사회간접자본 시설 즉 '회로'의 발달은 절대적이다. 공부는 또 학문은 지식의 축적뿐만이 아니라 땅에서 우주로 이동해 가는, 정각도에서 통기법을 거쳐 선도법으로 가는 여정을 이해하는 데 필수적인 기본 회로를 갖추어야 지향점을 향해 믿음을 갖고 인내하며 갈 수 있다.

공부와 관련하여 한 마디 더 안 할 수가 없다. 국선도인들 사이에 자주 회자되고 나도 즐겨 사용하던 말로 '해보면 안다'라는 말이 있다. 막상 미국에 와서 공부를 해 보니, 몸으로 해보기 전에 설명할 수 있는 것이 생기는 것이다. 그래서 그 당시 느꼈던 것이지만 '해보면 안다'라고 습관적으로 말하는 게 도인이 무심히 하는 소리 같은 착각이었음을 깨우치게 되었다. 설명을 못 하니까 나올 수밖에 없었던 말이었다. 그리고 또 공부를 또 학위과정을 하면서 느꼈던 것은 이런 기본적인 지식이 있어야 국선도를 제대로 이해하겠구나 하는 생각이었다.

미국 도착 시 내가 아는 제대로 된 영어 문장이라곤 중학교 영어 교과서 첫 장에 나오는 아엠어보이, 유아라걸(I am a boy. You are a girl)이었다. 아, 비에이블 투(be able to)라는 숙어도 있었는데 그 자랑스러운 걸 얘기 안 할 뻔했다! 그런 내가 대학, 대학원, 그리고 박사학위까지 걸어왔던 과정은 그야말로 가시밭길이었다. 너무 몰라 순간순간 자존심에 상처를 받을 때마다 당장이라도 때려치우고 싶었던 때가 얼마나 많았던가! 그때마다 나를 붙잡아 세워 줬던 것은 국선도였다. 실제 공부를 하는 것은 내가 아니라 국선도가 공부를 하는 것이고 내가 박사학위를 받는 것은 내가 아니라 국선도가 박사학위를 받는 것이다. 국선도가 세상에 뿌리를 내릴 수 있게 하여야 한다는 신념이 있었기에 가능한 일이었다. 내가 생각하는 최고의 국선도를 다른 사람이 최고로 인정하지 않는 그 간극을 극복하기 위해 걸어갔던, 객관성의 배양을 위한 학문의 길이었다. 공부하며 하심을 배운 것이다. 치열하다는 말도 미흡하다. 처절하게…! 그 뒤 국내에 와서 활동하며 국선도인들을 보는 내 눈에는 너무 작은 것에 목숨 걸고 자존심을 지키려는 모습들이 보였다. 지식과 권위와 자존심이 한데 엉겨 붙어 아무리 호흡을 하고 수련을 해도, 호흡하는 기술로 반짝하는 기력으로 삶의 질을 또 국선도의 본질을 볼 수는 없는 것이다.

국선도인들의 소양과 지도자들의 사회적 기능을 위한 나의 학문적 여정은 동양의 3대 사상인 儒佛仙중 仙사상의 정립으로 선회한다. 이것은 국선도를 벗어난 것이 아니라 오히려 국선도의 뿌리인 선사상의 대중화를 위한 시대적 소명이었다. 국선도 수련이 지향하는 정신세계의 이해를 위한 학문으로, 그리고 국선도의 뿌리인 선사상의 정립에 대한 고민의 결실로 지난 2003년부터 한서대와 인연이 되어 건강증진대학원에 자연건강관리학과 仙道學 석사과정을 개설하여 운영해 오고 있다.

제 5 장

仙 道 學

이 장은 필자가 지난 15년간 충남 서산 한서대학교에서 석사과정으로 선도학을 개설하여 운영하는 한편, 국제선도문화연구소(이후 국제선도문화연구원으로 개칭)를 설립하여 선도학의 학문화를 공고히 하고자 했던 활동 보고서이다. 국선도의 학문화라는 시도가 선도학으로 구체화된 과정을 돌아보고, 2008년 제2회 국제선도컨퍼런스에서 필자가 했던 인사말을 통해 선도학의 미래 지향점을 알아 본다. 계속해서 이러한 선도학을 바탕으로 역사문화와 인문사상적 과제를 어떻게 수행할 수 있는지에 대한 예로서 2017년 11월 24일 당진시에서 개최된 '당진과 대중국 교류 학술대회' 및 2018년 4월 6일에 개최된 제8회 국제선도컨퍼런스에서의 필자의 기조발표를 살펴봄으로써 선도학이 사회에 기여할 수 있는 방향을 제시하고자 한다.

I. 선도학이란?

국선도를 미국인들에게 알릴 때에 어려운 부분 중의 하나는 언어였다. 그런데 그것보다 더 곤혹스러웠던 것은 동양적 개념인 기, 단전호흡, 도인, 수련 등에 대해 대부분의 미국인들이 전혀 이해하지 못한다는 점이었다. 한마디로 그들은 수련에 대한 개념 자체가 없었다. 당시 미국인들에게 중국과 일본의 문화는 일단 무엇이든 호기심의 대상이었지만, 국가 브랜드가 현격히 떨어지는 한국, 그 중에서도 대중들에게 그리 친숙하지 않은 국선도는 당연히 그들의 관심을 끌 수가 없었다.

최근 들어 외국을 다녀 보면 k-pop의 열풍 속에 우리나라의 국력이 30- 40여 년 전과 비교할 수 없을 만큼 비약적으로 성장한 것을 느낀다. 어쨌든 그러한 환경 속에서 국선도를 전파하기 위해 동분서주하며 또 노심초사하였다. 이런 제약이 있었기에 국선도를 체계적으로 설명할 수 있는 교본의 필요성을 절감했고, 그러한 축적들이 선도학이라는 학문적 영역으로 발전되는 토대가 되었다. 국선도를 내게 이미 익숙한 실기 또는 동양철학 위주의 공부가 아니라 일종의 인간학으로 보고, 이를 정립하기 위해 새로운 교과과정이 필요하다고 본 것이다. 나는 이 공부를 선도학(Sundology)이라 명명했다.

1. 학문화의 중요성

학문의 근간은 표준화(standardization)와 일반화(generalization)이다. 즉 학문이라는 것은 그 영역의 표준을 정하고 그것을 일반화시키는 것이다. 다시 말해 어떤 영역에서 오래된 관습을 벗어나 새로운 시각으로 관찰하여 표준을 정하고 이 표준을 일반화하면 결국 우리 사회는 그 영역에서 공통된 기준점을 갖게 된다. 개인의 주관적인 관점과 함께 객관적인 시각을 갖도록 훈련하는 것이 학문화의 의미이며, 이는 대중화를 위한 선결과제 이기도 하다. 그렇다면 이제 국선도의 학문화 작업은 다양화 사회에서 거부할 수 없는 시대적 요구라 할 수 있겠다.

주지하다시피 국선도는 육체적인 측면만이 아니라 정신적이고 나아가 영적인 훈련도 함께 한다. 이러한 접근 방법 때문에 그 과정에서 쌓인 경험과 체험들이 결국 개인의 주관적인 관점으로 굳어져 국선도 및 인간과 사회를 보는 데에 근시안적인 성향으로 고착될 수 있는 것이다. 그러므로 국선도가 대중화되기 위해서는 다수가 공통적으로 동의할 수 있는 원리를 정립하고 그것을 유지하기 위한 조직과 체계를 세우는 것이 시급하다 생각한 것이다. 이제 고대로부터 9,700년 동안 이어진 산중의 국선도 역사와는 별개로, 사회 속에서 50년 이상의 역사를 가진 국선도의 학문화는 더 이상 선택이 아니라 우리가 지향해야 할 필연적 과정이라 하겠다.

2. 국선도학이 아니고 선도학인 이유

산중에서 국선도의 명칭은 명사가 아닌 형용사 또는 조사에 가까운 '밝밝는법'이었다. 그래서 청산선사는 이 밝밝는법을 사회 속에서 밝밝는법, 정각도, 선도법 등으로 불렀고, 미국에서는 한때 젊어진다는 뜻의 Young Do로도 불렀다. 지금의 국선도는 청산이 '밝밝는법'을 사회에 정착시키기 위해 산중에서 불리는 '선도'에 '나라의 수도법'이라는 의미의 '국'자를 붙여 국선도라 한 것이다. 이때 '국'은 국선(國仙)을 우두머리로 두었던 화랑도의 맥을 잇고 있음을 선포하는 것이기도 하다. 그런 측면에서 전통을 이어온 명사인 선도라는 이름이 대명사격인 국선도보다 더 포괄적이라고 할 수 있다. 국선도학이 아니라 보편적인 선도학으로 가야 하는 이유이다.

3. 미래 선도의 종주국, 한국

'선도'는 한문권인 동북아에서 공통으로 쓰이는 용어이다. 선도 외에 내단 또는 단학이라는 명칭이 쓰이기도 하는데, 그보다 좀 더 상위의 포괄적인 개념이 선도이다. 다만 한국에서는 국선도 수련법이 등장하여 내단 또는 단학의 이미지가 좀 더 선명히 드러나게된 데 비해, 중국과 일본에서는 이러한 체계적이고 선명한 이미지가 없기 때문에 '선도'라는 단어는 있으되 그것이 이미 관념화하여 죽은 글자가 되어 버렸다. 그렇다면 이 선도라는 명사를 국선도가, 또는 한국이, 선점할 수는 없을까? 만약 그렇게 된다면 바로 우리가 주체가 되어 선도의 역사와 맥을 운용할 수 있는 거대한 역사적 사상적 기반이 갖춰질 수 있다고 필자는 생각했던 것이다.

국선도의 영문 표기는 Kouk Sun Do이다. Cook으로 들리는 이 '국'은 영어권에서는 베트남인(또는 동양인)을 비하하는 속어로 통한다. 필자가 80년대에 미국에서 국선도를 보급할 때 당연히 Kouk Sun Do를 썼는데 종종 이 어감이 좋지 않다고 언질을 해 주는 사람들이 있었다. 당시 오직 앞을 보고 매진하던 내게 그런 조언이 들리지는 않았지만, 사실 나는 국선도라는 어감이 영어로 발음할 때 강하기도 했거니와 원래 스승님이 하산해서 쓰던 명칭이 선도이니만큼 Sundo로 쓰고 싶었다. 다만 단체의 구성원으로서의 의무감 때문에 쓰지 못하고 있었던 것이다. 이렇게 이를 무시하고 15년 정도 됐을 때에 한 미국 지인이 자신의 부인을 소개하는데 이름이 Bozy였다. 아니 그런 이름도…? 이미 매사에 무심한 것처럼 도인이라 생각하던 나였음에도 이 Bozy란 이름을 말할 때마다 당연히 감정이 헝클어짐을 피할 수 없었다! 영어권 사람들에게는 그냥 이름일 뿐인데 한국 사람인 나에게는 이름이 아니라 '여성의 성기'였던 것이다. 이때 주위에서 얘기하던 Kouk이 생각됐다. 나에게는 '국'이 그냥 국선도의 첫 자이지만 영어권 사람들은 내가 Bozy를 듣는 것과 같은 껄끄러운 느낌일 수도 있겠구나 하는 생각이 피부로 느껴졌다. 그 이후 나는 Sundo를 서양에서 국선도의 공식 명칭으로 쓰기 시작했다. 고대 우주론적인 仙道를 학문적인 Sundo로 접수하여 보편적인 미래 인류의 仙道로 재창출한 것이다.

Ⅱ. 선도학 석사과정

이러한 배경을 갖고 탄생한 선도학은 크게 5가지 영역으로, 이는 심리철학, 종교학, 치유학, 사상사, 그리고 실기인 명상·단전호흡·기체조 등의 구성이다. 다음의 석사학 프로그램과 학술대회의 발표를 통해 선도학이 학문으로서 어떤 역할을 할 수 있을지에 대한 이해에 좀 더 접근하고자 한다.

한서대학교 건강증진대학원 자연건강관리학과 선도학 전공 ▶

◎ 교육목표

선도란 인간과 사회, 그리고 자연의 역학 관계에 있어서 그들간의 환경 친화적이고 생태 순환적인 관계 개선을 추구하는 동양학임과 동시에 심신건강법이다. 이를 근간으로 모든 인류에게 이로움을 주자는 단군의 홍익인간상 이념을 구현하고 유불선 삼교 포함의 현묘지도라는 통섭적 인류문화를 한민족의 정체성으로 선포한 고운 최치원 선생의 사상을 지향한다.

◎ 교육방침

인간이 산이라는 공간에서 자연과 화합하고 생존하며 창출된 고대의 원초적 치유관인 신선사상의 실천방법론 선도를 학문적 과학적 그리고 사상적으로 정립한다. 또한 이를 서양의 심리학 그리고 종교학 등을 통하여 이해된 인간의 의식세계를 바탕으로, 현대인에게 필요한 몸 마음 영성적 치유 프로그램으로 개발하여 보급한다.

◎ 주요과목[1]

• 선도학 개론(Sundology)

   단전호흡, 명상, 기체조 등의 이론과 실기를 통해 인간 존재의 궁극 목표인 건강한 생명과 행복한 삶의 종합적 실천 방안으로서 선도학을 이해한다.

---

[1] 한서대 건강증진대학원 교과과정 참조: https://gradhealth.hanseo.ac.kr

- 기철학 연구(Qi Philosophy)

  氣 개념의 발생과 변화 과정을 역사적 맥락에서 살펴보고, 기의 우주론, 기의 생명과학, 그리고 기와 신과학 등의 주제로 기철학을 탐구한다.

- 동양사상사(Easter Philosophy)

  동양의 4대 사상이라고 할 수 있는 儒·佛·仙·힌두교의 인간 이해에 대한 사상사적 특징을 검토하고 비교 고찰한다.

- 도교사상사(Daoism)

  인류가 발전시켜온 道思想의 4가지 실천 형태인 도교(Religious Daoism), 민중도교(Public Daoism), 선도(Mountain Daoism), 도가(Philosophical Daoism)의 역사적 배경 및 사상을 연구한다.

- 노장사상(Laozi & Chuangju Thought)

  동북아시아 도사상의 철학적 배경이 된 노자와 장자의 원전 강독과 시대에 따른 동서양 학자들의 연구 결과를 점검하고 그 결과의 총체적 의미에 대해 연구한다.

- 종교와 문화(Religion and Culture)

  인간 삶의 궁극적 관심들과 그에 대한 반응이 전개해 왔던 문화 양상에 관하여 이해하되, 현대인의 실제적인 종교적 관심들을 그에 비추어 인식할 수 있는 토대를 마련하고자 한다.

- 인간과 종교(Human-Being and Religion)

  인간의 실존적인 문제 가운데 특히 생로병사 대한 관념과 그 표현, 몸과 마음의 성장에 따른 학습과정과 의례들, 그 도중에 나타나는 고통과 죽음의 문제들을 조우, 수용, 해결하는 방식들을 연구한다.

- 한국의 신선문화(Shinseon Culture of Korea)

  동북아시아에서 형성된 신선문화를 한국적 관점에서 조명하며 그에 연관된 무속(Shamanism)과 산신 등의 전통에 대해 이해한다.

- 융심리학(Jung Psychology)

  동양의 정신과 깊은 교류를 하였던 칼 융(Carl G. Jung)의 만달라, 집합무의식, 개성화 등의 이론을 통해 그의 동서를 초월한 정신세계를 탐구한다.

- 심리요법(Psychotherapy)

  심리적 방법을 사용하여 불안정한 아동이나 청년의 교육은 물론, 성인의 일상생활, 또는 의학의 대상이 되는 많은 문제점들을 개선하고자 하는 기법을 이해하고 활용한다.

- 통합상담(Integral Counseling)

  심리적, 육체적, 사회적, 문화적인 측면에서 상담자가 의뢰하는 문제점들에 대한 이해와 해결방법에 대해 연구한다.

- 명상심리치료(Meditation and Psychotherapy)

  명상의 과정과 기능이 현대인이 직면하는 각종 심리적인 문제점들에 대해 인간이 내재하고 있는 잠재적 가능성을 명상을 통하여 접근 할 수 있는지 연구한다.

- 명상과 뇌과학(Science of Meditation and Brain)

  뇌의 기능을 이해하고 EEG, MRI 및 Biofeedback 등의 측정을 통하여 탐구된 명상의 과학적 이해와 실습을 한다.

- 자연치유컨텐츠 연구(Natural Healing Content Studies)

  자연치유 능력의 증진에 있어서 인간, 환경, 섭생의 실존적 역학관계를 기반으로 심신의 복합적 문제를 명상, 호흡, 운동 등 생명력 유지의 삼요소를 응용하여 프로그램을 개발한다.

- 산림치유학(Forest Therapy)

  산림을 통한 치유의 가능성에 대해 고찰하고, 이를 바탕으로 치유의 기전과 특징, 그리고 개발 가능한 치유의 연구방법론을 연구한다.

- 원예치료학(Horticultural Therapy)

  식물·인간·환경의 제 문제들에 대한 자연친화적 이해를 바탕으로 생태순환적 정원 조성과 생명력 증진의 원예치료를 개발 실시하며, 이에 대한 전문가를 양성하고자 한다.

III. 선도학의 지향점

제2회 국제선도컨퍼런스

한국 선도의 정체성 조명 프로그램

주최·주관 : 국제선도문화연구소

장소 : 서울역사박물관(경희궁터)

일시 : 2008년 10월 31일(금) 10:00 ~ 18:00

제1부 개회식 및 외국 논문 발표(10:00 ~ 12:00) ~ 사회 윤봉서 부소장

개회사 : 김현문 국제선도문화연구소 소장

축 사 : 최병헌 서울대학교 명예교수(국사학)

논문발표 사회 : Lee W. Lee, PhD(Central Connecticcut University, USA)

기조발표 : 한국고유 자기수련 전통의 정체성 / 윤이흠 명예교수(서울대)

제1발표 : 선도정신과 오행 / Lucie Lambert(Canada)

제2발표 : 단전호흡과 스트레스 매니지먼트 / Gracia Del Rosario, PhD(Nam Seoul University)

제3발표 : 한국 신선의 배경과 정체성 / David A. Mason(경희대)

점심식사(12:00 ~ 12:45)

제2부 국내 논문 발표(13:00 ~ 15:30) ~ 사회 김관영 교수(중부대)

제4발표 : 한국 전통 정원문화 속에 내재된 신선사상 / 심우경(고려대)

제5발표 : 이광수의 원효대사에 나타난 '밝(알)' 사상의 민속학적 고찰- 古神道 부분을 중심으로 / 김선풍(중앙대학교)

제6발표 : 『해동전도록』과 한국 고유의 선도수련 / 안동준(경상대)

제7발표 : 서우 전병훈의 정신철학 : 동아시아 몸 철학의 탄생 / 김성환(군산대)

제8발표 : 다석 유영모의 영성수련-'여러 밤' '그이'의 '하늘놀이' / 김흡영(강남대)

제3부 종합토론후 폐회(15:30 ~ 18:00) ~ 사회 김현문 소장

컨퍼런스 인사말씀

채우면서 비워지는 이 계절에 제2회 국제선도컨퍼런스를 찾아 주신 여러분께 환영과 감사의 인사를 드립니다. 건강, 평화, 생명이라는 인류의 보편적인 가치를 선도 사상에서 찾아보고자 했던 제1회에서는 첫 컨퍼런스였음에도 불구하고 많은 분들이 관심을 갖고 찾아 주셨습니다. 이번 제2회는 1회를 바탕으로 우리를 좀 더 알고 다진다는 의미에서 한국선도의 정체성을 컨퍼런스의 주제로 정했습니다. 정체성은 뿌리의식입니다. 마침 올해 이 뿌리의식에 대해 우리가 심각하게 생각해 볼 기회가 두 번 있었다고 생각합니다. 그 한 번은 대한민국 국보1호인 남대문의 소실이고 두 번째는 중국에서 열린 제29회 북경올림픽이었습니다.

지난 2월, 600여년의 역사를 간직한 국보1호인 남대문이 소실됐다는 사실에 온 국민이 망연자실했습니다. 그런데 이 화재는 재앙으로만 끝나지는 않았습니다. 우리의 국보 1호는 자기를 온전히 태워 국제화라는 미명 속에 방황하던 민족혼을 일깨워 준 의식 각성의 횃불이었습니다. 화염 속에 역사는 타버렸지만 또한 그 화염은 어둠 속에 잠들어 있던 우리의 혼을 깨운 것입니다. 우리의 뿌리가 재인식되는 기회였습니다.

제29회 북경올림픽은 세계의 강대국으로 부상하는 중국의 모습을 확인하는 지구촌의 행사였지만, 또한 대한민국이라는 우리를 확인케 해 주는 행사이기도 했습니다. 거대한 중국의 부상에 경계심이 들면서도 또 한편으로는 상대적으로 왜소해 보이는 한국의 당당한 위세에 뿌듯한 자부심을 가졌던 경험들이 아직도 새롭습니다. 이러한 현재의 대한민국, 그리고 한국인이 지니고 있는 문화적 토양 위에 한국선도의 정체성이 있습니다. 그렇지만 이러한 정체성이 무엇인가 하는 확인을 하려 할 때 문자로 쓰인 역사적 사실만이 정체성을 증명해 주는 것은 아닙니다. 현대의 과학은 문자에 관계없이 DNA라는 죽간(竹簡)도 백서(帛書)도 아닌 지놈코드로 정체성을 판독합니다.

문화를 인간이 만들어낸 모든 유형무형의 유산들이라고 정의를 합니다. 그러한 측면에서 이번 컨퍼런스는 선도라는 元形을 중심으로 다듬어져 온 인류의 문화 속에서 지놈코드를 해독하고 그것의 현대적인 의미 도출과 미래의 삶의 지침으로서의 사상으로 다듬어 혼돈스런 이 시대의 복음이 되고자 하는 것입니다. 한국선도의 정체성 복원이라는 면에서의 지놈코드 읽기는 다음의 세 가지 방향에서 접근됩니다.

1. 다양하게 분포되어 있는 선도문화에 대해 역사적인 측면뿐만이 아니라 종교학, 신학, 조경학, 민속학, 심리학 등의 측면에서 총체적인 접근이 시도 되었습니다.
2. 선도는 도구이지 목표가 아니라는 전제를 갖고, 선도사상을 수련이라는 단편적인 인간행위로 보는 것에서 통합적인 인간문화로 이해하려 하였습니다. 그리하여 학문적인 접근뿐만 아니라 선조들이 풍류라고 하였을 미술(仙畵), 음악(仙歌), 춤(仙舞) 등 예술로 표현되는 부분도 선도문화의 한 부분으로 모아 '전체는 다만 부분의 집합이 아님'을 조명하려 하였습니다.
3. 시대적 상황에 의해 단편적으로 이해되던 인물들(원효, 전병훈, 유영모)의 사상들을 선도적 측면에서 재조명하여 선도를 대한민국, 더 나아가 세계 속의 사상으로 제시할 수 있는가의 가능성을 가늠하여 보려 하였습니다.

위에 언급된 방향에서의 정체성의 확립과 더불어 실용성의 가능성을 열어가야겠습니다. 국조인 단군의 이념이 홍익인간이었던 것처럼 인류에게 이로움을 주지 않는 정체성의 확립은 무의미하다고 봅니다. 선도의 방법론인 수련 요소들이 인류의 보편적인 가치인 건강과 평화의 도구로 쓰일 수 있도록 학문적, 과학적 연구를 해 나가겠습니다.

그 다음은 세계화입니다. 이번 컨퍼런스는 선도 정체성 해독에 대한 방법론 제시와 더불어 세계화에 대한 전략이 반영되었습니다. 푸른 눈의 이방인이 발표하는 선도 관련 논문들은 한국인에 의한 발표보다 선도를 세계에 홍보하는 데 더욱 설득력을 가지리라 생각합니다. 문화공연 역시 세계화를 염두에 둔 기획입니다. 세계화는 단지 선도의 외국으로의 보급이라는 차원을 넘어 나를(한국선도) 지극히 객관화하는 과정이라고 생각합니다. 지극히 객관화된 나는 인류에게 보편성을 가진 문화로 자리매김 될 것이기 때문입니다.

이번 컨퍼런스의 목적은 우리들의 잊혀졌던, 묻혔던, 그리고 간과되었던 모습들을 선도라는 원형의 골격에 살을 붙이고 피를 돌게 하여 현대의 이 시점에서 다시금 확인하고, 미래 한국의 정신세계의 근간을 도출하자는 것입니다. 이러한 작업은 철학과 사상의 부재, 그리고 가치관의 혼돈으로 방황하는 현재의 우리 모습에서 미래에 대한 믿음을 확인해 주는 원동력이 되리라 생각합니다. 아무쪼록 한민족의 정신세계를 관통하는 실천적 방법론인 선도를 통해 현재의 나를 자각하여 생명체가 지니고 있는 '정명완수'의 자기구현을 이 우주 안에서 온전히 실천하게 되기를 바랄뿐입니다.

2008년 10월 31일

국제선도문화연구소장

철학박사 김 현 문 교수

TILL THE DAWN OF BREAK
-Splendor of Sundo-

POEM BY HYUNMOON KIM
MUSIC BY SUNHA KIM

INTERNATIONAL COPYRIGHT SECURED

* 선도학의 중흥을 위해 제작한 20분 분량의 감상용 오케스라곡. 필자의 英詩에 영감을 받아 작곡된 이 곡 중 한 부분을 합창곡으로 만들었다. 원제는 Splendor of Sundo(선도 찬가). 한서대 실용음악과 김선하 교수 작곡.

IV. 선도학으로 본 역사·전설·신앙

당진과 대중국 교류 학술대회

주최 : 당진문화원   주관 : 국제선도문화연구원

후원 : 당진시청   장소 : 기지시 줄다리기 박물관

일시 : 2017년 11월 24일(금) 13:30~18:00

13:00 접수

13:30 개회식 : 사회 박경민 위원(국제선도문화연구원)

　　　국민의례

　　　환 영 사 : 류종인 문화원장

　　　축　　사 : 김홍장 당진시장

　　　축　　사 : 어기구 국회의원

　　　축　　사 : 이종윤 시의회 의장

　　　축　　사 : 김병묵 총장(신성대, 前 경희대)

　　　기조발표 : 김현문 원장(한서대, 국제선도문화연구원)

　　　당진, 세계로의 관문 : 최치원·복지겸·김대건의 역사적 상징성을 중심으로

14:15 논문발표 : 사회 김관영 박사(전 중부대 교수)

제1발표 : 당진지역과 고조선의 관계 : 선사유적을 중심으로 / 이종수 원장(단국대, 충
　　　　남역사문화연구원) / 토론 김규정 원장(전북문화재연구원)

제2발표 : 고대 당진지역의 대외교류에 대한 고고학적 분석 / 이현숙 박사(공주대 박물
　　　　관 학예연구실장) / 토론 김남석 위원(당나루향토문화연구소)

제3발표 : 최치원과 당진(경초선) / 장일규 교수(동국대) / 토론 상기숙 교수(한서대)

15:30 휴식

15:45 축하공연 : 임영미 단장(박정욱 가례헌 예술단) 설장고

16:00

제4발표 : 대중국 교류와 당진의 항구와 항로 / 문경호 교수(공주대) / 토론 이진한 교수
(고려대)

제5발표 : 당진지역의 종교문화와 대 중국 교류 : 안국사를 중심으로 / 민순의 박사(한
서대, 한국종교문화연구소) / 토론 김방룡 교수(충남대)

초대논문 : 대중국 교류의 창, 당진 / 김추윤 명예교수(신한대)

16:45 종합토론 사회 윤용혁 명예 교수(공주대)

18:00 폐회

◈ 기조발표

당진, 세계로의 관문 : 최치원·복지겸·김대건의 역사적 상징성을 중심으로

김현문 원장(한서대, 국제선도문화연구원)

1. 들어가는 글

중국이 변하고 있다. 등소평 이후 중국식 사회주의를 표방한 그들은 이제 명실상부한 G2의 위상을 확고히 한 것으로 보인다. 더 나아가 지난 2017년 10월 18일 개막한 제19차 중국공산당 전국대표대회에서 시진핑(習近平) 중국 국가주석은 '중국 특색 사회주의'를 천명하며 지금의 G2에 만족하지 않고 건국 100주년인 2050년까지 세계 최강국이 되는 '중화민족의 위대한 중국몽(中國夢)'을 선언했다.[1] 대한민국은 이러한 냉엄한 현실을 어떻게 받아들여야 할 것인가? 이제 우리는 생존을 위해, 또 당진은 그 최전선에서 고대로부터 근대를 거쳐 다져온 생명력, 외교력, 조정력을 함양한 정신을 바탕으로, 대 중국 교류에 있어서 당진이 향후 그 방향을 선도하는 고장으로 자리매김이 되도록 하여야 하겠다. 그런 의미에서 당진 공동체 안에 있는 모두가 정신을 올곧게 하는 시발점이 오늘의 학술대회를 기점으로 촉발되기를 바라는 마음이다.

---

[1] 미국의 월스트리트저널(WSJ)과 뉴욕타임스(NYT) 등 서구 언론은 이번 중국 당대회를 "시진핑 장기 1인체제 구축을 위한 '황제 대관식'과 같았다"고 평가했다.

공자의 온고이지신(溫故而知新)[2]을 되새겨 보는 것은 이러한 작업의 일환으로 유효하다 생각하며 덧붙여 현대의 다원화 사회에서 인간과 문화를 이해하기 위해 학제간 통합이 이루어지고 융합적으로 사물을 바라보려는 경향에 주목하려 한다. 이에 부응하여, 오늘의 주제인 '당진과 중국과의 교류'를 최치원, 복지겸, 그리고 김대건을 통해 역사적 상징적으로 이해하기 위해, '문헌은 물론 인간정신의 산물을 통찰하여 널리 이해하려 할 것'[3]이다. 이 방법은 시간과 공간적 배경이 전혀 다른 위 3인이 그들의 삶을 통해 보여줬던 인간상을 통하여 당진이라는 공동체 안에서 향후 중국 더 나아가서는 세계 속에 당진을 어떻게 구현 하여야 하는가에 대한 역사적 상징성을 도출하려는 노력이 될 것이다.

2. 교류란?

교류는 호환적인 나눔을 뜻하는데 이는 또한 나눔을 향한 여정이라고도 말할 수 있다. 하늘에 '풍류(風流)'[4]가 있고 바다에 '표류(漂流)'[5]가 있고 땅에 '교류(交流)'[6]가 있다.[7] 교류의 역사적 측면에서의 다양한 내용을 배경의 조성 경위에 따라 크게 작위적 배경과 비작위적 배경으로 구분할 수 있다. 작위적 배경이란 인간의 의식적이고 돌발적이며 단절적인 행위 즉 군사적 정복이나 민족 이동과 같은 교류의 역사적 배경을 말한다. 비작위적 배경이란 기술의 발달과 같은 인간의 과학적인 산물 같이 전자와 달리 돌발적이며 단절적이 아닌 순리적이며 승계적인 행위에 의해 조성된 역사석 교류를 말한다.[8] 역사와 인간의 행위 전반의 모든 것을 사실은 문화라 할 수 있다. 역사는 시간이라는 흐름에 인간의 의식적 행위가 들어간 것이고, 조형물들은 공간이라는 곳에 인간의 의식을 표출한 것이다. 그래서 인간의 의식이 '시간'에 들어간 것을 역사라 한다면 '사물'에 들어간 것을 문명이라 한다. 이 두 가지를 통칭하여 문화라 부른다.

---

2) 옛것을 소중히 하며 그 바탕위에 새것을 받아들인다.
3) 해석학(解釋學, Hermeneutics)적 방법론이며 철학, 신학, 문학 등을 탐구하는데 활용된다.
4) 신라시대 사상가 최치원이 한민족 고유사상을 정의한 개념이며 인간이 하늘과 상통함을 의미한다.
5) 고대에 해로실크로드의 성립에 기여했으리라 추정되는 주로 선박의 파손으로 야기되는 해류의 발견이다.
6) 육지에서 일어나는 물질적 또는 개념적(문화적) 소통이다.
7) 교류를 단순히 수직적, 또는 상하적 개념이 아닌 3차원의 공간적 현상으로 보려했다.
8) 정수일(2001). 『실크로드학』. 창작과비평사, p. 83.

문명교류의 통로로서 역사적 역할을 하였던 '실크로드'는 현대에 들어 교류의 상징[9]으로 자리 잡으며, 지형적 특징으로 초원로, 오아시스로, 그리고 해로의 3가지 동·서로(東·西路) 간선으로 나뉜다. 약 1만 년 전 일어난 충적세(沖積世)[10]에 의한 민족의 대이동이 유라시아 대륙에 생긴 몇 갈래의 길로 나눠지며 이 실크로드의 개통이 시작되었다. 기원전 7,000년경 메소포타미아의 농경, 목축, 토기, 방직 기술 등과 기원전 6,000년부터 4,000년 사이에 아시아에서 시작된 채도도 이 길을 따라 동서로 광범위하게 전파되었다. 이 기존의 길 외에[11] 남북 교류나 교역의 내용상 특징으로 붙여진 마역로, 라마로, 불타로, 메소포타미아로, 그리고 호박로 등 전자의 3가지 간선과 이 5가지 지선이 지구를 그물망 같이 연결하고 있음을 보여준다.[12] 그러므로 인류는 이미 오래 전부터 작위적 배경과 비작위적 배경에 의한 교류가 점차 증가하였다고 보는 것이다. 사실 인류의 조상인 직립원인(호모에렉투스, Homo erectus)의 기여는 불의 발견이고 그 뒤를 이은 '슬기롭고 슬기로운' 의미의 호모사피엔스(Homo sapience)는 언어의 발명에 기여 하였는데, 호모사피엔스가 다른 유인원을 제치고 인류의 직접적인 조상으로 활동하는 신석기 시대에 또 하나의 특징으로 원거리 교류가 꼽힌다. 이를 보면 역사적으로 인종간 교류의 시발은 1만 년 그 이전으로 소급될 수 있음을 미루어 짐작할 수 있다.

3. 태안반도의 상징성

당진은 태안반도에 위치해 있다. 태안반도(泰安半島)는 행정구역상으로는 충청남도 당진시, 태안군, 서산시, 예산군, 홍성군을 품고 있다.

태안(泰安)이 주는 의미는 '泰'는 클 태, 풍요로울 태, 편안할 태 등의 의미를 갖고 있고, 한자의 시조인 갑골문에서는 泰는 水+大인데 편안히 자적하는 사람의 상형이다. 安은 편안할 안이며 집안에서 여자가 편안해짐의 모양이다. 또한 태는 물이 손안에 있

---

9) 시진핑 중국 국가주석의 정책 브랜드가 된 일대일로((一帶一路·유라시아를 육상과 해상으로 연결하는 신 실크로드 정책)가 좋은 예이다. 중앙일보 11. 7. http://v.media.daum.net/v/20171107060108983?rcmd=rn
10) 하천 등의 퇴적작용에 의해 형성된 지질시대 제4기로 분류되는 시점이다.
11) 앞의 책, p. 36.
12) 앞의 책, p. 78.

는 것으로 아주 잘 흐른다는 의미가 있고, 나아가 두루 통달해서 넉넉한 경지에 도달했다는 의미도 있다. 안은 사당에 무녀가 아무 탈이 없어서 편안히 있다는 의미의 글자로, 고요하다는 뜻의 안정(安靜)에서 안과 정은 동일한 의미라고 하겠다.[13]

태안반도 서단 지역의 옛 지명이 소태(蘇泰), 소주(蘇洲), 소성(蘇城) 등으로 불리운 것은 부족국가 시대의 제천의식이 행해진 소도(蘇塗)[14]와 관련 있는 것으로 보인다.[15] 이러한 사실로 볼 때에 태안지방이 마한시대에는 제천의식의 중심지였다고 추정된다.[16] 그렇다면 중국의 태안이 위치한 환경에서 볼 수 있듯이 태안반도의 태안이란 지명도 단순한 큰 평안을 가져다준다는 글자 그대로의 뜻을 넘어 이 고장이 하늘과 땅에 맞닿고 사통팔달의 경지에서 오는 지극한 고요함 속의 안녕을 말하는 소도가 발달한 부족국가가 자리 잡았던 지역임을 알 수 있다. 그 후 일정 기간 태안지역이 천제를 지내는 소도와 동의어로 인식되었을 것이다. 중국의 태안(泰安, 중국어 : 타이안)에 고대 봉선 의식이 진행되는 오악 중의 하나이며 '천하 제일의 산', '중화민족 정신의 상징'이라는 칭호를 얻은 태산(泰山, 해발 1545m)[17]이 자리를 잡고 있고, 이곳에서 고대의 제왕들이 봉선(封禪) 의식을 행하였다. 그렇다면 중국의 태안 역시 소도와 같은 봉선의식이 행해져 '하늘과 소통되는 신성함'이 큰 안녕을 가져다 주는 의미가 부여된 지명이라 할 수 있겠다.

주역으로 태안에서 '태'의 의미를 접근해 보면 64괘 중 10번째인 이(履)괘 다음에 나오는 괘가 11번째인 태(泰)괘이다. 태괘(泰卦)는 지천태(地天泰)이다. 다시 말하면 천지의 위치 즉 음양의 상하가 바뀌는데, 직역을 하면 현대의 여성 상위 시대로 묘사될 수 있지만 그 보다는 하늘과 땅이 합치는 남녀의 위치가 바뀐다는 의미로 직시하는 게 더 타당하다고 생각한다. 윤리철학적인 관점에서는 태평성대를 이룩하려면 내 마음 씀이 정직해야 하고 정직하지 않은 부분은 내 바깥으로 내버려야 한다는 말이고, 이것이

13) 김현문(2017). 「沃坡 이종일, 태안반도에서 水雲·孤雲과 만나다」. 대한독립만세-이종일 선생 포럼. 태안군·충청남도·문화재청.

14) 박호원, 2013, 『한국 마을 신앙의 탄생』, 민속원.

15) 이병도, 1973, 『한국고대사회와 그 문화』, 서문당, 제71호, pp. 140-145.

16) 이문종, 1988, 「태안반도의 촌락형성에 관한 연구」, 지리학논총 별호 6.

17) 5천년의 정치, 문화, 종교 등의 풍부한 역사를 바탕으로 높은 역사문화가치와 독특한 풍격의 미학가치 및 세계적으로 의의가 있는 지질과학가치가 서로 융합되어 보기 드문 풍경유적지를 형성하여 1987년 세계자연문화유산으로 지정되었다.

태평성대를 이루는 골자이다. 즉 태평성대와 부국강병의 핵심은 나의 마음을 정직하게 가꾸어 '편하면' 길하고 길하면 만사형통이 된다는 것이다.[18] 『논어』「자로편」'태이불교'(泰而不驕)란 말이 있는데 넉넉해도 교만하지 않다는 의미를 대비해보면 태자의 의미가 더 가깝게 이해될 것이다.

태괘가 또 다른 형태로 나타난 예를 경복궁의 교태전(交泰殿)에 볼 수 있다. 경복궁 건물의 배치는 전면에 광화문, 그 뒤로 근정전, 왕이 생각하며 정사를 본다는 사정전, 왕의 처소인 강녕전, 그리고 그 뒤로 왕비의 처소였던 교태전이 위치해 있다. 교태[19]전의 교태는 음양이 합치는 산실 즉 왕비의 처소이며, 이는 수태의 산실로서 아기의 생산을 넘어 왕조의 근간인 생명의 잉태라는 측면에서 교태전의 의미가 새롭게 인식될 수 있다. 이런 교태전인데 경복궁의 설계자는 여기에 환경적인 장치를 하나 더 추가해둔다. 교태전 뒤의 후원을 아미산[20]이라 이름 지었다. 예부터 아미산에는 마마를 막아주는 신인 즉 두신(痘神)이 살고 있다고 전해져 내려온다. 우리나라의 각 지방에는 마을 입구에 장승을 세우고 아미산하교(蛾眉山下橋)라고 명문을 써서 중국의 양쯔강 남쪽에서 바람을 타고 오는 두신인 호괴(胡傀)가 방방곡곡을 돌아다니며 천연두를 퍼트리는 것을 막았다.[21] 교태전 후원의 낮은 궁원을 아미산이라고 한 이유는 왕자와 왕비의 거처 가까운 곳에 아미산 신인을 두어 두창을 막으려 했다는 것이다.

아미산을 두신인 호괴와 연관지으면 아미산 지명 유래에 대해 충분히 설득력이 있다고 본다. 하지만 교태전에서 태(泰)자의 의미로 보는 아미산은 그와는 다른 측면의 인문지리학적 컨텐츠를 보여준다. 경복궁의 구중궁궐 교태전에서 왕비들은 시름의 나날들을 후원의 아미산을 바라보며 극복하고, 나아가 왕의 사랑을, 그러므로 탄생되는 왕자를 생각하는 내일의 희망을 하염없이 꿈꿨으리라. 왕자의 생산이 왕비가 왕에게 총애를 받는 것 그 이상의 의미가 있는 것은 왕조의 존립에 관계된 것이기 때문이다. 교태전 후원에 아미산이라는 여성성이 지극한 음의 상징을 배치한 것은 백두산(白頭山)의 정기가 흘러내려온 꼬리를 경복궁 뒤편의 백악산(白岳山, 북악산)이라 보고 그 양기

---

18) 성제 선생 강의 편찬위원회, 2006. 『성제 봉기종 선생의 주역이해(상)』 pp. 348-351, 전학출판사.
19) 교태(交泰)-하늘과 땅의 어울림.
20) 중국에서 가장 아름다운 4대 명산산중의 하나이다.
21) 김추윤(2012). 『당진의 지명유래』. 당진문화원, p. 126.

를 아미산으로 끌어와 수태를 시키고자 하는 환경지리적 설정이다. 이와 같은 맥락에서 당진의 아미산(349m)이 있다. 이 산은 과연 당진에 어떤 상징적 의미를 부여하고 있는 것일까?

■ 경복궁 교태전

■ 경복궁 아미산

4. 당진, 태안반도의 볼텍스22)

당진은 태안반도에 위치해 있다. 당진지역은 선사시대의 구석기 시대부터 유적이 망라돼 분포해 있는 것으로 나타났으며, 특히 구석기, 신석기, 청동기시대의 유적이 출토되면서 인문환경의 형성에 당진지역이 유리한 조건을 갖춘 것으로 조사됐다. 지금까지 당진지역에서 이뤄진 문화재 조사는 구석기 2, 신석기 7, 청동기 42, 원삼국 17, 삼국 59, 통일신라 9, 고려 49, 조선 302, 일제강점기 38, 현대 10, 시대미상 108 등 모두 643건이 이뤄졌다. 따라서 발굴은 구석기 1, 신석기 6, 청동기 16, 원삼국 5, 백제시대 23, 통일신라 8, 고려시대 14, 조선시대 33 등 모두 106건이 이뤄져 모두 366건의 문화재가 출토된 것으로 나타났다.23)

현대의 '당진'에 당진이라는 지명이 붙은 연유는 무엇일까? 지명의 명명은 토지라는 공간 속에서 다른 경계를 설정해 분별하기 위하여 시작되므로, 토지의 자연적, 문화적 특색을 하나의 공간 안에서 장소적 실체로 파악하여 확인하고 인식하기 위해 필요하고도 편리한 방법이다.

---

22) Vortex, 어떤 지형 또는 공간속에서 강력한 자장을 형성하는 중심축을 말한다.

23) 이남석(2012).『당진지역발굴유적의 성격과 문화적 특성』. 당진의역사재조명. 충청남도역사문화연구원·당진문화원, pp. 160-181.

이는 인간이 다양한 감각자료로부터 인식된 관념들 중 보편화된 공통분모 격의 핵인 개념을 선택하게 되므로 그 지역의 문화전통이나 환경의 자연적 특색을 함축하고 있는 경우가 많다. 이러한 이해 속에서의 지명은 환경 대상의 확인, 식별 및 공간의 인지구조화를 위해서 꼭 필요한 것이다. 환경지각 즉 경험의 결과로서의 지명은 객체로서의 장소가 가지는 특성과 명명 주체로서의 인간의식이 결합되어 구성된다. 따라서 지명 속에는 객체로서 가지는 특성과 지각, 감정, 자연관 등이 함축된다. 즉 지명은 단순한 기호가 아니라 의미의 결합체이며 의미를 가진 언어의 일부이다.[24] 이로 볼 때 당나라 때 해상왕으로 불리던 장보고가 활약하던 시기에 당나라에 신라방이 생긴 것처럼, 당이 번성하던 시기, 이의 영향을 직간접적으로 받는 곳으로서의 당진이라는 지명의 역사성과 상징성이 태안반도의 북서단에 붙여진 당위성을 보여준다 하겠다. 이는 그 당시 당진이라는 토양의 객체와 신라왕실, 당나라 또는 당인 그리고 그 공간에 정착한 '당진인'이란 주체가 결합된 산물일 것이다. 일본에도 당진(唐津, 가라쓰시)시가 있고 예로부터 한국, 중국과 교역한 주요 항구로 알려져 있다. 백제 25대 무령왕[25]이 이 곳 가카라시마에서 출생[26]하였고, 도요토미 히데요시가 임진왜란을 준비한 나고야성, 정유재란 때 일본군에게 잡혀와 처음으로 일본 백자[27]를 만든 이삼평을 모시는 도산신사가 있는 곳이다. 이때의 당(唐)은 대륙을 의미하며 진(津)은 나루터를 뜻한다.

당진에서 당나라와 관계 있는 지명은, 당진포리(唐津浦里), 관동(館洞), 당진(唐津), 영랑사(影浪寺), 채운포(彩雲浦), 한진(漢津), 당골(唐谷)[28], 아미산(峨嵋山)[29], 채운교 등이 있다. 당태종 이세민의 딸 영랑이 당나라의 아도화상과 함께 채운포에 이르러 영

---

24) 김추윤(2012). 『당진의지명유래』. 당진문화원, pp. 24-25.

25) 일본서기에 '461년경, 백제의 개로왕이 남동생 곤지를 왜국에 파견했다. 당시 해산달이었던 자신의 측실을 함께 보내며 도중에 아이가 태어나면 백제에 돌려보내도록 명했다. 일행이 가쿠라시마에 왔을 때, 부인은 아들을 낳았다. 이 사람이 '세마키시'라고 불리던 백제 25대 왕이다'라는 내용이다.

26) 오랫동안 전설로 내려오던것이 1971년 공주 송산리 고분에서 무령왕릉이 발견되고 발굴 당시 발견된 지석에 쓰인 무령왕의 생몰연대가 전설과 일치했기에 이 전설이 역사적 정당성을 얻게 됐다. 문경현. 「백제 무령왕의 출신경위에 대해서」. 『한국사학잡 사학연구』 60. 2000.

27) 현재도 가라쓰에서 만든 모든 도자기에는 조선당진(朝鮮唐津)이라고 이름이 붙는다.

28) 당골(唐谷)은 당촌(唐村)이라고도 불리는데 복지겸의 선조가 당나라에서 면천으로 표류하여 와서 살았다는 전설이 있는 곳으로 성상리 2구1반으로 불상골 남쪽에 있는 자연부락 지명이다. p. 600.

29) 아미산은 중국 사천성에 있는 중국 4대 명산중의 하나로 이태백(李太白)의 아미산월가(峨嵋山月歌)라는 한시를 통해서도 잘 알려진 곳이다.

파산 밑의 현 절터를 보고 보기 드물게 좋은 곳이라 하니, 그 후 아도화상이 절을 짓고 영랑의 이름을 따서 영랑사[30]라고 했다는 전설이 전해진다. '채운'이란 원래 그 지역에 큰 경사나 위인이 있으면 오색운(五色雲)의 징조가 나타난다는 중국의 풍수사상에서 유래한 것이다. 이러한 의미에서, 한고조 유방의 머리 위에 항상 오색의 채색 구름이 있다는 중국의 전통적인 고사와 맞물린 상징으로 유래했을 채운포와 채운교가 당진에 있기에 이를 통해 당나라와 연계를 미루어 짐작 할 수 있다.[31]

5. 신라 하대 : 당진, 대당 전진기지

신라는 진평왕 43년(621)부터 당과 외교관계를 맺은 후 3국의 치열한 각축 속에서 당과의 외교 주도권을 쥐며 숙위외교(宿衛外交)[32]를 통해 군사동맹을 맺고 백제와 고구려를 정벌하게 된다.[33] 한반도 동쪽에 치우친 지형적 제약을 특유의 외교력으로 극복하고 삼국통일을 이루어 낸 것이다. 그 외교력은 단지 수사가 아니라 국가의 존립에 있어서 공세적 방어뿐만이 아니라 방어적 공세를 취하여 나당 연합군을 퇴치하는 데까지 일관성을 갖고 정세를 주도해 나감을 볼 수 있다. 그런 통일신라가 삼국이 통일 전 분할되었던 형국으로 치닫던 시기가 바로 최치원의 부성군 태수로서의 봉직 기간이다.

다음 관련된 부분을 바탕으로 1) 이 시기 당진이 신라 왕조의 존립과 관련하여 어떤 전략적 역할을 했을 것인가? 2) 당진의 전략적 역할을 바탕으로 최치원의 부성군 태수 봉직 기간을 알아본다.

최치원에 관련된 다음의 사료를 보자.

884년	최치원이 28세가 되었을 때 귀국하려는 뜻을 가지니 당 희종은 그 뜻을 알고 조서를 갖고 돌아가게 하였다. 『삼국사기』 권46, 「열전」 6, 최치원
885년	최치원, 광계 원년(885, 신라 헌강왕 11년)에 신라에 도착하다. 『삼국사기』 권46, 「열전」 6, 최치원

---

30) 현 충남 당진시 고대면 진관리 소재
31) 김추윤(1997). 『당진군지 중권 : 지명』. 당진군지편찬위원회, p. 599.
32) 외적으로는 중국의 우위를 인정하면서 그 보상으로 문화적, 경제적 수혜를 받고 내적으로는 외교적 자율성과 동질성을 견지하는 외교정책.
33) 신형식(2002). 『한국의고대사』. 삼영사, p. 235.

886년   왕은 그를 시독겸, 한림학사, 수병부시랑, 지서서감(留爲侍讀兼翰林學士守
兵部侍郞知瑞書監)으로 삼아 머무르게 하였다. 『삼국사기』 권46, 「열전」
6, 최치원

886년~893년 사이 최치원이 생각하기를 서학(西學)하여 얻은 바가 많아 앞으로 자
신의 뜻을 행하려고 하였으나, 세상이 어지러운 탓인지 그를 의심하고 꺼
리는 사람이 많아 그 뜻이 능히 용납되지 않으므로 외직인 대산군 태수(大
山郡太守)로 나갔다. 『삼국사기』 권46, 「열전」 6, 최치원

889년   여러 주군에서 공부를 바치지 아니하므로 부고가 텅 비어 재정이 궁핍하
였다. 사방에서 도둑이 봉기하였다. 사벌주(尙州)에 웅거한 원종과 애노의
반란이 있었다. 『삼국사기』 권11, 신라본기

891년   북원(原洲) 도둑 괴수 양길이 궁예로 하여금 1백여 명의 기병을 거느리고
북원의 동쪽 부락과 명주(江陵) 등 10여 군현을 습격케 하였다. 『삼국사기』
권11, 신라본기

892년   완산(全州)의 적 견훤이 스스로 후백제라 칭하니 무주(光州) 동남의 군현
이 그에게 항복하여 붙었다. 『삼국사기』 권11, 신라본기

893년   당나라 소종(昭宗) 경복(景福) 2년(진성여왕 7, 893)에 납정절사(納旌節使)
병부시랑(兵部侍郞) 김처회(金處誨)가 바다에서 익사[34]했다. 『삼국사기』
권46, 「열전」 6, 최치원

893년   (김처회가 익사하자) 곧 혜성군(槥城郡) 태수 김준(金峻)을 고주사(告奏使)
로 삼았다. 이때 최치원은 부성군(富城郡) 태수로 있었는데, 마침 불러 하
정사(賀正使)로 삼았다. 그러나 해마다 흉년이 들어 기근에 시달렸고, 그
로 말미암아 도적이 횡행하여 길이 막혀 가지 못하였다. 그 후에 최치원이
또한 사신으로 당나라에 갔으나 언제 갔는지는 알 수 없다. 『삼국사기』 권
46, 「열전」 6, 최치원

894년   진성여왕 8년에 최치원이 시무 10여조를 올리니 가납(嘉納)하고 그를 아
찬(阿湌)으로 삼았다. 『삼국사기』 권11, 신라본기

---

34) 사신이 익사한 예는 경문왕 2년(862) 8월에 입당사인 아찬 부량 등 일행들이 바닷물에 빠져 죽었다는
『삼국사기』 「권 11」로 봐서 그런 위험 부담이 항상 있었음을 알 수 있다.

이 사료에서 볼 수 있는 것처럼 893년 김처회가 익사하자 최치원과 김준(생몰 미상)[35]이 서산과 당진에 동시에 근무하다가 최치원은 하정사,[36] 김준은 고주사로 차출된다. 이 당시는 전국에서 민란이 일어나고 궁예와 견훤에 의해 후삼국 태동의 전조가 시작된 때이다. 그러므로 신라의 후견국이며 전략적 동반자인 당나라와의 긴밀한 관계를 유지하기 위한 전략적 요충지로서의 당진 지역의 중요성 또한 명확하게 드러나고 있다.

▌ 나·당 연합로[37]

---

35) 통일신라 진성여왕때의 관리.
36) 신년축하 사절로 대개 1~3월에 파견되었다. 신형식(2002). 한국의고대사. 삼영사, p. 237.
37) www.구글.com, 9주5소경/지도이미지 편집.

더군다나 812년 당나라 요구에 따라 신라가 발해(698-926) 원정에 참여하자 신라를 적대시하며 동시에 신라에 반감을 가지고 있던 발해는 일본과 동맹을 추구한다. 이후 동북아의 정세는 신라와 당나라 그리고 발해와 일본의 2각 구도로 형성된다. 여기에 떠오르는 세력들인 견훤과 궁예에 의해 신라는 사면초가의 형국으로 치닫고 있는 정세이기에 그 입지가 큰 폭으로 제한되고 있음을 알 수 있다. 이 상황에서 신라에게 당진을 위시한 태안반도는 당과의 연대를 잇는 유일한 통로일 수밖에 없었다. 당나라로의 공식 항구인 남양만의 당은포38) 지역도 양길에서 궁예로 이어지는 북부로부터의 위험에서 안전지대일수는 없었다39)고 보기에 당진과 태안반도는 신라의 마지막 보루이자 희망이었다.

이 당시 김준의 혜성군 봉직도 예사롭지 않다. 백제 시대부터 "혜성군의 동쪽 둑에 수군창이 있었다"는 사실에 주목하자. 군사작전에 있어서 보급의 중요성은 재론을 할 필요가 없을 것이다. 김준의 역할은 최치원과 대당 교류를 포함한 또 수군창의 수성, 당으로의 항구 확보, 정세에 따라 당은포40) 지역의 관리와의 방어적 또는 공세적 협력 등의 다목적 전략적 선택의 결과였을 것이다. 개인적 인지도 또는 능력 면에서는 최치원이 같이 근무한 김준보다 월등했을 수 있으나, 그 당시 골품제의 폐해로 인한 제약을 볼 때에 최치원 보다는 김준, 그러므로 혜성군에 전략적 무게가 더 실린다고 보는 것이다. 더군다나 두 사람의 사신 역할을 보면 그 신분의 차이를 엿볼 수가 있는데, 김준은 익사한 병부시랑이었던 김처회를 대신해서 간 것이고 최치원은 신년하례의 소임을 띠고 간 것을 보더라도 그 차이를 알 수 있다. 특히 최치원이 시무 10여조를 바친 후 신라의 관직 17등급 중 6등급인 아찬41) 제수를 받은 시점이 894년 이후이기 때문에 부성군과 혜성군의 같은 태수라 해도 직급이 틀렸던 것이다. 다시 아찬(阿飡)은 세분화하여 아찬부터 중아찬(重阿飡)·3중아찬·4중아찬으로 올라가는데, 6두품 신분층은 중아찬으로 승급이 끝난다. 김처회의 관직은 병부시랑이었기 때문에 차관급인 중아찬

---

38) 최영성(2016). 『고운최치원과서산』. 서산문화원, p. 36.

39) 893년 김준과 최치원이 고주사와 하정사로 당나라에 가려한 1차 출항지는 당은포로 추정되는데 "도적이 횡행하여 길이 막혀 가지 못하였다"라는 『삼국사기』의 기사처럼 그 지역이 이미 안전하지 못함을 보여준다 하겠다.

40) 현재의 경기도 화성만 지역.

41) 최치원의 894년 아찬 제수는 아직 중아찬이 아니기에 차관급이 아니다.

이상이었을 것이다.

구분	관직명	성골	진골	6두품	5두품	4두품	중시령	시랑경	도독	사신	군태수	현령
1	이벌찬, 이벌간, 우벌찬, 각간, 각찬, 서발한, 서불한		■				■					
2	이척찬, 혹은 이찬		■				■	■	■			
3	잡찬, 혹은 잡판, 소판		■				■	■	■	■		
4	파진찬, 해간, 파미간		■				■	■	■	■		
5	대아찬		■				■	■	■	■		
6	아찬, 혹은 아척간		■	■				■	■	■	■	
7	일길찬, 혹은 을길간		■	■					■	■	■	
8	사찬, 혹은 살찬, 사돌간		■	■					■	■	■	■
9	급벌찬, 혹은 급찬, 급복간		■	■					■	■	■	■
10	대나마, 혹은 대나말		■	■	■				■		■	■
11	나마, 혹은 나말		■	■	■				■			■
12	대사, 혹은 한사											
13	사지, 혹은 소사											
14	길사, 혹은 계지, 길차											
15	대오, 혹은 대오지											
16	소오, 혹은 소오지											
17	조위, 혹은 선저지											

▌신라의 관직 17등급[42]

　　그러면 최치원은 부성군 태수로 몇 년간 봉직했을까? 최치원의 부성군 태수직을 그래도 뚜렷이 보여주는 년도는 893년이다. 이 해는 심준과 같이 당나라로 가기 위해 부성군을 떠나고 그 다음해에 시무 10여조를 올리고 아찬이 되었으니 최치원의 부성군 태수의 임기는 893년에 끝났다고 보는 것이 타당하다. 그렇다면 태수직 봉직을 시작한 해는 언제일까? 『삼국사기』에는 그 기록이 안 보인다. "그렇지만 890년~892년 그리고 893년, 총 3년을 대산군 태수와 부성군 태수를 자진 재임"[43]한 것으로 제시한 연구도 있다. 그런데 『불국사고금창기』의 『王妃 金氏 奉爲先考及亡兄 追福施穀 願文』[44]을 보면 '중화정미년 창월 부성군 태수 최치원부성태수'로 봉직이 시작된 것을 추정하게 하는 찬술 년도인 887년 11월이 나온다. 이 사료를 바탕으로 최치원의 부성군 태수 봉

---

42) 『삼국사기』 「권 38, 잡지 7」 : http://hamyang.org/samji.htm
43) 장일규(2016). 『고운 최치원과 서산』. 서산문화원, p. 84.
44) 이후 줄여서 『선고망형원문』으로 표기한다.

직은 약 6년 정도 재임한 것으로 나타난다. 그런데 "이 협주는 원전으로 기술된 『동국승사비』가 실재하지 않으므로 이는 협주자에 의한 조작이며 중화정미년이라는 찬술 시기와 최치원이 부성군 태수가 된 시점 사이에 적어도 6년 이상 차이가 있어"[45] 이 또한 사실이 아니다.[46] 이와 다른 해석으로 "최치원의 나이 31살 때 부성태수이고 그의 나이 37살까지 6년 동안이나 한 고을의 태수로 재직했다는 것은 의심스러우나 달리 반증할 자료가 없기에 이 내용을 그대로 믿기로 한다."[47]

본고에서는 위의 두 가지 제시에 대해 최치원의 부성군 태수 재임을 추정할 수 있는 직접적 사료로 판단되는 『선고망형원문』만을 다루려 하며 이에 대한 신뢰성에 대해 우선 살펴보자. 이 사료는 그동안 최치원의 진본인지에 대해 논란이 있어왔던 부분[48]이기도 하기 때문이다.

조선 후기에 이르러 최치원이 찬한 불국사 관련 문헌이 가장 먼저 수록된 문헌은 1636년경에 중관해안(中觀海眼, 1567～?)이 편찬한 목판본 『화엄사사적』이다. 이렇게 불국사 관련 자료가 『화엄사사적』에 먼저 수록된 이유는 중관해안이 1612년경 불국사에 머물면서 당사에 전존되어 내려오던 자료를 수습했다가 그중 5종의 자료인 『비로자나불상찬』, 『아미타불상찬』, 『석가여래상번찬』, 『화엄사회원문』, 『선고망형원문』 등을 1636년에 『화엄사사적』의 편찬과정에서 이 자료들이 불국사의 것이 아니고 마치 화엄사 관련 자료인 것처럼 가필과 왜곡을 가하여 수록했기 때문이었다.[49]

1740년에 활암동은(活庵東隱)이 편찬한 『불국사고금창기』에도 『화엄사사적』과 같은 5종의 자료가 수록되었는데, 이는 중관해안의 목판본 『화엄사사적』과 『불국사사적』에 수록된 최치원의 글들을 참조하면서 중관해안에 의해 화엄사 관련 자료인 것처럼 왜곡, 가필된 부분을 불국사와 관련된 것으로 다시 고쳐 실은 것으로 추정된다.

그럼에도 위의 사료들이 기존의 계원필경집, 중산복궤집, 제왕연대력, 그리고 고운문집 등의 다른 방대한 최치원의 저작 속에는 들어있지 않았기에 최치원 연구와 9세기

---

45) 최영성 해제 역주 『최치원 전집 2(고운문집)』, 아세아문화사, 1999, p. 237, 주 115 참조.
46) 이문기(2015). 『신라 하대 정치와 사회 연구』, 학연문화사, p. 177.
47) 이구의(2017). 『고운 최치원의 유적과 문화유산 활용』. 서산문화원.
48) 이문기(2015). 『신라 하대 정치와 사회 연구』. 학연문화사.
49) 앞에 책, pp. 131-179.

후반 신라의 정치 사회적 동향 연구에서 유효한 자료일 수밖에 없다. 하지만 이는 1740년에 활암동은이 『불국사고금창기』를 편찬하는 과정에서 최치원이 찬술한 5종의 자료가 불국사 관련 자료임을 강조하기 위해 덧붙인 협주는 신빙성이 없다[50]라고 하는 것은 최치원이 찬술한 글에 협주와 가필이 더해진 것은 불국사사적이 화엄사 사적으로, 또 화엄사 사적이 다시 불국사 사적으로 편찬되며 그 해당되는 사찰의 사적이라는 점을 강조하기 위해 붙인 협주라는 사실이다. 즉 그 본문 내용은 그러한 가필과 협주와는 일정 부분 관계없이 신라 하대 정치를 이해하는 중요한 단서가 되고 있다고 밝히고 있다.

> (전략)…그러나 자료의 내용과 문헌기록을 통해 볼 때, 왕비 김씨는 지금까지 그 실체가 모호했던 효공왕의 생모 김씨로서 곧 헌강왕의 후비임을 알 수 있었다. 이는 효공왕의 성장 과정이나 왕의 계승 등을 포함하는 9세기 후반의 정치사를 올바르게 파악함에 있어 귀중한 단서가 될 수 있을 것으로 본다.[51]

그런 측면에서 본고에서는 '중화정미년 창월 부성군 태수 최치원부성태수'라는 협주를 그동안 연구되어 온 것과 다른 방향에서 고찰 해 보자는 것이다.

이 협주를 오기로 보는 시각의 예를 보자. "『선고망형원문』 말미에 '중화정미년 창월 부성군 태수 최치원'이라고 되어 있는 이 협주는 『동국승사비』가 실재하지도 않고 또 중화정미년이라는 찬술 시기와 최치원이 부성군 태수가 된 시점 사이에 적어도 6년 이상 차이가 있기에 이 협주는 조작이다"라는 발상은 삼국사기에 나와 있는 대로 김처회가 익사한 후 혜성군 태수 김준을 고주사로 부성군 태수 최치원을 하정사로 삼은 893년을 최치원의 봉직이 시작된 것으로 보기에 발생한 듯하다. 삼국사기의 기술로 볼 때에 그것은 최치원이 부성군 태수로 봉직하고 있는데 김처회의 익사로 김준과 최치원을 차출하여 당나라로 보냈다는 것으로 이해되며, 그러므로 893년은 이미 최치원이 봉직한 지 얼마 정도의 시간이 흐른 것으로 이해하여야 한다. 그러므로 이 찬술한 년도가 그 년도를 표기한 것과는 무관하게 조작이라고 단정짓는 것은 성급한 판단이라고 생각한다. 왜냐하면 그 893년 구절에는 최치원이 언제부터 부성군 태수로 봉직을 시작했는지 또 언제 그 임기를 마쳤는지에 대한 정확한 어떤 언급도 없기 때문이다. 그리고 이 최치원의 정확한 봉직 시작점을 알 수 있는 문헌은 『삼국사기』에도 『삼국사기 열전』에

---

50) 앞의 책, p. 179.
51) 앞의 책, p. 198.

도 그리고 『계원필경집』에도 보이질 않는다. 그렇다면 이에 대해 단서를 제공할 수 있는 전적은 지금으로서는 『선고망형원문』 말미에 있는 협주가 유일하다.

그런데 이 협주의 신뢰에 대한 문제 제기는 『선고망형원문』의 근거인 "『동국승사비』는 전해지지 않고 그 내용이 전해오는" 자체가 이 사료의 신뢰성의 문제 제기에 일정 부분 작용하고 있다고 보기 때문이다. 그럼에도 협주의 오기 등 윤색이 있었음에도 그 원문(願文) 전체가 부정되기에는 부적절함이 있다. 왜냐하면 최치원이 당나라를 떠날 때가 희종 중화 4년(884)이었기에 그 뒤 3년후(887)를 중화 7년으로 표기한 것은 틀림이 없는 것이다. 그런데 당 희종은 885년 연호를 중화에서 광계로 바꾼다. 이 사안만 얘기한다면 최치원이 당나라를 떠난 후에 연호가 바뀌었고, 또 혹시 바뀐 것을 알았다 해도 당나라 안에서의 현장감이 없기에 그동안 익숙해 있던 중화를 썼던 데에는 어떤 이질감도 없다고 본다. 만약에 후대에 누가 가필을 했다면 이러한 오기는 오히려 더 수정되었을 가능성이 있기 때문이다. 또 한 가지, 이 협주를 신뢰 할 수 있게 만드는 부분이 한군데 더 있다. 찬술한 년도 뒤에 주가 붙었는데 "黙堂曰 中和丁未而光啓三年則乃丁未也"이라 한 것이다. 이는 "묵당이 말하되 중화정미는 광계 삼년이다"라는 뜻이다. 이 협주에 첨언을 한 사람이 어떻게 보면 중화정미가 광계 3년인 것은 너무 자명한 사실임에도 이 협주를 아예 바꾸지 않고 그렇게 첨언을 단 것은 원문의 찬자인 최치원에 대한 존경과 경외심으로, 수정이 필요한 것으로 판단되는데도 원문이 훼손되지 않도록 조치한 경외심으로 보이는 것이다.

「선고망형원문」 말미에 중화 정미년 창월 부성군 태수 최치원이라고 되어 있는 이 협주에 대한 신뢰의 문제에 있어서 위에서 살펴본 바와 같이 아직 단적으로 최치원이 887년 무렵부터 부성군 태수로 봉직했다는 것에 대한 협주가 '오기'라고 단정할 만한 근거는 없는 듯싶다. 이것이 부정되기 위해서는 대략 다음과 같은 세 가지 연구가 선행되어야 한다고 생각한다.

1. 최치원이 신라로 귀국 후에 시독(侍讀), 한림학사(翰林學士), 수병부시랑(守兵部侍郎), 지서서감(知瑞書監) 등에 임명된 것이 중요한 게 아니라 그 직책들이 등청으로까지 연결되었는가 하는 문제이다. 임명은 됐으나 최치원의 귀국 후 연이어지는 비난들로 등청으로까지 이어지지 않았을 가능성이 높다. 귀국 후에도 계속된

저술과 편찬 등은 현대의 재택근무 같이 전국 어디에서도 수행할 수 있지 않았을까?

2. 신라의 관직 체계상 군태수로 발령을 받으려면 17등급 중 13등급인 사지(또는 소사)로부터 6등급인 아찬(또는 아척간)이 맡을 수 있다. 그런데 6등급이 아닌 상태에서 부성군 태수를 맡았고 시무 10여조로 884년 이후 아찬에 제수됐다. 만약 최치원이 군태수일 때 이미 관직상 나아갈 수 있는 아찬이었으면 884년에 중아찬 또는 그 이상의 아찬급을 제수 받았어야 했다. 그런데 여기에서도 아찬에 제수되자 대신들의 많은 반발이 있었다는 것은 최치원이 맡은 부성군 태수 봉직은 최고 상한선이 7등급인 일길찬(또는 을길간)이었음을 의미하는 것이다. 그렇다면 여기에서 병부시랑 김처회를 대신한 김준[52]과 최치원의 관직 의 등급은 차이가 난다. 이와 관련하여 최치원의 신분이 6두품이었는지 또는 당나라에서 귀국 후 다른 어떤 신분이었는지의 연구가 이루어져야겠다.

3. 최치원이 중국에서 신라로 귀국할 때 신분은 당나라 사신의 자격으로 왔다. 당나라 황제에 의한 이 선처는 최치원에겐 신분 이외의 굴레로 작용한 것 같다. 신분 극복을 위해 입신양명하여 골품제를 탈피하려 했는데 막상 당나라 사신의 자격으로 온 신라에서는 이방인일 수밖에 없었고 그래서 최치원에게 내려지는 여러 관직들은 '대우'일 수밖에 없었을 것이다. 최치원의 귀국 후 활동은 이렇게 당나라 사신 자격으로 온 것이 골품제의 한계뿐만이 아니라 정치적으로 또는 정략적으로 어떻게 작용됐는가에 대한 연구가 필요하다고 생각한다.

당진과 태안반도 지역은 그 당시 신라가 고립무원에 처한 형국이기에 당나라로의 유일한 활로로서의 거점이므로 당진과 태안반도는 '지방'이 아니라 '중앙'의 연장선상에서 보아야 할 만큼 역사적으로 전략적 중심축의 기능을 한 지역으로 보인다. 그러므로 부성군 태수로 봉직했던 기간을 포함한 최치원 관련 연구는 김준이 봉직했던 당진 지역의 전략적 중요성을 파악하는 것뿐만이 아니라 그 당시 당나라, 발해, 그리고 일본과 신라의 국제정치적 역학 구도의 이해 속에 당진이 어떤 역할을 했는지에 대한 심도 있는 판단의 자료일 수 있다. 그러므로 적어도 위의 3가지 연구들이 선행되기 전까지 『선

---

52) 신형식(2002). 『한국의 고대사』. 삼영사, p. 238 : 통일신라 초기에는 견당사가 주로 급찬(급찬) 이상의 고위 관직자가 선발되었으나, 후기에는 관직위주(주로 차관급인 시랑)로 발탁되고 있어 전문적인 인물이 파견되었다.

고망형원문』 찬술연도로 추정되는 최치원의 부성군 태수 봉직기간이 6년(햇수로 7년) 이라는 것은 아직도 유효하다.

6. 고려시대 : 당진 면천, 역사를 전설로 쓴 고장

왕건은 덕장으로서 장군들의 요청에 의해 보위에 오르고 또 통일신라를 접수해 무혈 입성을 이루었다. 이러한 고려의 개국공신인 복지겸(卜智謙, 생년·몰 미상)은 혜성군 (槥城郡, 현 당진 면천) 호족으로 면천 복씨의 시조이다. 그의 선조는 당에서 건너와서 혜성에 거주했는데 해적을 소탕하고 백성을 모아 보호했다고 전해져온다. 이는 복지겸 일가가 당진을 근거로 한 해상세력이었음을 짐작하게 하는 대목이다.

복지겸과 당진 그리고 대중국 교류를 좀 더 이해하기 위해선 면천 박씨인 박술희를 또 이해하여야 한다. 왕건이 견훤과의 싸움에서 그의 아성인 호남지역으로 진출하는 것은 절실한 부분이었다. 그러나 대부분 견훤의 영향력에 있던 이 지역은 난공불락에 가까웠다. 이때 실마리를 제공한 사람이 나주의 오다련이다. 결국 그의 도움으로 나주 를 비롯해 호남에 전진 기지를 만들 수 있었다. 고려의 태조가 된 왕건은 두 번째 부인 오다련의 딸 나주오씨의 아들 무(武)를 태자로 앉히려 할 때 많은 반대를 무릅쓰고 박 술희에게 태자의 보위를 부탁한다. 믿음직한 신하이기도 하였겠지만 조상이 당에서 와 서 정착한 것으로 알려진 오다련과의 특별한 관계가 분명히 작용했다고 보는 것이다. 그 특별한 관계란 무엇일까. 해상세력에 근거를 둔 것이었을 것이다.

박술희는 오다련과 동일한 사회경제적, 지역적 이해관계를 가지고 있었기 때문에 무 의 태자 책봉과 관련해 긴밀한 연관관계에 있었다. 서해남부의 해상세력으로서 부를 축적하여 유력한 호족으로 성장하였고, 또한 출신지가 혜성군과 나주로서 해상활동의 중심지이자 군사적 요충지로서 후백제와 태봉-고려 사이에 쟁탈전이 벌어지고 있던 지 역에 위치하고 있었다. 따라서 양자는 해상세력의 이해관계를 확대하고 그 근거지를 후백제의 공격으로부터 보호하기 위하여 긴밀하게 결합하였다고 생각된다.[53] 또 하나

---

53) 강희웅, 1977. 「고려 혜종기 왕위 계승란의 신해석」, 『한국학보』 7, 75(정청주, 2002, 「신라말 고려초 서남해안지역 호족의 동향 : 나주호족을 중심으로」, 『장보고관계 연구논문선집·한국편』, (재)해상왕장 보고기념사업회(현 한국해양재단), pp. 591-592.

는 복지겸의 조상이 당나라에서 온 이주민이고 오다련의 조상도 신라와의 무역을 위해 나주에 정착한 당나라 사람이라는 관계를 볼 때에 박술희 역시 면천 박씨로 추종이 된 정황을 보면 그도 역시 도래인일 가능성이 높다. 그러한 동질성이 박술희와 복지겸, 또 오다련을 묶는 연결 고리이고, 이와 함께 건국을 하는 과정에서 보여준 충성심이 왕건과 박술희와의 태자 책봉에서의 임무로 연결되었을 것이다.

왕건의 나주에서의 활약상에 대해서 볼 수 있듯이 그 치열한 후삼국의 각축을 짐작할 수 있는 설화 중 당진의 합덕재[54][55]가 있다. 연지, 혹은 연호라고 불리는 이곳은 조선시대부터 합덕평야를 관개하던 저수지였다. 현 위치로는 대합덕리를 중심으로 하여 천주교 성당 및 서야중 고등학교의 남쪽 방향에 있다. 지금은 저수지가 아닌 농경지로 변하였지만 방죽은 원형대로 길게 늘어져 보존되고 있다. 합덕재의 축조 기원은 후삼국 시대로 본다. 견훤이 왕건과 싸울 때에 이곳 합덕에 만 이천의 군대를 주둔하였고, 후고구려와 마지막 일전을 앞두고 군마에게 물을 먹이려고 축조했다 전해진다. 같은 지역에 쌉사리 방죽(백미제, 찹쌀 방죽)이 있는데 이곳 역시 견훤이 왕건과의 일전을 준비하며 동쪽에는 합덕제 서쪽에는 이 백미제를 축조했다는 전설이 전해진다.[56] 합덕재에 끝나지 않고 같은 지역에 있는 또 다른 방죽에도 같은 내용의 전설이 전해진다는 것은 그 두 전설의 접점이 결국 '역사적 사실'로 좁혀지고 있는 듯 보인다.

---

54) 기념물 70호. 1989.4.20. 지정, 합덕읍 합덕리 성동리 일원 24만m². 저수면적 103정보 주위 8km 제 방이 1771m 몽리 면적 726정보. 70년대만 하여도 약간의 저수 기능을 하였으나 지금은 농경지화 하였다.

55) 김제 백골제, 황해 연안 남대지와 함께 조선시대 3대 저수지의 하나로 평가받는 당진 합덕재가 세계 관개시설물 유산에 등재됐다. 세계관개시설물유산은 세계 96개 회원국으로 구성된 국제관개배수위원회(ICID)가 세계에서 인류의 발전과 식량증산에 기여한 의미 있는 저수지, 댐, 수로 등 관개 시설물의 보호와 유지를 위해 지정한다. 2017.10.11. 연합뉴스.

56) 김추윤(2012). 당진의 지명유래. 당진문화원.

▌ 합덕재 추정 조감도[57]

▌ 만추의 합덕재

57) 합덕수리민속박물관 전시실 소재.

┃ 면천 은행나무

┃ 면천 안샘

복지겸은 뚜렷한 신분의 역사적 인물인 고려 개국공신이다. 그럼에도 불구하고 복지겸과 관련한 많은 전설이 있음에 주목한다. '전설'의 정의는 역사라는 맥락에서 볼 때에 아리스토텔레스가 말한 낱말의 차원에서 은유이며 이는 '낯선 이름의 전이(轉移)'인데 '낯선'이란 또 다른 사실을 나타낸다. 리꾀르58)는 이러한 은유의 정의가 '낱말의 의미 전위(轉位)'로 보았다.59)

이러한 전설들은 허황된 게 아니고 모두 의미가 있는데 "전설이란 구체적인 사물에 결부시킨 설화로서 과거의 사실, 또는 사실이라고 믿어지는 사건이 구전이나 문자로 전해 내려오는 이야기"를 말하기 때문이다. 그러므로 전설은 오랜 시간에 걸쳐 전해오는 통시간적(通時間的)인 존재이며, 일정한 형식과 내용이 결합한 형태로 전하는 과정을 수없이 대를 물려서 현재까지 이르렀다는 시간의 여과(濾過)와 사라질 것은 사라지고 살아남은 것만 적자 생존한 것이다.60) 전설이 갖고 있는 특징은 인간과 그 행위를 주제로 이야기한 것으로, 말하는 화자와 듣는 청자가 그 이야기의 사실을 믿으며, 이야기를 뒷받침하는 기념물이나 증거물이 있으며, 역사와 깊은 관련이 있어서 역사에서 전설화하였든가, 혹은 역사화의 가능성이 있는 독특한 형식을 가지고 있다.61)

이 전설들이 보여주는 흥미로운 점은 역사적으로 기록되지 않은 복지겸 인생의 분기점들의 편린들이 보인다는 것이다. 전설이라는 말만 없으면 복지겸의 역사적인 일생을 신비화한 것이라고 바꿔 말할 수 있는 것이다. 다음과 같이 역사 속의 복지겸과 전설 속의 복지겸의 행적을 정리하면 다음과 같이 배열할 수 있다.

1. 역사와 전설 속에 나타난 복지겸의 행적을 삶의 주기 순으로 정리하면 다음과 같다(표기, 역사●, 전설○).
   ○ 당골(唐谷)은 당촌(唐村)이라고도 불리는데 복지겸의 선조가 당나라에서 면천으로 표류하여 와서 살았다는 전설이 있고 현 면천면 성상리 2구1반으로 불상골 남쪽에 있는 자연부락 지명이다.62)

---

58) Paul Ricœur(1913년~2005년)는 프랑스의 철학자이다.
59) 오승준(2012). 국선도수련원리의해석학적고찰. 한서대학교 석사학위 논문, pp. 22-23.
60) 위키피디아 : https://ko.wikipedia.org
61) 김추윤(2012). 당진의 지명유래. 당진문화원.
62) 앞의 책, p. 600.

○ 아미산 신선바위: 아미산 정상에 4평 남짓한 평평한 바위인데 복지겸이 아미산에 나무하러 갔을 때 이곳에서 바둑을 두던 신선들이 복지겸에게 서울로 가서 과거를 보라고 권했던 곳이다.[63]

○ 복지겸 혼인전설: 현 당진시 순성면 도당굴의 한 처자가 임사체험시 전생의 남편을 만났는데 아직 저승에 올 때가 아니라 다시 돌아가라 해서 다시 깨어나 그후 결혼을 했는데, 그때 결혼식 하객으로 간 복지겸을 보곤 그 임사체험시 본 전생의 남편이라고 혼인을 파하곤 복지겸과 다시 혼례를 올렸다.[64]

● 918년 6월 복지겸은 홍유, 배현경, 신숭겸과 더불어 궁예의 휘하에 있었던 왕건을 추대하여 왕위에 오르게 하였다.

● 복지겸은 기병의 장군으로서 궁예의 정예부대를 동원할 수 있는 위치에 있었다.

● 태조 원년에 발생한 두 차례의 모반사건을 복지겸이 태조에게 보고하여 반란을 방지하였다.

● 태조 원년 8월에 반포한 교서에 따라 복지겸이 개국 1등 공신에 책봉되었다.

● 복지겸은 면천지역의 토지 300경을 하사받고 자손에게 세습하게 하였다.

○ 당진군 순성면 성북리 위잣디에 강씨 문중에 의해 400여 년 동안 구전되던 생가 터가 있다. 이곳은 강선필(강선필, 1898∼1976)의 아들 강성순의 땅인데 1940년대 논으로 만들었다.[65]

● 복지겸의 성을 인정하고 고향인 면천을 관향으로 삼게 하였다.

○ 면천 두견주[66], 은행나무, 안샘 등에도 복지겸과 관련된 전설이 전해진다. 복지겸이 원인 모를 중병을 앓자 그의 딸이 아미산에 올라가 정성으로 백일기도를 드렸는데, 그 마지막 날 비몽사몽간에 "아미산에 핀 진달래꽃을 따다가 찹쌀로 술을 빚되 안샘물로 빚어 백일이 지난 뒤에 아버지께 드리고 뜰에 은행나무[67] 두 그루를 심어 정성을 드리라"는 계시를 받고 그대로 따르니 병이 치

---

63) 이인화. 면천 복지겸 전설의 민속지리학적 재검토.『한국사진지리학회지』, 17-3, 2007. p. 84.

64) 앞의 책, p. 85.

65) 앞의 책, pp. 84-85.

66) 무형문화재 86 나호. 1986.11.1. 지정/곽운근 외(1997).『당진군지』. 하권 : 문화유적·민속·성씨 인물, p. 16.

67) 기념물 82호, 1990.5.24. 지정, 나무높이 약 27m 둘레 약 6m/곽운근 외(1997).『당진군지』. 하권 : 문화유적·민속·성씨 인물, p. 22.

료되었다고 한다.

● 고려시대 복지겸의 자손들은 개국공신의 후손으로서 영예와 특전을 받았다.

앞에서 본 바와 같이 복지겸에 있어서 특이한 부분은 역사에 없는 분은 전설로 남았고 또 전설에 나타나지 않는 부분은 역사로 기술됐다는 점이다. 역사와 전설을 따로 놓고 보면 역사 따로 전설 따로인 것처럼 보이는데, 이렇게 같이 보면 모두 역사 같기도 하고 아니면 모두 전설 같기도 하다. 그런데 복지겸은 분명한 역사적 인물이기에, 전설은 역사가 말할 수 없는 부분을 전설이라는 형식으로 말하고 있는 듯 보인다.

그런 복지겸이 아미산의 한겨울 눈 덮인 산정에 살짝 한설이 가고 아직 산속은 찬기운일 때 봄기운을 머금고 화려하게 여기저기 솟는 진달래 망울처럼 전설이라는 이름으로 복지겸이라는 생명의 꽃술을 틔어오고 있었다. 그리고 그 생명력은 1,000년이 지난 2001년 '면천진달래민속축제'[68]라는 또 하나의 망울을 틔우기에 이른다. 그래서 당진 면천인들은 그들이 그동안 그랬던 것처럼 생생한 인간의 역사를 전설로 풀어서 앞으로 또 1,000년을 갈 것이다. 그래서 그 세월이 한참 지난 뒤 장자(莊子)의 꿈[69]처럼 역사라는 꽃 속에서 전설을 틔우고 또 전설이라는 꽃 속에서 역사를 틔우는 삶 속에서 오늘도 그리고 내일도 아미산을 오를 것이다!

7. 조선시대 : 당진, 소도(蘇塗)의 고장

조선시대 18세기에 들어 성직자의 종교 활동 없이 학문적 호기심으로 중국으로부터 도입한 천주교 서학서의 탐구를 통해 신앙을 깨우쳤고 성직자의 주도 없이 한국교회가 창설된 것은 1784년의 일이었다. 한편 남연군 분묘 도굴 사건(南延君墳墓盜掘事件)은 1866년 대한제국 고종 3년에 있었던 두 번에 걸친 통상 요구가 거절되자 1868년에 에른스트 오페르트[70]가 차이나호를 충청도 아산만 행담도[71]에 정박시키고 덕산(德山)에

---

68) 복지겸의 전설을 모티브로 한 매년 4월에 열리는 이 축제는 민속지리학자 이인화 교사(당시 면천초교 교사)의 주도에 의해 시작되었다. 2001년 1회부터 7회까지 기틀을 잡은 그 이후에는 면천 주민들에 의해 운영되고 있으며 올해(2017)로 17회를 맞았다. 축제안내 : http://www.jindalae.co.kr/webapps/index.htm
69) '나비의 꿈'이라고도 하며 꿈속에서 나비로 날고 있다가 깨어났는데 과연 자신이 나비가 된 꿈을 꾸고 있었는지 아니면 지금의 자신은 나비가 꾸고 있는 꿈인가 하는 설화이다.
70) 에른스트 야코프 오페르트(독일어 : Ernst Jakob Oppert, 1832-1903) 독일 제국의 상인이자 항해가

있는, 흥선대원군의 아버지인 남연군(南延君)의 묘를 도굴하려다 실패한 사건이다. 남연군 분묘 도굴 사건은 후일 흥선대원군의 통상 수교 거부 정책에 영향을 미치는 사건이 된다. 그 후 전개된 천주교에 대한 박해와 조선인들의 순교는 '종교의 자유'라는 측면에서 깊은 상흔과 함께 조선인들을 세계 천주교사에 순종과 실천의 역사적 기록으로 남게 한다. 여기에서 조선 천주교사[72]에서 첫 번째 사제이며 25세의 짧은 나이에 순교한 김대건(1821-1846, 아명 김재복, 족보명 김지식, 천주교 본명 안드레아)의 행적을 통해 그 의미를 파악해 본다.

김대건은 충남 당진 솔뫼 마을에서 태어났다. 상하이 진쟈상 성당[73]에서 1844년 12월 가톨릭 부제서품을 받았다. 1945년 8월 17일에는 같은 곳에서 세 번째 천주교 조선교구장인 장조제프 페레올 주교의 서품성사 집전으로 가톨릭 사제 서품을 받았다. 1845년 8월 31일 조선 입국을 위해 김대건 신부는 페레올 주교와 다블뤼(Daveluy) 신부를 모시고 함께 갔던 천주교 신자들과 함께 라파엘호를 타고 상하이 항을 떠났다. 출항한 지 3일 만에 서해 바다에서 풍랑을 만나 표류하다가 9월 28일 제주도 용수리 포구(현재 제주도 한경면 용수리)에 표착하게 되었다. 여기서 2 ~ 3일 정도 배를 수리하고 음식 등을 준비하여 10월 1일 포구를 떠난 김대건 신부 일행은 10월 12일 금강 하류의 나바위에 무사히 도착했다. 김대건은 1845년 10월 조선에 도착하였다. 12월까지 한양과 경기도 일대에서 기해박해 당시 교회 지도자들인 선교사들의 순교로 교회가 무력화된 어려운 상황 속에서도 사복을 하었다.

교세 확장보다도 더 시급한 것이 외국 선교사의 입국과 주청(駐淸) 선교부와의 통신 연락에 필요한 비밀 항로 개척이었다. 김대건은 1845년 10월에 조선에 들어온 천주교 조선교구장 페레올 주교의 지시로 선교사들이 들어올 수 있도록 항로를 알아보았다. 김대건은 경기도 연평도 앞바다에 비밀 항로가 있음을 알아내었다. 그러나 1846년 6월

이다.

71) 서해고속도로상 평택과 당진을 잇는 서해대교상 중간 지점의 당진시 관내의 섬이고 지금은 고속도로 휴게소의 기능을 하고 있다.

72) 유교문화권인 동북아시아 3개국중 중국은 1601년, 일본은 1549년, 그리고 조선은 가장 늦게 1784년에 받아들였다.

73) 진쟈상(金家港, 금가항) 성당. 2001 상하이 시에서 지방법원 부속건물을 짓기 위해 철거, 한국천주교회에서이성지에 진쟈상 성당을 복원했음. 진쟈상 성당도 본래 성당이 있던 곳에서 10킬로미터 떨어진 곳에 다시 건축하였고, 김대건 신부를 기억하기 위해 라파엘 호를 상징하는 모습으로 경당을 지었음.

5일 비밀 항로를 그린 지도를 중국으로 가는 중국 어선에 넘겨주려다가 연평도 부근에서 순찰하던 관헌들에게 체포되어 모진 고문을 받았다. 그해 9월 15일 조선에서 금하던 천주교를 믿는다는 죄로 참수형을 선고 받았고, 이튿날 새남터에서 참수되어 순교의 길을 걸었다. 당시 그의 유언은 "주교님, 어머니를 부탁드립니다"였다. 당시 천주교 조선교구장 페레올 주교에게 어머니의 안위를 부탁한 것이었다. 또한 순교하기 전 하느님을 경외하고 죄를 짓지 말라는 내용의 편지를 써서 박해 받는 신자들을 격려하였다.

김대건이 15세이던 1836년 6월부터 모방 신부에 의해 예비 신학생으로 발탁되어 한양으로 오고 관헌들에게 체포되던 1846년까지의 10년 기간 동안 그는 진실로 질풍노도와 같은 삶을 살았던 것 같다. 그 동안의 행적을 대략 추적하면, 한양, 마카오, 마닐라, 마카오, 중국 양자강 어귀, 요동의 백가점, 조선 의주, 요동의 백가점, 소팔가자, 두만강 경원, 소팔가자, 압록강, 한양, 인천 제물포, 상해, 귀국중 제주도 제주도 표착, 충청도 황산포, 그리고 한양에 온 후 관헌에게 체포된다. 그 시대 상상할 수 없는 이질적인 외국 문물의 수용과 원시적인 교통수단으로의 그 긴 여정들을 김대건은 어떻게 감내할 수 있었을까? 김대건이 겪었던 그 10년 간의 혹독한 전교의 여정은 마침내, 그가 온몸으로 사랑한 '천주'가 임하시는 순교로 보상된다.

▌ 김대건 신부 생가터

▌소팔가좌 성 김대건 기념관[74]

　김대건 신부는 자유의 본원적인 본질로부터 오는 자유인의 삶을 살았다. 그가 생존시에 행동의 기준으로서 생각하는 인간의 자유란 선택의 자유가 아닌 하느님의 뜻에 자기 자신을 온전히 맡기면서 자유롭게 점유할 수 있도록 하는 것이었다. 하지만 김대건은 순교를 앞두고 죽음 속에서 자신의 자유가 무력하게 되는 절정을 체험하였다. 그러나 그는 이 무력화에 절망하지 않고 최후까지 희망하면서 수락하였다. 이는 하느님에 대한 최종적이고도 궁극적인 관계를 하느님을 향한 사랑과 인간에 대한 사랑 안에서 보려 한 것으로 죽음을 초월한 이 희망은 바로 그의 조국애에 바탕을 두고 추구된 복음화를 통한 조선의 구원(救援)이었다.[75]

　위에서와 같이 김대건의 순교 과정을 보면 예수의 십자가에 못 박힘과 같은 정황을 보게 된다. 예수가 유다와 베드로의 배신을 받아들이듯이 김대건도 자신을 체포하고 곧 형장으로 이르게 하는 사람들을 원망하지 않는다. 그리고 예수가 '사람의 몸으로 태어나서' 경험하게 되는 죽음에 대한 극심한 공포와 그것을 극복하기 위해 제자들이 깨어 있기를 외치는[76] 인간으로서의 고뇌 역시 체험한다. 그렇지만 그러한 죽음을 대면

---

74) 왕 러 마리아 제공(중국 조선족, 한국외국어대학 박사과정).
75) 정승영(1998).「성김대건신부의죽음과구원사상의신학적이해」. 서강대학교 수도자대학원 석사 학위 논문.
76) 『마태복음』 26장 39절 : 이에 말씀 하시되 내 마음이 매우 고민하여 죽게 되었으니 너희는 여기 머물

하는 극심한 공포 속에서도 "그러나 나의 원대로 마시옵고 아버지의 원대로 하옵소서"[77]라고 순종하는 과정을 실천하고 있다. 그러면서 "제구시쯤에 예수께서 크게 소리질러 이르시되, 엘리 엘리 라마 사박다니 하는"[78] 십자가에 못박힌 예수의 통곡은 김대건이 '하느님에 대한 최종적이고도 궁극적인 관계를 하느님을 향한 사랑과 인간에 대한 사랑 안에서 보려 한' 믿음으로 승화됐을 것이다.

1857년 교황 비오 9세가 김대건을 가경자로 선포하였으며, 1960년 7월 5일 교황 비오 11세는 그를 복자로 선포하였고, 1984년 5월 6일 교황 요한 바오로 2세는 성인으로 시성하였다. 현재 한국 천주교회의 성직자들의 수호성인으로 모셔지고 있다.

8. 결어 및 제언

서해안 시대 개막은 1992년 8월 중화인민공화국과 수교 후 서해안고속도로의 개통과 서해대교[79]를 관통하는 당진 지역의 역할로 비로소 시작되었다고 봐야 할 것이다. 서해안 고속도로는 태안반도의 젖줄이자 당진의 미래였다.

최치원의 태안반도 근무는 김준의 동시대 근무와 더불어 대당 전진기지로서의 태안반도, 특히 내륙에서 서해로 나가는 요충지인 당진의 전략적 가치를 재인식시키는 역할을 하였다. 그런데 이 시기는 각지에서의 민란 및 궁예와 견훤의 세력화로 왕조의 안위가 위태롭고 그러므로 당나라와의 소통이 절박하던 시점이었다. 이때에 당과의 교두보로서 그리고 당나라 숙위학생 출신의 관료들을 전진 배치시키는 소통의 공간으로서 당진 지역의 확보는 왕조의 존립과 관련된 절박한 선택이었다.

복지겸은 당진 면천을 기반으로 고려를 건국하는 데 1등 공신으로, 왕건을 왕위에 올린 뚜렷한 역사적 족적을 새겼다. 또한 면천 복씨의 시조로 당진 면천이라는 삶의 터

러 나와 함께 깨어 있으라.

77) 『마태복음』 26장 40절

78) 『마태복음』 27장 46절 : 이는 곧 '나의 하나님, 나의 하나님, 어찌하여 나를 버리셨나이까' 하는 뜻이다.

79) 서해안고속도로 구간 중 충청남도 당진시 송악읍과 경기도 평택시 포승읍을 연결하는 황해상의 다리이다. 이 다리의 개통으로 국가 물동량의 원활한 수송은 서해안 지역경제 활성화에 획기적인 도움을 준다.

전에 확연한 '이름'을 남겼다. 그런 그가 살았던 당진 면천에 아미산이 있다. 이 '아미산'이 백악산을 통해 백두산의 신령함과 교통한다는 상징을 보여주는 예를 경복궁 교태전에서 보았는데, 그렇다면 당진 아미산에서 '백악산'의 역할은 몽산이다. 그렇다면 우리는 교태전의 아미산이 백두산의 정기가 맺힌 백산의 정기를 끌어오는 장치로 설정한 것을 보았듯이, 당진의 아미산은 몽산을 통한 중국의 태산과의 교통이다. 중국의 정기를 당진 땅으로 끌어오는 지리환경적 상징물이 고려 건국의 주역인 복지겸과 박술희가 근거했던 혜성군에 우뚝 서 있으며 이는 그러므로 산이 아니라 중국의 정신을 마주하고 있다고 보는 것이다. 덧붙여 이제 풍수지리가 인문환경지리학으로 인식이 바뀌고 있는 이때에 천하의 기운이 아미산과 몽산을 통해서 중국의 태산과 연결되고, 지명의 명칭만큼 물 좋은 면천은 '글로벌 미래'를 수태할 양수(羊水)를 갖춘 천혜의 지리환경적 조건을 구비해놓은 미래의 산실일 것이다.

세계 천주교사에 이정표로 남게 될 김대건의 순교 정신은 이제 천주교 성지로 조성된 그가 태어난 충남 당진군 우강면 솔뫼에 그 자연부락 마을 이름이 상징하는 것처럼 지극한 믿음의 세계를 보여주고 있다. 예수의 부활하심에 육체를 의탁하고 순교의 소명에 순종하는 사제로서의 절개는 국가와 인종 그리고 종교를 초월하는 글로벌 정신을 우리에게 보여주고 있다. 그리고 '태안'이 갖는 고대적 의미인 하늘과 소통하는 '소도'로서, 하늘로 통하는 믿음의 길을 순교라는 솔선수범으로 안내한 구도인이었다.

최치원의 역사와 복지겸의 전설, 그리고 김대건의 신앙이 의미하는 바는 당진이 이제 더 이상 한반도의 변방이 아니라 한반도의 중심 더 나아가 세계의 볼텍스라는 인식의 대전환에 대한 요구라고 생각한다. 그러기 위해 온고이지신의 정신을 실천한다는 차원에서 1) 정미·대호지·고대·석문을 잇는 최치원·김준 역사문화권, 2) 면천·순성·당진을 잇는 신화전설권, 3) 합덕·우강·신평을 잇는 종교사상권을 차별화하여 발전시키는 미래로의 당진상을 제안해 본다. 그러므로 이제 당진은 '당나라 당자'의 당진이 아니라 크다는 당자의 어원을 회복해 그러한 담대함과 포용력으로 세계를 그리고 그 안에 담아져 있는 중국을 오롯이 품에 안아야 하겠다!

V. 구도정신과 깨달음의 선도학적 고찰

2018년

제8회 국제선도컨퍼런스

현대 심리학적 측면에서 본 원효와 경허의 구도정신

원효·경허 학술대회

주최 : 국제선도문화연구원　　　　주관 : 한서대 선도학 석사과정

후원 : 한서대학교　　　　　　　　장소 : 한서대 국제회의장(본관 자악관 5층)

일시 : 2018년 4월 6일(금) 13:30 ~ 17:30

13:00 접수

13:30 개회식 : 사회 박경민 위원(국제선도문화연구원)

　　　국민의례

　　　환 영 사 : 함기선 한서대 총장

　　　축　　사 : 설정 스님(조계종 총무원장)

　　　축　　사 : 김흡영 대표(한국과학생명포럼)

　　　기조발표 : 김현문 원장(한서대, 국제선도문화연구원)

　　　　　　현대 심리학적 자아발견의 측면에서 본 원효와 경허의 구도정신

14:20 논문발표 : 사회 김관영 박사(전 중부대 교수)

제1발표 : 원효의 구도정신 : 원효와 의상과 女人 / 양은용 명예교수(원광대) /

　　　　토론 김방룡 교수(충남대)

제2발표 : 경허 惺牛와 구도정신 : 원효 一心과 경허 照心의 접점과 통로 / 고영섭 교수
(동국대) / 토론 상기숙 교수(한서대)

제3발표 : 경허와 경초선(경초선) / 안동준 교수(경상대) / 토론 민순의 박사(한서대)

15:30 휴식
15:40
제4발표 : 원효와 천문학 / 김일권 교수(한국학중앙연구원) / 토론 이인화 관장(한국도량
형박물관)

16:10 종합토론~ 사회 박경준 교수(동국대)
17:30 폐회

기조발표

현대 심리학적 자아발견의 측면에서 본 원효·경허의 구도정신

김현문 원장(한서대, 국제선도문화연구원)

1. 들어가는 글

'새벽에 도둑 들 듯' 대한민국이 고령 사회1)로 진입했다. '아기 울음소리는 점점 듣기 힘들어지고 경로당에 가면 70세는 노인도 아니다'라는 이야기를 흔히 듣는다. 치매나 중풍 등 중병을 치료하기 위해 환자들을 격리 수용하는 전문 요양시설은 노인들 사이에 '죽음으로 가는 정류장'2)으로 통하고 있다. 짧은 시간에 느닷없이 찾아온 고령화는 이렇게 사회 전반에 어두운 그림자를 예고하고 있다. 생산성과 생명력의 현저한 저하를 초래하는 "고령화 사회에서는 인구통계학이 예언한 것보다 훨씬 급진적인 영혼의 위기를 체험하게 될 것이다."3)

또한 광속도로 변하는 물질세계에 의존하는 IT산업이 대변하는 사이버 공간4)의 확

---

1) 65세 이상의 노인인구가 7% 이상인 사회를 고령화 사회(Ageing Society), 14% 이상을 고령사회(Aged Society), 20% 이상을 초고령사회(Super-Aged Society)라 부른다.

2) 박동석 외 지음.『고령화 쇼크 : 준비되지 않은 당신과 국가를 향한 시한 폭탄』. 굿인포메이션(2004), p. 162.

3) 프랑크 쉬르마허(2005)/장혜경 옮김. 고령사회. 나무생각, p. 134.

4) "사이버 공간과 현실공간의 분리는 인식론적으로도 문제가 있을 뿐만이 아니라 사이버 공간이 사람들의 일상 생활의 한 영역으로 자리잡는 현시점에서는 존재론으로도 타당하지 않다." 마크 스미스, 피터 콜록 지음/ 조동기 역. 사이버공간과 공동체. 나남출판(1999). p. 6.

장은 빠른 속도로 인간의 정신세계를 점거해 가고 있다. 또 이를 정당화해 줄 인공지능 (AI)[5] 개발은, 언젠가 인간의식 부재의 상태를 대체하는 필연적인 장치로 준비되고 있는 예고편 같아 보인다. 그런데 스스로 가해자인 인간은 가치관의 혼돈 속에서 공허함에 무기력하게 노출되고 있는 것이 현실이다. 결국 사이버 세계라는 현대의 상황은 각 영역의 전문가뿐만이 아니라 그 분야와 관련 없는 일반인들도 자신들조차 모른 채 그 공간으로 흡입되고 있는 것이다. 내가 어디에 있는지 무감각해지면 몸은 사라지고 그 결과 정신은 몸이라는 뿌리가 없어진 상태에서 허공 속을 방황하게 된다. 이 몸이 인식되지 않는 공간의 특징은 현실성이 없어지고 생각만이 비대해지게 되어있다. 그러므로 행동과 실천은 이루어질 수 없게 되는, 공상 속에서의 세계가 펼쳐지게 되는 것이다. 즉 고령화 사회는 죽음이라는 육체의 소멸을, 사이버 세계는 우리를 몸과 현실이 공허한 상태 즉 '나'라는 존재가 부재한 상황으로 내몰고 있는 것이다.

이런 현대인의 문제점은, 20세기 제1차 세계대전을 전후하여 막연하게 생각될 수 있는 외부 세계에 대한 관심에서 '나'에 대해 관심으로 전환된 배경과 일맥상통하고 있다. 그런데 이것은 단순히 내적인 것과 외적인 것의 구분이 아니라 나의 관심 즉 나의 인식의 수준을 말하고 있다. 유태계 독일 철학자 부버(Martin Buber, 1878-1965)[6]는 나와 그것(I and It), 그리고 나와 너(I and Thou)의 관계를 통해 내 안에 내면화 되지 않은 인간을 포함한 모든 만물은 인격화되지 않은 '그것'일 수밖에 없다고 주장하였다. 부버의 시각을 종교적 측면에서 보면 믿음을 갖고 보는 눈과 믿음이 없는 상태에서 보는 인식의 차이는 매우 크다고 보는 것이다. 제1차 세계대전 후의 인류의 참상은 실존주의[7]를 통해 좀 더 구체적으로 나에 대한 관심을 증폭시키는 계기가 되었다. 이는 외

---

5) "인공지능의 사회적 이슈는 사실 자율 주행차의 초기 등장과 확산 가능성, 로봇으로 인한 일자리 소멸 등의 예측이 나타나면서 부각되고 있다. 자율 주행차의 가까운 미래 활용 가능성이 커지면서 인공지능 소프트웨어에 의한 판단이 사람의 생명과 연결 될수 있다는 점에서 윤리 측면에서 논란이 커진 것이다." 차두원 외 지음. 4차 산업혁명과 빅뱅파괴의 시대. 한스미디어(2017). p. 95.

6) 오스트리아 출신의 유대계 종교철학자이다. 빈에서 태어나 빈, 취리히, 베를린 등지의 대학에서 철학과 미학을 배우고 프랑크푸르트 대학에 초빙되어 종교철학·윤리학을 강의했다. 유대인 박해로 유럽 여러 나라에서 망명 생활을 하다 1938년 부흥된 이스라엘 공화국의 히브리 대학에서 사회철학 교수가 되었다. '나와 너'의 관계를 기조로 한 인격주의적 철학은 실존주의와 함께 제1차 대전 후의 유럽, 미국의 기독교 신학이나 철학, 또한 정신의학계에까지 넓고 깊은 영향을 끼쳤다.

7) 실존주의(實存主義, Existentialism). 19세기 중엽 덴마크의 철학자 키에르케고르(Kierkegaard, 1813~1855)에 의하여 주창된 이 사상은 개인의 자유, 책임, 주관성을 중요하게 여기는 철학적, 문학적 흐름

적인 것에 대한 관심을 거두고, 인간 실존에 대한 구체적 해석을 다루며 그로부터 파생되는 문제에 초점을 맞추게 된 것이다.

서양 철학과 역사 환경적 논의와는 별개로, 이 '나'에 대한 성찰은 이미 한국 불교의 수행 안에서 구도라는 과정으로 그 전통이 축적되어 왔다. 이번 연구에서는 원효와 경허의 삶을 통해 '나'를 발견하는 과정을, 실존철학에서 제시하는 문제에 대한 좀 더 구체적인 과정이 될 수 있는 인본주의 심리학과 융심리학에서 제시한 자아발견(self-realization)을 통해 살펴보고자 한다.

2. 원효와 경허의 구도정신

구도란 광의적인 면에서 절대성의 증득이란 의미가 있을 수 있겠고, 협의적인 면에서는 깨달음으로 가는 과정이라 말할 수 있다. 절대성의 증득과 깨달음의 의미가 같을 수도 있지만, 수동적(환경적) 또는 능동적(선택적)인 선후의 차이가 있을 수 있다는 의미에서, 광의적 그리고 협의적이라는 차이를 둔 것이다. 여기서 구도가 추구하는 것을 깨달음 또는 견성(見性) 이라는 맥락에서 보고자하는데 이는 현대 심리학에서 말하는 자아발견(self-realization), 자아실현(self-actualization) 등과 같은 범주의 상태 또는 경지로 보고자 한다.

이에 구도의 과정을 현대 심리학에서의 자아발견의 과정으로 풀어내기 위해서는, 오늘의 주제인 원효와 경허의 사상적 또는 종교적 성취보다는 인간으로서의 삶의 궤적을 들여다보는 것이 더 타당하다 하겠다. 이는 자아발견이란 심리학적 관찰이 한국 불교의 고대와 근대의 태두인 원효와 경허의 구도정신을 들여다보고, 이를 불교 안에서의 구도 정신에 대해 심리학적 보편적 이해를 할 수 있는지에 대한 타당성 조사이기도 하다. 뿐만 아니라 두 분의 자아발견 틀로의 적용이 불교 안에서 뿐 아니라 사회 안에서 보편타당하고 객관적인 인격의 발달 모델로 활용할 수 있는지를 연구하기 위한 기초자료의 정리이기도 하다. 심리학적 자아발견이란 측면에서 원효와 경허를 비교하기 위해 그 분들의 삶을 개괄하고 이를 바탕으로 연대별 그리고 주기별로 병행하여 분류하

으로 인간 개인은 단순히 생각하는 주체가 아니라, 행동하고, 느끼며, 살아가는 주체자이다. 즉 '자아'의 실존을 강조하면서 동시에 '자아'와 세계를 연결 지으려는 노력을 한다.

도록 하겠다.

1) 원효의 생애와 구도 과정[8]

원효는 잉피공의 손자이자 내마(乃末) 설담날(薛談捺)과 조씨(趙氏)의 둘째 아들로 상주(湘州) 경산현 불지촌(佛地村) 율곡(栗谷)의 사라수 밑에서 태어났다. 그의 어머니 조씨가 그를 수태했을 때, 꿈에 유성(流星)이 품속으로 드는 것을 보고 원효를 임신하였다. 특히 만삭(滿朔)의 몸으로 압량군(押梁郡)의 남불지촌(南佛地村) 율곡(栗谷) 마을을 지나다가 사라수(沙羅樹) 아래 이르러 갑자기 낳았는데 『삼국유사』에 이르기를 그때 오색구름이 땅을 덮었다 한다. 어려서 서당(誓幢)[9] 또는 신당(新幢)으로 불렸으며 태어나면서부터 총명하고 남보다 뛰어났고 기억력 또한 뛰어났다. 그는 일찍이 고향에서 한학을 배우다가 유교를 가르치는 태학에 입학하였다. 스승을 따라 배울 것이 없었다고 한다. 어려서부터 부친 담날과 조부 잉피공의 기대를 받으며 화랑으로 활동하였다.

모친을 일찍 여읜 후 17세 때 조부마저 별세하자 삶과 죽음에 대해 고민하다가 출가하여 승려가 되었다. 영취산(靈鷲山)의 낭지(郎智), 흥륜사(興輪寺)의 연기(緣起)와 고구려 반룡산(盤龍山)의 보덕(普德) 등을 찾아다니며 불도를 닦는 과정에서 뛰어난 자질과 총명이 드러났다. 34세 때인 650년(진덕여왕 4년) 의상과 함께 당나라 고승 현장에게 불법을 배우러 가다가 요동 근처에서 고구려 순라군(국경경비대)에게 잡혀 첩자로 오인 받았다가 풀려났다. 661년(문무왕 1년) 다시 의상과 함께 당나라로 유학을 가던 길에 당항성 근처의 한 무덤에서 잠이 들었다. 잠결에 목이 말라 달게 마신 물이 다음날 아침에 깨어나 다시 보니 해골바가지에 담긴 더러운 물이었음을 알고 급히 토하다가 "마음이 생기면 온갖법도 생기고 마음이 좋으면 사당안에 신주를 모셔두는 장롱이나 무덤이나가 둘이 아니다(心生則種種法生 心滅則龕墳不二)"라는 말, 곧 부처님의 삼계(三戒)가 오직 마음뿐이라 한 일체유심조의 진리를 깨달아 유학을 포기했다고 전해진다.

---

8) 박상주(2007). 『원효, 그의 삶과 사상』. 한국문화사/김상일(2000). 원효연구. 민족사.

9) "서당화상비(誓幢和上碑)에 씌어 있는 호칭으로 볼 때 서당이 아명인지 또는 법명인지가 확실치 않다." 김상일(2000). 『원효연구』. 민족사, p. 40.

그 뒤 분황사에 있으면서 독자적으로 통불교(通佛敎)를 제창하며 민중 속에 불교를 보급하기에 노력했다. 분황사(芬皇寺)에 주석하면서 화엄경소(華嚴經疏)를 저술하다가 『화엄경소』의 「제4십회향품(十廻向品)」에서 절필(絶筆)하였다. 이처럼 저술 및 대중 교화 활동을 하던 원효는 686년 3월 혈사(穴寺)에서 70세를 일기로 입적하였다.

2) 경허의 생애와 구도과정[10]

법호는 경허(鏡虛), 법명은 성우(惺牛, 1846 ~ 1912)이며 한국 근현대 불교를 개창한 대선사이다. 전북 전주 자동리에서 아버지 송두옥(宋斗玉)과 독실한 불교 신자인 어머니 밀양 박씨의 차남으로 태어났다. 본관은 여산(礪山)으로, 속명은 동욱(東旭)이다. 동욱이 8세 때 남편을 여의자 부인 박씨는 장남 태허를 공주 마곡사로, 차남 동욱을 경기도 과천 청계사로 출가시켰다. 1879년, 동학사 밑에 살고 있던 진사이며 시봉하던 사미승 원규의 속가 아버지인 이처사(李處士)의 한 마디, '소가 되더라도 콧구멍 뚫을 데가 없는 소가 되어야지'를 전해 듣고는 바로 깨달았다. 우무비공처(牛無鼻孔處)는 중국 법안종의 종주 법안(法眼) 선사의 어록에 실려 있는 선어다.

1880년 어머니와 속가 형님인 스님이 주지로 있던 현 충남 서산시 연암산 천장암[11]으로 거처를 옮긴다. 경허는 연암산 천장암의 작은 방에서 치열한 참선을 한 끝에 확철대오한 후 오도송을 짓는다. 그후 경허의 '삼월(三月)'로 불리는 제자인 수월, 혜월, 만공 등을 배출하였고, 이후 만행 중 서산 안흥댁, 해인사에서 주석시 문둥병 여인과의 일화[12] 등이 전해진다.

---

10) 대한불교조계종 교육원 불학연구소 편저(2009). 『경허 만공의 선풍과 법맥』. 조계종출판사/일지(2001). 삼수갑산으로 떠난 부처, 민족사.
11) 백제 무왕 34년인 633년 백제의 담화선사가 창건한 사찰이다.
12) 경허 성우 저/진성 원담 역(1993). 『경허선사 법어 : 진흙소의 울음』. 도서출판 홍법원.

경허 오도송

忽聞人語無鼻孔(홀문인어무비공) 홀연히 콧구멍 뚫을 소가 없다 하는 말을 듣고
頓覺三千是我家(돈각삼천시아가) 삼천대천 세계가 내 집인 줄 알았구나
六月 巖山下路(유월연암산하로) 유월 연암산 아래에
野人無事太平歌(야인무사태평가) 들에 있는 이 할 일 없이 태평가를 부르네

　　경허는 1882년, 보림(保任)을 마치고 옷과 탈바가지, 주장자 등을 모두 불태운 뒤 무애행(無碍行)에 나섰다. 한동안 제자들을 가르치다가 환속하여 박난주(朴蘭州)라고 개명하였고, 서당의 훈장이 되어 아이들을 가르치다가 함경도 갑산(甲山) 웅이방(熊耳坊) 도하동(道下洞)에서 67세인 1912년 4월 25일 새벽에 임종게를 남긴 뒤 입적하였다. 저서에는 『경허집』이 있다.

경허 임종게

心月孤圓 (심월고원) 마음달 홀로 둥글어
光吞萬像 (광탄만상) 그 빛 만상을 삼켰구나
光境俱亡 (광경구망) 빛과 경계 다 놓았거늘
復是何物 (부시하물) 다시 이 무슨 물건인고

원효와 경허의 삶을 대비해 보기 위해 연대별로 개략한 표는 다음과 같다.

년대	원 효		경 허
617	경북 경산군(당시 압량군 불지촌 밤나무골) 출생.	1846	전라북도 전주 자동리 출생.
632	15세, 모친을 일찍 여윈 후 조부마저 별세하자 출가. 혜공 스님, 낭지 스님, 보덕 스님 등에게 배움.	1854	9세, 부친 별세 후 경기도 과천 청계사로 출가하여 계허 스님에게 계를 받음.
650	34세, 당나라 유학을 시도하였으나 고구려 수비병에게 잡히고 간첩으로 오인되어 고초를 겪은 후 국내에 머뭄.	1879	34세, '나귀 일이 가지 않았는데 말의 일이 도래한다'는 화두를 참구하며 다리를 찌르고 머리를 쳐서 수마를 쫓으며 수행 후 견성함.
654	38세, 요석궁 공주(瑤石宮公主)[13]와 인연을 맺은 후 어느 시점에 설총(薛聰, 658년? ~ ?)[14]을 낳음. 그 후 소성거사 또는 복성거사라 칭하고 거리를 누비며 대중불교를 펼침.	1882 ~ 1898	37세, 보림 후 주로 충청, 경상 일대의 사찰에 주석하면서 선풍을 진작하고 무애행을 하며 제자들을 지도함.
661	45세, 의상과 동행하여 당나라 행을 재 시도하였으나 전해지는 설화처럼 무덤 또는 해골바가지 체험 후 깨달음을 얻고 되돌아 와 저술활동에 전념한 것으로 전해짐. [견성?][15]	1899	가야산 해인사로 주석처를 옮겨 고종의 칙명으로 대장경을 인출하는 불사의 법주(법주)로 추대되어 수선사(水禪社)를 창설함.
672	불교대중화 운동을 대대적으로 전개하여 삼국통일 후의 삼국 백성들 간에 감정의 대립과 갈등을 화해 원융 시킴.	1904	59세, 만공에게 전법계를 주고 천장암을 떠남.
686	70세, 혈사(穴寺)에서 입적.	1912	67세, 환속하여 훈장을 하다 입적.

---

13) 『삼국사기』와 『화랑세기』에서는 원효와 만나기 전에 김흠운(金歆運)에게 시집 갔으나 김흠운이 백제와 전투에서 전사하여 일찍 과부가 되었으며 소생으로 두 딸이 있었다고 하며 태종무열왕(太宗武烈王)과 제2왕후 영창부인(永昌夫人, 金寶姬)의 딸이다.

14) 설총은 신라 시대의 대표적인 학자이다. 자는 총지(聰智), 호는 빙월당(氷月堂)이다. 신라 3문장(三文章 : 强首-강수·薛聰·崔致遠-최치원) 중 한 사람이자 신라 10현의 한 사람으로 꼽히며, 벼슬은 한림(翰林)에 이르렀다. 문묘에 종사된 해동 18현 중의 한 사람이다.

15) 원효의 해골바가지 설화가 그의 깨달음으로 여겨지고 있으나, 그 당시 연령, 해골바가지 또는 무덤이라는 죽음과의 구체적(상징적 또는 은유적이 아닌) 연결성으로 볼 때 오히려 견성을 한 후 어느 정도 시간이 흐른 시점에서 만행중의 깨달음으로 보는 것이 더 타당하다고 본다.

원효·경허의 생애와 구도과정과 위 표의 비교를 통해 두 스님 간에 대략 다섯 가지의 공통점을 볼 수 있다. 첫째, 어느 한 스승 밑에서 배운 것이 아니라 스스로 수도정진하며 깨우쳤다. 둘째, 환속한 경험이 있다. 셋째, 여인과 관련된 이야기가 전해지고 있다. 넷째, 죽음과 직결된 환경적이며 객관적인 체험이 있다. 원효는 어려서 어머니의 죽음과 구도 중 무덤 속에서의 체험이 있고, 경허는 어려서 아버지의 죽음과 구도 중 콜레라의 현장을 목도한다. 다섯째, 경허는 후일 환속해서 서당 훈장이 된다. 원효는 환속 후 요석 공주를 만나 설총을 낳는다. 그 설총은 지금 해동 유학의 태두로 추앙되고 있다. 여기에서 다섯 번째 공통점으로 분류한 유학과 관련해서는 차후의 연구과제로 남겨놓도록 하고, 다른 네 가지 공통점을 바탕으로 두 분의 구도정신을 현대 심리학적 자아발견 모델로 고찰하도록 하겠다.

3. 현대 심리학적 자아발견 모델

현대 심리학적 자아발견의 두 가지 발달 모델을 보면, 매슬로우가 인간이 사회적인 관계 속에서 발생하는 것을 다룬 인문사회학적인 총론을 말한 반면, 융은 그 자아발견에 대한 물리적 화학적 반응을 통한 내적인 현상과 과정을 말하고 있다. 매슬로우의 자아발견을 개성화 또는 구도에서의 한 발달과정 형태로, 융의 개성화 과정(Individuation Process)을 통한 자아발견은 구도에서의 정신적 진화과정의 현상으로 이해할 수 있는지에 대해 고찰하고자 한다.

1) 매슬로우와 융

현대 심리학에는 3가지 큰 축이 있다. 제1은 프로이드로부터 비롯된 정신분석학이다. 유년기의 정신적 외상(trauma)이 일생 동안 미치는 영향에 유의하여 그 무의식을 분석한다. 제2는 행동주의 심리학이다. 행동이 사고에 미치는 생물학적 관점에서 인간행동을 통제 또는 강화하여 바람직한 행동으로 유도하려 한다. 제3은 인본주의 심리학인데 제1과 제2의 심리학이 인간의 문제점으로부터 시작되는데 대해 회의를 갖고 좀 더 긍정적이고 발전적인 방향으로의 심리학을 추구하던 로저스(Carl Rogers, 1902 ~ 1987)[16], 매슬로우(Abraham H. Maslow, 1908 ~ 1970)[17], 메이(Rollo May, 1909 ~ 1994)[18]

---

16) 미국의 심리학자이며 1940년대부터 인간 중심 치료를 개척했다.

등 일단의 심리학자들이 50년대에 시작한 인간중심의 심리학이다. 인간의 가능성에 초점을 맞추고 있다. 융의 분석심리학은 프로이드의 정신분석학으로부터 비롯됐으나 가능성 또는 전체성을 지향한다는 측면에서 매슬로우와 같은 인본주의 심리학으로 편입하여도 무방하겠다.

매슬로우는 사람에게는 1단계의 생존의 욕구, 2단계의 안전의 욕구, 3단계의 애정과 소속에 대한 욕구, 4단계의 존중 욕구 등 4가지의 결핍 욕구와 다음 단계로 도달하는 5번째 성장 욕구인 자아실현이 있다고 보았다. 생명을 지키기 위한 신체적 생존의 욕구, 위해로부터 보호하려는 안전의 욕구, 배려를 공유할 수 있는 상대 또는 집단과의 공동체 형성을 추구하는 애정과 소속에 대한 욕구, 다른 사람으로 부터의 존중도 필요하지만 스스로에 대한 존중 없이는 끊임 없는 결핍 욕구의 악순환이 될 것이다. 위 4가지의 결핍 욕구가 충족되면 성장욕구인 자아실현의 단계로 접어들게 된다. 결핍욕구에서 욕구가 지나치면 욕망이 되는 것이니 구도의 전제조건은 이 욕구가 적절히 채워지면서 전체성 또는 공공성을 지향해야 한다. 이것이 자아발견이다.

깨달음으로 가는 여정을 구도의 길이라 하고 깨달음의 상태를 견성이라 할 때에 매슬로우가 본 욕구의 첫 4단계는, 자아를 이루고 있는 4가지 요소에 대한 분석이라 할 수 있다. 물론 욕구의 위계라는 제목처럼 이 4가지 요소가 어느 시점부터 동시 다발적으로 욕구의 충족을 위해 작동하는 형태보다는, 하나가 충족되면 그 다음 단계로, 또 그다음 단계로 순차적으로 낮은 단계에서 그 다음 단계로 성장하여 하위 단계의 충족된 인자를 함유하기에 전체성으로 가는 과정이라 보는 것이다. 그럼에도 이 4가지를 결핍 욕구로 봤는데, 결핍은 형체를 이루지 못한 자아, 즉 분할된 자아를 뜻한다. 형체 없는 자아가 형체가 보이는 시점이 이 4가지 욕구가 충족되어 그래서 집착에서 비로소 벗어나는 단계인 5번째 자아발견(self-realization) 단계이다.

---

17) 미국의 심리학자였던 매슬로우는 개인의 성장을 위해 힘쓰는 인간의 핵심을 '진정한 자아'와 이의 보양을 주장했으며 병리학 관점을 남용하는 그 당시 주류 심리학을 비판했다.

18) 유럽의 실존주의 사상을 미국의 심리 치료 이론과 실제에 적용하는 데 커다란 공헌을 했으며 대표적 저서로 『자아를 잃어버린 현대인, Man's Search for Himself』가 있다.

2) 융의 개성화를 통한 자아발견

융은 인격을 구성하고 있는 주요 요소를 의식, 자아, 무의식, 이렇게 3가지 요소로 본다. 무의식은 다시 개인무의식과 집합무의식으로 나뉜다. 이 중 개성화 과정을 통한 자아발견의 중심적 요소는 집합무의식이다. 마음은 환경에 의해 결정된다는 입장에서 탈피하여 진화와 유전이 신체의 청사진을 제공하는 바와 같이 정신의 청사진을 제시한 융의 집합무의식의 발견은 심리학에서 획기적인 사건이었다.[19] 집합무의식에서 개인은 과거와 연결되어 있고, 자기의 어렸을 때의 과거뿐만 아니라 인류의 생물진화상의 먼 과거에도 연결되어 있다. 집합무의식은 또 태고원형인데 이 의미는 태초에 이미 인류가 의식화했던 경험의 부분이라는 것이다. 경험을 의식화한다는 것은 불교에서 '우리는 이미 부처'라는 말처럼 인류의 선조가 쌓은 경험과 지식으로 축적된 지혜가 정신적으로 유전되어 현재의 나를 통해 의식화된다는 것이다.

원효는 『대승기신론소』[20]에서 진리를 깨닫고 부처가 되기 위해서는 '원래 청정한 사람의 마음'이 무명의 영향을 받음으로 인하여 번뇌심이 일어나고 나쁜 행동을 하게 되는데, 이때 일심으로 자기 마음을 닦게 되면 무명에 의해 오염된 요소들을 제거하고[21] 본래의 청정한 상태로 돌아가게 되며 진리를 깨닫고 부처가 되게 된다고 하였다. 자아발견이란 이와 같이 본래의 청정한 상태를 본다는 것이고, 이는 믿음으로 연결되어 무명의 오염으로 인한 나쁜 습을 타파하고 깨달음으로 매진할 수 있는 동기가 유발된다는 것이다. 결국 융에 의하면 이러한 '원래 청정한 사람의 마음'인 태초의 의식을 현재의 의식 속에 일체화하는 개성화 과정의 결산이 깨달음이고 자아발견인 것이다. 이러한 융적 시각에서 볼 때 『대승기신론소』는 원효의 대표적 주석서라는 점에서 그의 사

---

19) 융/홀/야코비 지음/설영환 옮김(1986). 『융심리학 해설』. 도서출판 선영사.

20) 원효는 『기신론소』에서 대승 불교 중기의 이대 조류인 중관파와 유식파의 견해들을 비판하고 인류가 출현하기 전에 절대적인 의식("일심")이 존재하였다고 하면서 그것은 일체 사물의 본원이며 모든 현상에 내재하는 본질이므로 사람도 포함한 세계의 모든 것은 다 여기로부터 파생되어 나온다고 하였다. 그에 따르면 존재하는 모든 것은 일심(一心)의 운동이며 일심(一心)의 자기발전이다. 일심은 처음에는 그 어떤 무명의 오염도 받음이 없이 순수한 상태로 존재하고 발전하다가 무명의 작용을 받으며 청정과 오염이 함께 있는 세계로 전환된다. 이 상태에서 다시 발전을 거듭하여 자기 본래의 상태로 돌아가 자기 발전을 완성한다. 은정희 역주(1991). 『대승기신론소·별기』. 일지사.

21) 융심리학에서는 오염된 요소의 제거가 아니라 오염된 요소의 의식화 작업을 거쳐 본래의 청정한 상태로 돌아간다고 보는 것이다.

상 안에 스며있는, 경허와 비교해 희소한 그 자신 깨달음의 발달 단계 측면에서의 한 부분이라고 추정하게 된다. 이와 같이 볼 때 원효가 첨예한 갈등과 모순을 화쟁으로 타파할 수 있었던 것은 본래의 청정함을 깨닫고 만법귀일의 원리에 관통했으며 그 후 만행과 보림을 통해 무명으로부터의 오염을 정화하는 과정을 거친 후 깨달음인 자아발견이 있었기에 가능한 일이었을 것이다.

그런데 인간은 자아가 경험의 의식화를 허용하는 한계 안에서만 개성화를 달성할 수 있다는 한계가 있다. 이것은 현대인들이 자아가 거부할 요소들을 대량 함유하고 있다고 보는 것이다. 자아의 거부는 충돌이고 이는 육체적 또는 정신적 고통을 수반할 수 있다. 그러므로 자아(self)가 치열한 개성화 과정을 거쳐 통합성을 지향하고 인격의 성숙에 이른 것을 자기(Self)라 불렀다. 융에게는 삶 자체가 구도의 길이고, 이는 소아(小我, self)에서 대아(大我, Self)로 발전해 가는 과정을 일컫는다.

개성화 과정이 지난하고 고통스러워도 그리고 수도에서 구도의 길이 험난해도 그 길을 가야만 하는 것은, 『대승기신론소』에서 언급한 바와 같이 인간은 끊임없는 무명으로 야기되는 고통 속에서 벗어나지 못하고 실존의 늪에서 허덕일 수밖에 없다는 냉정한 현실 인식으로부터 나온다. 그런데 집합무의식 안에 태고유형들을 의식화하는 것은, 특히 현대인에게 고대로부터 전해오는 인류의 지혜를 육화시킬 수 있다는 거부할 수 없는 약정 조항이 있기 때문일 것이다. 다시 말해 현대인은 언어와 개념으로 정의되어 있는 것만 주로 자아를 통하여 의식하게 된다. 내가 갖고 있는 언어와 지식 그리고 관념적인 테두리 안에서의 현상만 내 의식에 전달되는 것이다. 이에 반해 고대인은 이러한 언어와 개념으로 분화되기 이전, 상징과 은유적인 현상을 거부감 없이 받아들이는 것이 일상이었다.

우리들은 과거를 졸업하는 것이 아니며 태고의 것을 우리들 속에 강력하게 갖고 있다. '새로움'은 태고로부터 내려오는 보편적 요소들이 무한히 재구성하여 변화되는 것이다. 이 내적인 선조와의 사이에 조화를 만들어야 한다. 이것이 융의 개성화이고 자기 실천인 것이다.22) 개성화를 통하여 하나의 독자적인 개인이 됨과 동시에 또한 집단의 구성원이 되는데, 이는 의식과 무의식의 바탕 위에서 전체 세계와 만나는 것을 뜻한다.

---

22) 앞의 책, p. 330.

즉 개체와 전체가 연결되는 자기 성격의 완성을 실현하게 되기에 융에 의하면 '정신분석'의 궁극적인 목표는 '정신종합'23)이다. 융은 개성화라는 말을 '개인'을 분할할 수 없는 것 즉 별개의 분할이 불가능한 통일체 또는 '전체'가 되는 과정을 가리키기 위해 쓰고 있는데, 통합한다는 것은 다만 부분의 합산이 아니라 여러 가지 대립하는 원리를 때와 장소에 맞게 잘 구사하는 것을 말한다.

4. 태고원형의 조우와 구도 과정

그림자, 페르소나, 아니마와 아니무스24) 등의 태고원형은 태초로부터 인류가 정신에 저장해 놓은 어떠한 상징적 의미들로서, 언어나 문자만으로 설명이 불충분하지만 인종과 지리적 환경 등에 종속되지 않는 인류의 보편적이며 포괄적인 개념들의 집합이다. 원효와 경허의 구도 정신을 이해하기 위해 본고에서는 두 분과의 좀 더 구체적인 상관관계를 나타낼 수 있는 그림자와 아니마 위주로 전개하고자 한다.

그림자는 자아가 알지 못하는 자신의 속성들로써, 이기주의, 태만, 야무지지 못한 것, 비현실적인 공상, 책동, 음모, 비겁함 등이다. 이런 속성들을 자기 스스로 인식하게 되면 "대단한 일은 아니고 누구에게도 들키지 않을 거야. 게다가 어쨌든 다른 사람들도 하는 일이니." 하며 자위하는데, 다른 사람에게 확인되는 것은 몹시 수치스러워 한다.25) 말하자면 그림자를 민난디는 것은 "잔인할 정도로 자기 자신의 성격에 대해 비평적인 태도를 취한다는 것을 뜻하는데, 그 이전 자기 안에 어둠이 있다는 것을 의식할 때까지 우리들은 어둠을 다른 사람 탓으로 돌려 그를 항상 나무란다"는 것이다.26) 요즘 '남이 하면 불륜, 내가하면 로맨스'라는 풍자와 일맥상통하고 있다. 그림자와 관련해서는 원효와 경허 자신들보다는 그들을 비판하고 경멸하기까지 했던 많은 군상들의 몰이해와 편견과 편협함 속에서 더욱 뚜렷한 그림자의 환영을 보게 한다.

---

23) 앞의 책, p. 83.

24) 남성 속에 내재한 여성성, 여성 속에 내재한 남성성을 가리킨다. 인간은 생리적으로 남성은 여성 호르몬을, 여성은 남성 호르몬을 갖고 있다. 융은 이러한 생리적인 부분을 태고원형의 한 요소로서의 인간 정신으로 연결하고 의인화하여 상징성을 갖게 하였다.

25) 야코비 외 지음/권오석 옮김(1990). 『C.G.융 심리학 해설』. 홍신문화사, p. 24.

26) 앞의 책, p. 272.

구도에서 아니마와 아니무스의 구현은 태고원형의 의식화 작업이라는 측면에서 필수적일 수 있다. 일반적인 것처럼 구도자는 자기의 본성과 대립되는 상대를 찾겠지만 이는 만족과 불만족의 연속으로 나타날 것이다.[27] 그런데 남성의 아니마와 여성의 아니무스를 성적인 측면에서 볼 것이 아니라 태고원형의 이해를 바탕으로 직시할 필요가 있다. 예를 들어 같은 성(性)을 다루는데 견(見)자에 붙으면 옳은 행위이고 욕(慾)자에 붙으면 그른 행위로 인식된다. 견성과 성욕의 성(性)자는 다른 의미의 글자가 아니다. 성에 대한 욕구 또는 욕망이다. 그런데 성은 씨앗이고, 견성에서는 DNA를 갖추고 있는 씨앗을 확연히 들여다본다는 것이고, 성욕은 씨앗을 얻기 위한 욕구를 말하는 것이다. 그동안 원효와 경허에 관련된 여인에 대한 일화들이 두 분을 불교계의 뜨거운 감자로 만들었다. 특히 영화나 연극에서 두 스님과 여인들을 다룰 때에 주로 우리들의 일상적인 애정 행위로 보기 때문에 구도 과정의 본질이 안 보이는 것이다.

원효의 아니마는 요석 공주이다. 태고원형으로서 아니마를 얘기할 때 두 사람의 상대에서 누가 먼저 접근했는지는 논의의 대상이 아니다. 이뤄진 것 즉 결과가 중요하다. 원효는 그의 아니마인 요석 공주를 의식화하는 방편으로 합방을 취했다. 그 결과가 설총이다. 의식화한다는 말은 일체감을 이룬다는 것이다. 합방을 하는 것만큼 빠르게 그리고 효율적으로 일체감을 이루는 것은 인간의 삶 속에서 그다지 많지 않을 것으로 본다. 이 합방이라는 방편으로 내가 아니마 안에 신체와 정신이 공히 들어가 정신적으로뿐만이 아니라 생리화학적으로 일체감을 이루는 것이다. 여기에서 성욕(性慾)과 견성(見性)은 이분법적 모순의 구도가 아니라 보완적 또는 대체적인 부분이 분명히 있는 것으로 보인다. 그런데 경허는 원효와는 다른 유형의 아니마를 의식화하는 과정을 보여주어 자못 흥미롭다.

한 예를 들어보자. 경허가 해인사 조실로 있을 때 흘러들어온 여인을 법당으로 불러들였다. 시간이 지나자 대중들이 궁금해서 도저히 참지 못하다가 법당 문을 열어 젖혔다. 피고름에 살점이 떨어져 나온 문둥이 여인과 '뒹굴고 있는' 경허의 모습이 보였다. '천형의 문둥이'는 사라지고 대중들의 관심에는 '여인'만 있었다. 경허에게 다가온 여인은 아니마로서 다가온 것이지 여인 또는 문둥이가 아니었다. 또 다른 아니마인 서산

---

27) 앞의 책, p. 104.

안흥댁28)은 아니마로 취하기엔 너무 멀리 있었다. 그녀는 현세에서 분명한 경계가 그어진 유부녀였다. 그런데 그녀가 경허의 절대적 아니마로 다가왔을 것이기에 그녀를 거부 할 수 없었을 것이다. 결국 그 집에 들어가 허드렛일을 거들다 목적이 탄로 나고, 그 결과 죽도록 얻어맞아 사나흘이 되어서 깨어난다. 무애행의 극치적인 실천으로 보인다. 그런데 원효가 요석 공주와 일체감을 취했던 방편과는 달리 문둥이 여인은 이미 살점이 떨어져 나갔기에 경계가 사라져 살과 살이 닿기만 해도 아니마와 한 몸이 된다. 아니마의 의식화다. 또한 안흥댁으로 인해 죽도록 얻어맞았다. 이로 인한 생사의 기로 상태는 제감(制感)의 상태에 들어감은 물론 몸의 경계를 역설적으로 타파해 해체시킨다. 이 또한 지극한 일체감의 현상이며 아니마의 의식화다.

▍聖과 俗29)

---

28) 당시 서산 안흥 지역의 어물전 거상(巨商) 부인의 호칭을 필자가 임의로 정했다.
29) 루마니아 종교학자 엘리아데(M. Eliade, 1907 ~ 1986)는 聖과 俗의 시각으로 인간의 삶 자체를 직시할 수 있는 가능성을 제시하였다.

집합무의식 속에서의 태고원형 중 여기에서의 아니마는 이미 태초에 의식화되어 있었던 부분이다. 따라서 이러한 부분을 개인의 환경 속에서 재의식화한다면 재구성되는 의식은 self(소문자 s)에서 Self(대문자 S)로 진행되게 되는데, 필수적인 탈자아(脫自我) 더 나아가서는 창조적인 자아로서 기능하게 된다는 것이다.

매슬로우의 결핍 욕구를 벗어나 성장 욕구인 자아발견으로 가는 길목에 신비, 종교 체험 등의 절정체험(Peak Experience)을 경험하게 된다. 경허가 천장암에서 만공의 의식이 밝아져 타심통에 빠져있는 것을 나무라는 것과 맥을 같이 한다. 서당화상비에서 원효의 신이한 행적으로 보이는 '삼명(三明)'이란 아마도 숙명명(宿命明), 천안명(天眼明), 누진명(漏盡明) 등을 말함인 듯하다.[30] 이러한 절정체험은 매슬로우의 욕구의 위계에서는 하위로부터 상위의 총 4가지 욕구가 충족되었지만 이에 집착하지 않는 초연한 상태를 보여 준다 하겠다. 융의 개성화 과정으로 봤을 때는 자기가 태고유형들과 역학적인 좋은 관계를 맺는 상태의 정도를 추정할 수 있는 단서로 유용할 수 있다. 매슬로우는 자아발견을 목적으로 상향식의 도식을 설정했다면, 융은 자기를 중심에 놓고 주위의 태고유형들을 하나로 묶는 평면적이며 확장적인 도식을 그렸다고 볼 수 있다.

이러한 과정을 따를 때, 매슬로우의 욕구의 단계에서는 자아실현에 근접하여 신비체험이 일어나며, 융의 개성화 과정도 자기 인식을 통한 자기실현에 도달하며 궁극적으로는 종교적 체험 또는 진리에 대한 무한한 욕구의 한 부분으로 품고 감을 알 수 있다. 이렇게 매슬로우와 융의 자아발견은 원효와 경허가 구도의 길을 걸었던 과정을 심리학적 측면에서 분석할 수 있는 여지를 주었다. 따라서 그 구도의 과정은 불교의 테두리를 벗어나 인간의 공통적인 자기완성의 추구(욕구)라는 보편적 인식에 도달한다고 보이며, 심리학적으로 자아발견이라는 모델에 적합한 인간상을 보여주고 있다.

5. 나가는 글

'나'에 대한 성찰은 이미 불교의 수행 안에서 구도라는 전통으로 축적되어 왔다. 그 중 이번의 연구에서는 원효와 경허의 삶을 통해서 '나'를 발견하는 과정을 현대 심리학에서 제시한 자아발견(self-realization)을 통해 살펴보았다. 이를 통해 수도로서의 구도

---

30) 김상현(2000). 『원효연구』. 민족사, p. 42.

의 길과 현대 심리학에서 자아발견의 과정은 결국 생사를 초탈하는 체험을 부단히 요구하고 있는 것임이 드러났다. 이런 일련의 과정에는 매 단계, 매 과정마다 놓고 버려야 하는 지난한 노력이 기다리고 있다.

'백척간두진일보(百尺竿頭進一步)'를 구도의 길에서 그동안 각고의 노력으로 쌓아온 모든 것을 버리라는 의미로 보고자 한다. 쉽지 않은 일이다. 그동안 쌓아왔다면 어찌 보면 내 분신과도 같은 모든 것을 버리라는 것인데, 쉬울 수가 없다. 그래서 이 의미는 그동안 내가 쌓아왔던 그래서 얻게 된 명성, 지식, 재산 또는 그때까지 이루어 놓은 고정 관념 등등을 모두 버리고 또 초월하라는 얘기가 된다. 그래서 이것은 물질적인 또는 정신적인 집착에 머무르지 않고 결국은 생명을 버리라는 말과 동의어 같이 들리기도 한다. 그것이 물질이든 정신이든 그동안 쌓아왔던 모든 것은 나의 한 부분이기 때문에 나를 이루고 있는 모든 것 즉 그것의 '값어치'인 생명을 얘기하고 있는 것이다. 매슬로우에서는 생리적 욕구, 안전의 욕구, 소속의 욕구, 자아존중의 욕구 등을 그때그때 놓아야 한다. 융에서도 태고유형들과의 의식화 과정에서 드러나는 특히 그림자의 유형인 부끄러움, 욕망, 수치 등을 직면할 때 역시 나를 틈틈이 비우고 받아들여야 한다.

제1차 세계대전으로 인한 상흔은 순식간에 많은 것들을 사람들에게서 빼앗아 갔다. 그들은 가족과 이웃과 명성과 부 그리고 생명이 사라짐을 목격했으며, 미처 스스로 인식하지도 못하는 사이에 많은 사람들을 실존의 세계에 몰아넣었다. 이는 누구에게도 기댈 수 없는 공포와 전율, 허무 그리고 고통과의 직면이었다. 원효와 경허의 구도 과정 역시 나를 발견한다는 묵시적인 관행 속에서 예견될 수 없는 생사에 직면하는 찰나, 실존에 처해지는 경험을 하게 된다. 그런데 원효와 경허의 구도를 행한 선택은, 불교의 기본 기능을 설파하는 연기설 측면에서 본다면, 무명으로 인해 촉발되는 실존의 고통들을 나만이 아닌 '우리들'로부터 떨쳐내려는 시대적 선구자들이 걸었던 아픔들을 생생히 피부로 느낄 수가 있었기에 가능한 일이었다. 그런 측면에서 자아발견이라는 화두는 시공간을 그리고 성(性)과 속(俗)을 초월한 인간 삶의 투영이라고 볼 수 있지 않겠는가. 이런 맥락에서 불교 안에서 원효와 경허가 보여주었던 치열한 구도 정신은 인간 삶 속에 시시각각 다가오는 실존적 위기에 대처하는 축적된 인류의 지혜이며 이에 대한 예방접종이라 할 수 있겠다. [끝]

◉ 한서대 인근 원효·경허 발자취

❚ 내포 가야산 원효봉 원효암터 ❚

❚ 원효봉 원효암터 표지석 ❚

▌ 서산 연암산 천장암 ▌

▌ 경허의 토굴(천장암) ▌

열 반 송

「마음 달 홀로 둥굴어 그 빛 만상을
삼켰구나. 빛과 경계 다 공하였거늘
다시 이 무슨 물건 인고?」

원상을 그려 놓으시고 붓을 던져 버린 후 우측
으로 누우시고 암연히 천화(遷化)하시니 임자
년 음 4월 25일 이었다.

우리들(혜월, 만공)이 예를 갖추어 장례를 올리
니 저 산엔 해가 솟고 있었도다.

다시 이 무슨 물건 인고?

▌ 경허의 임종게(천장암) ▌

부 록

Ⅰ. J 사범 진기단법 100일 수련 일지

J 사범(48세, 여). 입도 연월일: 2004년 7월 1일

2010년

12/12/일

앞으로 100일 진기단법 심화수련 할 것을 가족들 앞에서 공언하다.

◎ 수련1주차

12/30/목

처음으로 집에서 원기 한 타임+진기 한 타임 수련을 하다. 수련1일차.

12/31/금

원기+진기. 합장한 팔목이 아픔.

2011년

1/1/토

2,2,1 진기 두 타임. 합장자세가 힘듦. 서 있는 자세가 힘듦.

1/2/일

손목 통증, 어깨 통증, 무릎 통증. 신체적 통증으로 호흡이 흐트러짐.

1/8/토

손목 어깨 통증이 사라짐(열흘 만에). 몸통, 손이 따뜻하고, 찰진 호흡, 기신법, 금법 대장, 두 손으로 발을 잡을 수 있게 됨.

● 수련3주차

1/13/목

두 손은 따뜻하나, 한기가 듦.

1/15/토

찰진 호흡. 가끔은 잡념으로 흩어지기도 함. 배가 꾸르륵, 코는 맹맹, 몸살 기운이 아직 남음. 정리운동은 개운함 팔굽혀펴기 20개.

1/16/일

모처럼 80분 호흡이 잡념 없이, 찰진 호흡으로, 훅 지나감. 약간의 무게감으로 두 손을 아래로 내리고 호흡함. 트림이 나왔지만, 수련이 끝난 후는 나오지 않음. 한파라 하지만 추위를 못 느낌.

1/17/월

준비 운동 할 때 트림이 나옴. 호흡이 지루함. 어깨는 무거움. 왼쪽 골반이 뻑뻑. 어깨가 무거움. 정리운동은 깔끔. 팔굽혀펴기 20. 지루한 행공수련 끝까지 한 내가 자랑스러움.

1/18/화

호흡시 일상의 복잡한 생각들이 때론 녹여나고, 때론 호흡을 흐트러지게도 함. 생각이 일어나고 사라지고의 반복. 그 와중에 중심을 잡아감.

1/19/수

집에서 하는 수련이라 이런저런 방해물이 있음. 그럼에도 불구하고 꿋꿋이 함.

● 수련4주차

1/20/목

창가로 새벽달을 본 순간, 그 빛이 너무 선명하여 섬뜩함을 느낌. 가끔씩 괴롭히던 좌측골반 쪽에서 뜨끈한 기운이 느껴짐. 호흡 중에!

1/21/금

미적대다 30분 늦게 수련 시작함. 뱉어내는 숨이 깊고 시원하다. 심화수련 하고부터 하단전에 탄력이 더 생긴 것 같다. 그 동안 약간의 느슨함이 있었다면, 거의 밀착된 듯한, 단단함!

1/22/토

준비 운동하는데 골반이 뻐근. 상념에 끄달렸다가 호흡이 끝난 후 하는 정리운동은 백미. 끝이 다가왔다는 안도감과 쉼을 느끼게 해 줌.

1/24/월

준비 운동시 트림이 남, 발바닥에서 느껴지는 하중이 장난 아님. 매트를 뚫고 들어갈 기세. 골반이 뻐근. 서 있다가 앉으려니 무릎에서 느껴지는 뻑뻑함에 겨우 접어 앉힘. 합장한 두 손을 내림.

1/25/화

몸이 가볍다. 합장한 두 손도 가볍고, 어깨도 더 이상 무겁지 않다. 저항을 하지 않는다. 두 발에서 느껴지는 묵직함이 좋다.

1/26/수(심화수련 28일째)

더부룩했던 속이 준비운동을 하면서 풀려짐. 방귀, 트림을 동반.
합장하는 두 손과 어깨는 이제 별 무리가 없다. 단, 좌측 골반의 뻐근함은 여전하다. 발바닥 용천혈 앞쪽 발바닥은 지리지리하면서 뜨거운 것 같기도 하며, 딛고 있는 매트가 내 발바닥으로 패일 것 같은 증세는 여전하다. 두 종아리에서도 하중이, 힘이 느껴진다. 그게 부담감인지 힘인지 그건 잘 모르겠다. 하지만 예전엔 느끼지 못하던 것들이다.

어~ 내 몸이 이상하다. 하체가, 가부좌한 다리, 엉덩이가 들썩댄다. 뭐지? 허리를 중심으로 움직임이 있다. 몸통을 중심으로, 엉덩이, 허벅지, 내 두 무릎이 나름의 리듬을 가지고 들썩댄다. 뭐야? 그저 바라보며, 그 리듬에 내 몸을 맡겨본다. 그런데 별로 기분

나쁘지도 않고, 무섭지도 않다. 그저, 뭐지? 하는 그런 느낌!

● 수련5주차

1/27/목

호흡 중에 오른쪽 무릎 위에서부터 고관절까지 한 줄로 쭈우욱 선이 그려진다. 찌릿찌릿한 강력한 한 줄의 날카로운 자극! 몇 번의 자극이 더 있었다.

마지막 줄 좌사법을 한다.

어~

서서히 들썩댄다.

어제의 그 모습대로!

아쉽게 짧게 맛본, 그 꿈틀거림!

가부좌한 무릎부터 서서히 들썩대더니, 좌우로, 꿈틀거린다.

그리고 상하로도 움직인다. 점점 그 진폭이 더 커진다.

허리를 중심으로 아픈 좌골반으로 자극이 간다.

무릎이 들썩대더니, 골반, 허리, 합장할 때 무거웠던 어깨까지 가볍게 꿈틀댄다.

신기하다.

그렇게 첫 번째 행공이 끝나고, 두 번째 행공을 하기 위해서, 일어선다.

그 꿈틀거림 없어졌다. 앉아서 할 때만 되나 보다.

기운? 천기지기의 대우주의 기의 흐름을 탄 것인가?

겸허해진다.

수도하는 자는 겸손한 자세로 우주를 대하여야 한다는 청산선사의 말씀이 귓가에 들리는 듯하다. 내 몸과 내 맘을 더욱 낮춘다.

천천히, 조용히, 진지하고도 성심성의껏 하단전에 마음을 모아, 흡지호지를 한다.

마음은 생각을 담는 그릇이요, 숨은 생명을 잇는 통로라 했던가?

2줄, 3번째 줄 호흡을 하고는 슬그머니, 앉는다.

좌사법을 좀 더 길게 해 보고 싶은 호기심이 생긴 탓일게다......ㅋ

4,5째 줄 호흡을 좌사법으로 행공호흡을 한다.

앉아서 호흡을 시작하자마자 들썩대더니, 꿈틀대기 시작한다.

끝자락에서 살그머니 시작된 움직임이 서서히 그 폭이 커지면서 하단전을 중심으로 전후 상하 좌우 대각선으로 온 몸이 저절로 리듬을 탄다.

심지어 회전운동까지?

"절로", "저절로"란 말이 실감이 난다.

특히 그동안 아팠던 곳으로의 자극은 시원하기까지 하다.

더욱 더 호흡에 몰두해 본다.

풀무질을 열심히 하니, 내 몸이 그 화력으로 치유의 과정에 들어간 듯한 생각이 든다.

믿고 나를 맘껏 맡겨 본다.

하단전을 중심으로 내 몸이 자유자재로 움직이니, 어라?

온 몸으로의 꿈틀거림은 과격하지도, 감질나지도 않을 만큼의 폭으로 진행된다.

하지만,

그 꿈틀거림의 폭이 커지고 계속 지속될수록 더럭, 겁이 난다. 두렵기까지 하다.

괜찮겠지? 이상한 현상은 아니겠지?

살짝 눈을 떠서 나를 바라보고 싶지만, 눈이 떠지지 않는다.

그냥, 몸으로 느낄 뿐이다.

너무 오래 지속되어도 괜찮으려나?

그만 하면 안 될까? 생각을 해도, 그 꿈틀거림은 멈출 줄을 모른다.

드디어, 선도주가 끝이 났다.

서서히 호흡을 멈추고 나서도 잠시는 그 꿈틀거림의 여운이 남아 있다.

길게 누워 기지개를 펴니, 드디어 멈췄다.

아~ 두려웠지만, 개운하다.

열심히 정리운동을 한다.

서서 뛰는 자세에서 잠시 트림이 나왔다.

그러고 보니, 오늘은 방귀도, 트림도, 하품도 별로 없었다.

1/28/금

선 채로 호흡을 하는데, 3번째 줄 즈음 하체 다리가 앞뒤로 약간씩 흔들린다. 쭉 뻗은 다리가 통째로, 아주 미세하게! 서서도 그럴 수 있나? 그저 느끼며 호흡에 집중한다. 5

째줄 좌사법! 어제마냥, 가부좌한 자세인데도, 서서히 무릎이 꿈틀거린다.

그건 그저 미동이다. 섬세한 흔들림! 전후 좌우 앞뒤로 약간씩, 일정한 리듬을 가지고, 의식적으로 내가 제어를 해 볼까 생각하다가, 아니야, 부추기지도 말고, 말리지도 않는다. 호지가 시원하다. 호지가 시원함은 호흡이 잘된다는 표시다.

두 번째, 좌사법 행공, 여전히 미동이 일어난다.

그러다 문득, 드는 생각, 만약 수련원 가서 수련하는데 내가 이렇게 꿈틀대면 어쩌지? 이상하다고 그러지 않을까?

자연스런 현상인데, 내가 이상한 데로 빠진 건 아니겠지?

다들 그런 현상에 대해서는 모르기도 할 뿐더러, 이상한 현상에 대해서는 다들 거부감부터 일으킬 텐데, 내가 이상한 건 아니겠지?

말리지도 않고 부추기지도 않았는데, 허리를 중심으로 몸통까지 앞뒤로 꿈틀대더니, 단전을 중심으로 양쪽 골반까지 좌우로 두세 번씩 주거니 받거니 한다.

척주를 반듯하게 좌우 골반을 반듯하게 바로 잡아주는 것 같은 느낌이 든다.

어깨까지 몇 번의 흔들림이 있다. 고개도 반듯하게 들게 된다.

자가 치유?

그 리듬에 내 몸을 기꺼이 맡기고 나는 풀무질을 부지런히 할 뿐!

어제의 그 자가 요동으로 오늘 내 하체가 별 아우성을 치지 않고 내 호흡을 잘 따라온 건 아닐까? 치유의 신이 내 몸 안에 있었나? 좀 더 부지런히, 정성을 다 해볼 뿐이다. 믿고 따라갈 밖에. 그 이후, 이 이후는 난 잘 모르니깐!

내 몸에, 내 호흡에 맡길 밖에!

1/29/토

정심법에 역법~ 하는데, 서 있는 채로 왼쪽 다리가 앞뒤로 흔들린다. 무릎 쭉 뻗어 있는 채로! 규칙적으로 리듬을 타며 내 호흡 따라 움직인다. 그런데, 그 동안 뻐근했던 허벅지며 골반이 시원하다. 가끔씩 왼쪽 발바닥은 좌우로 꿈틀댄다.

천기를 받아들이고, 지기를 받아들여, 천인합일의 경지로 가고자 하는 수련인으로서, 대우주를 바라보는 마음은 경건하고 엄숙해지지 않을 수가 없다.

대자연 앞에 겸허해지고, 열린 마음으로 모든 걸 받아들일 준비가 되어 있어야 할 것 같다.

어쩌면 이 선도 또한 종교와 버금가는 것이라고도 할 수 있겠다는 생각이 문득 들었다.
호흡을 하면서!
대우주의 품에 소우주인 나를 맡기겠다는 그 마음은 믿음, 신앙, 종교, 그 이상을 능가
하는 그 무엇은 아닐까?
간절히 바라는 만큼 내가 가질 수 있듯이, 내 자신을 낮추고 또 낮추며, 벽을 허물어
경계를 없애는 열린 마음으로, 삼라만상 우주를 대하리라.
내 몸이 저절로, 절로, 리듬을 타는 것 또한, 우주의 리듬에 순응해가는 과정은 아닐까?
기쁜 마음으로 기꺼이 그 순리에 나를 맡겨본다.

해심법을 지나고, 휴심법의 전법에 들어서니, 어라~
왼쪽 다리의 흔들림이 조용해졌다.
그 이후의 고요함이란~
그 전에도 그리 분주하지는 않았지만, 흔들림이 끝난 후의 고요함은 평화, 적막 그 자
체였다.
그 정적 속의 충만함이란~
흡지 호지는 더욱더 경건해지고, 깊어진다··^^
아무래도, 내 몸 속엔 치유의 신이 존재하나 보다.
그러고 나면, 내 몸이 개운해지고, 뭔가 반듯해지고, 정리정돈이 되는 느낌이 드니 말
이다.

1/30/일

몸의 흔들림으로 두려워했던 내 마음을 아는지, 오늘은 흔들림도 별로 없었다, 몸도 조
용하고, 마음도 편안하니, 오늘의 수련은 전체적으로 고요하다. 가부좌한 자세 전체가
좌우 전후로 은은하게 약간씩 흔들림이 있을 뿐! 다행인 듯하면서도, 내가 너무 겁을
먹었나? 하는 생각도 해 보았다. 아무튼 체력도 좋아진 것 같다. 처음 새벽수련 시작
하고는 낮에 꼭 낮잠을 자곤 했는데, 요즘 들어서는 별로, 그러지 않아도 잘 버티는 것
같다. 12시30분쯤 잠들어 4시30분에 일어나기가 가능해졌다는 것이 놀라울 뿐이다.

1/31/월

오늘 수련은 율동의 향연. 어제는 사실 약간 긴장한 행공호흡이었다. 왜냐하면 떨림이 두려웠기 때문에! 하지만 오늘은 경계를 허물었다. 긴장을 풀고, 경계를 허물고, 편안한 상태로, 뭐든 오는 대로 다 받아주겠다는 아주 여유로운 마음으로 호흡을 시작하였다.

오르락내리락 하단전 풀무질은 계속되고, 슬며시 왼쪽 무릎이 시동을 건다.

전후로 흔들린다. 통째로, 부드럽게, 나의 가장 취약한 곳이 왼쪽 다리인데, 약한 곳부터 신호가 오니, 왠지 치유라는 느낌이 들면서, 반갑다. 그 마음 아는지, 왼쪽 발바닥이 좌우로 흔들린다. 무릎은 전후로 발바닥은 좌우로, 두 흔들림이 방향은 다르지만, 부딪히지 않는, 그 흐름의 조화가 신기하다. 내 몸 안에 뭔가가 있다? 그 정체가 뭐지? 그것이 소위 말하는 氣란 녀석인가?

마지막 줄, 좌사법을 하는데, 가부좌한 두 무릎이 하단전을 중심으로 요동을 치더니, 그 리듬이 상체로 올라온다. 척추를 중심으로 좌우로 흔들리면서 위로 올라간다.

S자처럼, 마치, 쿤달리니 요가의 차크라 흐름(그림에서 본 S자 모양이 교차로 올라가는 그림)이 단전에서 시작되어 어깨까지 올라간다.

뭐지?

상체가 통째로, 마치 척추교정을 하듯이, 척추뿐 아니라, 좌우 어깨도 같이 물결친다. 전후좌우로! 아, 시원하다. 절로, 저절로 이루어지는 마사지다.

계획되지 않은, 각본 없는, 정해진 루트도 없는, 아니 모르는, 저절로 이루어지는 내 몸에서 일어나는 율동의 향연! 이건 향연이란 말로 밖에 표현할 수가 없다...^^

그 녀석이 노는 걸 바라보느라고, 한 타임이 어떻게 흘렀는지 모르게 후다닥 지나가 버렸다.

앞서 좌사법시의 S자 요동이 서서도 가능하다.

낚시를 할 줄은 모르지만, 그런 풍경!

조용하고 호젓한 호숫가에 낚시를 드리우는 건, 우리가 호흡하기 위해 준비하는 작업! 찌를 가만히 바라보며, 집중하는 건, 우리가 하단전 호흡을 하며 하단전에 몰입하는 것! 오롯이 혼자만의 작업에 몰입을 하고 있는데, 과연, 찌를 물까? 과연 내 단전에 기운이 쌓일까? 몰두하고 있는데, 어떨 땐 심심하기도 하다. 지루하기도 하다.

그런데, 어느 날, 한 녀석이 찾아온다. 심심하시죠?

옆에서 애교를 떤다. 무릎을 살살 간지럽히더니, 발바닥도 쿡쿡 쑤시고, 골반도, 몸통도, 게다가 시원하라고 어깨 마사지까지 해준다? 어라? 이 녀석, 귀여운 녀석 일세?

그러면서도, 찌에서 눈을 뗄 수가 없다. 하단전에서 눈을 뗄 수가 없다.

고기를 놓칠까봐, 불씨가 꺼질까봐.

두 타임이 전혀 지겹지 않다. 오히려, 시간이 빨리 갈까봐 아쉽다.

왜냐하면 그 녀석 노는 모습이 너무 귀엽기 때문이다.

어디가 가려운지, 어디가 피곤하지, 지가 알아서 척척, 골라, 마사지를 해 주니깐!

그 녀석에게 힘을 주기 위해서, 그 녀석이 떠날까봐, 호흡에 더욱더 몰입한다.

그런데, 아차 하는 순간! 이 녀석이 조용하다. 어라?

내가 잠시 졸았나? 정신을 차려보니, 잠잠하다. 다시 풀무질을 한다.

그 녀석이 또, 살살 나를 간지럽힌다.

ㅎㅎㅎ

거기 있었군!

하지만, 아쉽다, 역심법에 역법! 청산선사님이 나를 깨운다. 이제 그만 하래!

나중에 또 보자, 이 녀석아!......^^

2/1/화

온 몸의 떨림이 있고부터는, 하체에서 느껴지는 하중이 그리 힘들지 않다.

서서히 앉는 자세에서 그 전보다, 부담이 훨씬 적단 소리다. 무릎도 부드럽게 접을 수 있고, 앉을 때 고통을 수반하지는 않는단 소리. 4째 줄 휴심법 즈음에, 왼쪽 무릎이 앞 뒤로 흔들린다.

왼쪽 발바닥은 좌우로 움직인다. 발바닥 전체가! 가끔씩 왼쪽 어깨도 앞뒤 좌우로 리듬을 탄다. 시원하다. 몸을 반으로 잘라, 딱 왼쪽만 그러하다. 역시 시원찮은 쪽이 먼저 사랑을 받나보다…ㅋ

그 리듬이 몸통으로 이어진다.

역시 몸통은 좌우 움직임이다. 그것도 나선형, S자형으로 단전에서부터 어깨까지 서서히 오르고 내린다. 오장육부가 제자리를 찾아 들어갈 것 같은 느낌, 혹시 제자리를 못 찾고 있다면!

척추가 반듯해질 거라는 믿음은 역시 그 리듬에 내 온 몸을 편하게 맡기고, 나는 부지런히 호흡에 임한다. 호흡이 느슨해지면 잦아들었다가, 호흡이 깊어지면 그 리듬 또한

부드럽고도 진폭이 커진다. 몸과 호흡이 같이 가는군! 몸과 마음이 함께 가듯이~

2/2/수

명절 전날도 수련은 한다. 흡지 15초, 호지 5초! 호지가 깊어서 기분이 좋다.

흡지에서 한껏 숨이 빠져나가지 않게 잘 갈무리를 하니, 호지가 깊어진다.

오랜만에 합장한 두 손바닥이 찰싹 달라붙는다. 밀착도 100%!

따뜻하다, 부드럽다. 기분이 좋군!

호흡은 깊은데, 오늘따라 몸은 미동도 없다.

웬일이랴? 며칠 동안 그 바쁘던 녀석들이 다 어디로 갔나? 진동이 없으니, 몸은 무겁다. 진동이 있을 때는 손목이 아픈지 어깨가 무거운지 모르겠두만!

리듬을 타니 시원하던 몸이, 그저 조용히 있으니 아픈 곳이 나타나는군!

오늘은 대체로 참 조용한 수련이었다. 그런 만큼 심심한 수련이기도 했다.

이제 팔굽혀펴기도 점점 더 잘할 수 있게 되었다.

◉ 수련6주차

2/3/목

설날도 새벽수련(4:35~6:35), 동심법에 상법! 서서히 앉는데, 거의 별 무리가 없다. 됐어. 조용하던 녀석들이 조금씩 반응을 보인다. 미동, 살금살금, 나 여깄어요~ 라는 느낌처럼, 고요히, 좌우로 움직이며, 어깨까지 좌우로 리듬을 탄다.

해심법에 들어서, 양쪽 발바닥이 동시에 좌우로 움직인다. 이어서 양쪽 무릎을 중심으로 두 다리가 앞뒤로 흔들흔들. 단전을 중심으로 한 골반 전체가 좌우로 움직인다. 양쪽 어깨가 좌우로 나선형 구조로 주거니 받거니 움직인다.

그 요동에 끄달리지 않으려 나는 무심한 척 하면서, 단전에 몰입한다.

그러면서도 그 요동이 싫지는 않다. 무거웠던 어깨가 좀 풀려지는 듯한 시원함이 있기 때문이다. 여전히 호지가 깊으니 호흡 또한 좋다.

새해다. 내가 처한 그 자리에서, 내게 주어진 소명을 다하기 위해서 올 한해도 부지런히 살아갈 것이다. 진지하게 내 마음을 다져본다.

2/4/금

눈을 채 못 뜨고 2층으로 올라간다. 준비운동을 한다. 뻣뻣하군!

동심법에 상법에서 앉으려는데, **오른쪽 고관절이 아래서 위로 일직선을 그으며, 찌리리 전율(?)이,** 아~ 겨우 다스려 앉는다. 흡지상태에서 **머리 위 전정(?)이 쭈뼛,** 마치 전광석화가 육체적 자극을 준다면 그럴 것 같은 느낌? 한순간 **머리가 띵 해진다. 짧은 순간!** 뭐지, 내가 흡지에 너무 힘을 줘서 그 힘이 머리까지 뻗쳤나? 왼쪽 머리 위가 뻑뻑하다. 왜 그러지? 호흡하면서 머리 아프긴 처음인 듯!

건곤에 좌사법~을 하는데, 그동안 조용하던 내 몸, 두 무릎이 들썩인다. 좌우로~ 가부좌한 무릎이 가운데로 모였다 벌어졌다 한다. 두 다리가 모아졌다 떨어졌다 한다. 위아래로 들썩댄다. 가끔씩 어깨도 좌우로 나선형으로 움직이면서 장단을 맞춘다. 전체적인 움직임이 미미하지만, 찌뿌둥한 몸을 풀어주기엔 어느 정도 충분하다. 겨우 몇 번 움직인 것 같은데, 역심법에 역법이라고 한다.

2/5/토

흡지 상태에서 괄약근을 조이니 왼쪽 골반이 뻐근해지고, 흡지 상태에서 임독유통을 하자니 왼쪽 머리 부분이 눌리는 듯한 압박감처럼 띵하니 아파왔다. 가만히 있을 때 아프던 느낌이 더 강해졌단 소리. 호지 상태에서는 이완을 시켜서 그런지 그런 증상이 별로 없었다. 수련을 끝낸 지금도 왼쪽 머리 부분은 개운치 않고, 왼쪽 어깨랑 손목, 골반, 허벅지, 전체적으로 딱, 왼쪽 부위만 무겁다. 찌부둥 하단 소리! 글을 쓰고 있는 지금은 여전히 왼쪽이 무겁다. 명절 증후군인지, 호흡에 무리가 있었는지, 좀 더 시간이 지나가 보면 알겠지. 점점 좋아지겠지. 시원찮은 왼쪽 부위에 명현현상이? 오른쪽은 멀쩡하니, 참 희한한 일 일세~ 정리운동을 하는데, 기신법에서 트림이 연거푸 터진다. 정리운동을 다 마친 지금은 아무렇지도 않다.

2/6/일

수영이 수압으로 인한 바깥으로부터 압박감으로 인한 두통쯤이라면,

호흡은 안으로부터의 압박감으로 인한 뻑뻑함? 그것이다.

오늘 호흡행공 내내 지켜보고 관찰한 내 두통의 현상이 바로 그것인 것 같다.

호지 때는 그런 증상이 없으니 말이다. 압박감!

안에서부터 밀려나오는 압박으로 인한 머리에서 느껴지는 중압감? 그것이 뻑뻑한 두통으로 느껴짐이다.

건곤에 좌사법 이후에 가부좌한 다리가 좌우로 약간씩 움직이고,

몸통도 좌우로, 어깨도 좌우로, 어쩌다 상하 리드미칼한 소폭의 움직임이 있었다.

그 정도만 해도 나의 몸통과 어깨는 개운함을 느낀다.

두통의 정체와 호흡의 상관관계에 주력하느라 맘을 뺏긴 나의 육체는,

그래도, 나, 여있어요~하면서, 툭툭~ 건드려준다. 귀여운 녀석들!

2/7/월

이제 왼쪽 두통(?)은 사라졌다. 대신에 뒤통수 손바닥 크기만큼, 묵직한 자국이 느껴진다. 어제 밤 느꼈던 뒤통수의 뻐근한 증상이 호흡하는 중에도 무거움으로 다가온다. 흡지하고 돌돌말기 할 때 그 느낌은 더 확연하다. 안으로부터 밀려나오는 압박감?

도장 찍은 듯, 손바닥 크기만큼이 상흔처럼, 마치 낙인찍은 자욱처럼, 눌려지는 압박감은 선명하다. 흡지를 가볍게 해본다. 좀 낫지만, 느껴진다. 호지 때는 좀 낫다. 호흡에 집중한다.

가끔씩 자의인지 타의인지는 잘 모르겠지만, 어깨는 자연스럽게 앞뒤 좌우로 움직인다. 시원하다. 어깨에서 느껴지는 중압감이 풀어지는 순간이다.

잠시 졸았나?

갑자기 오른쪽 귀 뒤 위쪽 즈음에서 마치 물방울이 터지듯 퍽~ 하는 소리가 아주 크게 들려와서, 깜짝 놀랐다. 몸이 움찔할 정도로!

뭐야?

얼른 정신을 가다듬고, 하단전에 집중한다.

또 졸았나?

온 몸이 튕길 정도로 움찔하는 바람에 또 한 번 깜짝 놀랐다. 내 정신이 어디 갔나?

다시 호흡을 가다듬는다.

그 와중에도 어깨는 가볍게 움직인다. 딱 시원할 정도로만. 내가 움직이는지 저절로 움직여지는지는 가늠이 안 된다.

한번은, 현관문을 열고 어머니가 들어오시는데, 그 형상이 섬찟하다.

소름 끼칠 정도로, 어둡다. 외면한다. 그런데 그 모습이 자꾸만 보인다.

어머니가 어디 편찮으신가? 검은색을 연상시키는 우울한 모습이다.

글을 쓰고 있는 지금도, 현관문을 열어젖히고 고개 숙이고 있는 모습이 선명하다.

딱 그 자리에서 멈춰 서 계신다.

뭐야?

희한한 그림도 다 보인다.

다시 호흡에 열중한다.

하지만 그 자욱은 선명하게 남아 있다. 헛것이 보이나?

2/8/화

반복이다.

반복이 때론 지루하기도 하다.

오늘 같이, 무덤덤한 호흡행공일 때 더 그렇다.

관찰할 그 무엇이 있거나, 몸이 어떤 반응을 보이거나 하면, 뭐지? 뭐지? 하면서 가다 보면 어느새 시간이 다 가버리지만, 그저 그런 호흡이 되는 날은 심심함이 지루함으로 여겨진다.

호흡하는 사람이 극복해야 하는 부분은 이런 지루함과 지겨움이리.

지루하다 생각하면서도 선도주는 계속 돌아가고, 흡지호지 오르락내리락은 계속된다. 그러다 보면 또한 어느새 그 리듬에 그 생각도 사라지고, 무덤덤하니 빠져 들어간다.

별 변화가 없어서 재미는 없지만, 처음과 끝이 한결같은 평화로움은 있다.

극적인 반전의 클라이막스는 없지만, 잔잔한 고요함이 주는 차분함에 나를 맡겨본다.

가랑비에 옷 젖는 줄 모른다고, 시나브로. 세월이 가면서, 수련 횟수가 늘어나면서 점점 더 가능해지는 것이 늘어나고, 알게 모르게 진일보하는 내 몸과 마음을 바라보는 나는 내가 참 좋다.

2/9/수

호흡행공을 한다.

흡지 호지, 돌돌말기, 밀었다 당겼다, 끝없는 반복이 이어진다.

합장한 두 손이 따뜻함에 마음이 푸근해진다.

사범이 되고, 행여 손이 차가워질까, 신경이 쓰임은 그 나마의 감투(?)에 대한 책임감일 터!

아프지 말아야 한다는 강박감 또한 마찬가지! 그게 체면일거야.

그 위신 세우기 위해 부단히 노력한다는 면에서 보면 어쩌면 긍정적인 면이 되기도 한다만!

우리는 얼마나 많은 체면을 위해서, 노력을 하며 살까?.....ㅎㅎㅎ

ego와 persona사이~

나도 self에서 Self로 나아갈 수 있을까?

無常.

찰나 찰나에 그저 충실할 뿐!

나는 같으나, 같다고 생각하나, 1분 전의 나랑, 지금의 나는 분명 달라졌으리~

다만, 여여하게 나아가려 노력할 뿐!

하루에 열두 번도 더 출렁이는 맘 끌어안고, 의연하게 나아갈 뿐!

언제나 그러한 것처럼!

두통처럼 느껴지는 확실한 현상은 사라졌다.

하지만 가끔씩 흡지 상태에서 한 번씩, 위로 뻗치는 과부하가 뒤통수 쪽으로 느껴질 때가 있다.

가끔씩!

심화수련 6주가 끝이 났다.

심화 42일째!

◎ 수련7주차

2/10/목

수련 지도 틈틈이 역호흡을 해 보다.

2/11/금

지겨워라. 하기 싫어라. 그래도 선도주에 맞추어 호흡은 계속된다.

2/12/토

심화수련하고는 처음으로 산에 감. 우선 가파른 구간을 오를 때도 힘이 들지 않는다는 것, 숨이 차지 않는다는 것, 그전보다, 그리고 아랫배 하단전에 단단한 그 무엇이 있는 것 같은 느낌! 딱딱함이 아닌 단단한 어떤 덩어리?

뭉쳐져 있되, 불편함이 아닌, 어떤 힘? 산에 오르는 동작에 힘을 가해주는 어떤 응집된 그 무엇? 지탱이 되어주는 어떤 버팀목 같은? 와~ 든든하다! 이런 느낌으로 하단전이 다가온다.

찰진 호흡이 주는 하단전의 어떤 힘, 덩어리로 느껴지는 단단함. 파워!

지겹다, 지루하단 생각이 안 든다. 쭉 빨려 들어간다.

합장한 두 손목도 아프지도 않고, 가볍다. 전혀 무리가 없다.

마지막 줄 좌사법, 합장한 두 손도 가볍고 따뜻하며, 가부좌한 양쪽 무릎이 움직인다. 좌우로, 덩달아 골반도, 몸통도 부드럽게 리듬을 탄다.

어깨도 좌우 앞뒤로 움직여 주니, 개운하다.

2/13/일

해심법의 동법에 이르러, 양쪽 발바닥으로 기운이 뻗치면서, 좌우로 리듬을 탄다.

다리, 골반, 몸통 어깨까지, 그리 크지도 작지도 않은 진폭으로 온 몸이 부드럽게 움직인다.

흡지는 깊어지고 호지는 시원하다.

그 리듬은 휴심법의 좌법 즈음에서 멈췄다. 갑자기 뚝!

그 순간, 고요한 침묵이 흐른다. 평화롭기까지 한 적막!

적정성성이 이런 건 아닐까?

고요하되 정신은 맑은 상태!

짧은 순간이지만, 지금까지 머리에 확연히 남아있을 만큼 각인이 확실히 된 그 어떤, 순간의 숨 막힐 정도의 평화롭고 고요한 경이로움!

심화수련에다가 역 호흡까지 하면, 아무래도 복근이 생길 것 같다. 초코렛 복근!.....ㅎㅎㅎ

마음이 그렇다는 게지~ 아랫배에 탄력이 느껴진다는 소리!

2/14/월

정심법의 역법 즈음에서 몸이 리듬을 탄다.

발바닥이 좌우로, 골반도 좌우로, 어깨는 앞뒤좌우로, 자유자재로 움직인다.

그 진폭은 점점 더 커지고 온 몸으로 전이가 된다.

처음으로, 합장한 두 손목도 앞뒤로 함께 진동을 한다. 웬일이랴?

호흡이 잘 된 날의 진동이 더 큰 것 같다.

몸은 몸대로, 할 말이 있나 보다 그러면 그렇게 하도록 내버려 둬야지, 뭐!

제 멋대로! 잘 놀다 가게 내삐리 둔다.

ps. 수련 지도 시, 역 호흡을 하였다.

일단 충분히 내쉬고, 5초 동안 흡지를 하면서 아랫배를 최대한 등 쪽으로 당기니, 횡경막이 위로 쑥 올라가면서 가슴이 뽀빠이처럼 역삼각형으로 위로 부풀어 오르는 것 같다.

위로 밀어 올린 숨을 최대한 지 상태로 15초까지 버티어 본다. 거의 부들부들 떠는 형국이다.

5초 동안 뱉어내는 호지가 굉장히 시원하다. 그 때도 아랫배는 등쪽으로 붙는다.

뱉어내는 숨이 이렇게 편할 줄이야~

다시 흡지를 하면서 최대한 허리를 날씬하게 하고, 가슴은 최대로 부풀고, 부풀은 호흡 놓치지 않으려고 꽉 잡고서 15초를 버티려니, 힘이 들면서 아랫배에 힘이 생기는 것 같다.

내쉬는 배도 등 쪽으로 밀어붙여지지만, 시원한 호지가 된다.

중간 중간 복진해 주면서, 서서 또는 앉은 자세에서 간간이 역 호흡을 하였다.

초코렛 복근까지는 무리더라도, 역 호흡을 하면 허리가 날씬해 질 것 같은 착각은 여전했다.

-오늘의 역 호흡 체험기 끝-

2/15/화, 48일째

수련의 효과는 이런 가족 간의 심리 상태까지도 꿰뚫어 볼 수 있게도 해 주고, 너그러 워지게도 한다. 調心의 과정을 거쳐 나온 결과가 아닐까?

새벽 잠 좋아하는 내가 꾸역꾸역 일어나서 억지로라도 수련을 하는 데는 이런 매력이 숨어 있기 때문이기도 하다.

어떤 나타나는 현상이나 효과가 없으면 사실 실행 불가능 한 일이 아닐까?

체험, 체득되지 않은 행위를 계속하기에는 내 인내심이 그리 많지도 않다.

어떤 계기로 시작했든, 어떤 원동력으로 끌고 나아가든, 마음으로, 몸으로 나타나는 그 무엇이 있기에, 어제도 오늘도 내일도 수련은 계속되는 거다.

좌사법에 합장을 하고 흡지호지를 하는데, 동심법에 동법 거의 끝자락 즈음에 가부좌 한 두 무릎이 위아래로 들썩인다.

덩달아 합장한 두 손도 함께 앞뒤로 덜덜 떨린다. 마치 **모터를 달은 것 처럼!**

이제야, 이거야말로 제대로 **진동이라 할 수 있으리라!**

그 동안에는 들썩임, 미동, 요동이었다면, 이것이야말로 거리낌 없이 진동이라 칭할 만 큼의 움직임이다.

궁금하다, 대체 내 몸에서 뭔 일이 일어나고 있는지.

그간 차마 두 눈 뜨지 못하고 보지 못하였는데, 살며시 두 눈을 뜨고 합장한 내 두 손 과 두 무릎을 내려다본다.

하악~

규칙적인 반동으로 두 손은 앞뒤로 진동하고, 두 무릎도 위아래로 들썩이며 진동한다.

이러다가 엉덩이 들리면 공중부양이라고 하지 않을까?…ㅎㅎㅎ

좀 우습기도 하다. 내 몸에 지금 대체 뭔 일이 벌어지고 있는 거야?

내 의지랑 상관없이, 이상한 몸짓을 하고 있으니~

의심하지 말라 하지만, 이대로 좋은가?

2/16/수

과식은 금물이다. 오늘 수련은 너무 힘들었다. 어제 저녁 좀 과식을 했더니, 불룩 나온 단단한 배를 부여안고, 호흡하느라 내내 낑낑댔다.

호흡이 제대로 안 되니 오늘은 시간이 잘 안 가고 길게만 느껴진다. 오늘 아침, 나는 내가 맘에 안 든다. 하품은 계속되고, 트림에 방귀까지…

대체로 첫 타임은 동심법까지는 부지런히 풀무질을 하는 단계이고, 동심법에 들어가면 거의 들썩임과 미동이 동반된다.

그러다가 두 번째 타임에서는 서서 호흡할 때도 바로 미동과 진동이 올 때도 있고, 동심법쯤 가면 거의 진동이 완숙 단계까지 간다. 내 나름의 최고점이라는 게지.

ps. 수련 지도시, 역 호흡 연습을 하다.

아직 부드럽게 연결이 계속되기는 어렵지만, 감은 잡았다.

흡지할 때 힘이 느껴지고, 호지할 때는 시원하다.

● 수련8주차

2/17/목 (50일째)

흡지 호지, 돌돌말기. 합장한 두 손이 따뜻해진다.

뜨거워진다.

몸이 뜨뜻해져 온다.

해심법, 셋째 줄에서부터 벌써 몸에 신호가 온다. 호흡이 잘되고 있다는 신호다

2/18/금

호흡을 하니, 두 손이 금방 따뜻해진다.

육체적으로 정신적으로 소모가 많은 날!

새벽 수련을 안 해서, 피곤인가?

2시간 더 자는 행복을 누렸는데, 오히려 몸은 더 처진다.

새벽 수련을 했었어야 했는데, 후회가 물밀듯 밀려온다.

이렇게 많은 일들이 생길 줄 내 어찌 알았을까?

늘 고요한 내 일상일 줄만 알았지.

호흡은 금방 정상궤도를 찾는다.

몸이 요동을 친다.

오늘 하루 종일 받은 많은 스트레스를 몸이 작정하고 풀기로 했는지, 진동이 거칠다.

얌전하지 않다. 마구 해 대는 느낌!

몸이 마음에게 항의하는 듯한 몸짓이다.

호흡이 깊은 날도 진동은 크다. 대신에 점잖고 깊다.

오늘의 진동은 거칠고 일정하지 않다.

호흡이 잘 된 날도 진동이 크고, 스트레스가 많은 날도 진동은 큰 것 같다.

다만, 그 형태, 양상, 질이 좀 다른 것 같다.

몸과의 대화?···

미안하다. 다음부터는 게으름 안 부리고, 새벽 수련 꼭 하마. 다짐해 본다.

오늘의 수련은 지난했다.

시작과 그 과정과 그 끝도! 짜깁기 수련!

그래도 어쨌든 시작과 끝을 보았으니 최선을 다 한 내가 만족스럽고, 다음부터는 무조건 새벽 수련을 해야겠다고 다짐한다.

2/19/토

온 몸이 리드미칼하게 요동을 치니, 뻐근한 어깨라든가, 척추가 반듯하게 시원하게 치유받는 느낌이 든다. 어느 순간, 오른쪽 팔목에서 팔꿈치까지 찌릿한 자극이 온다. 간격을 두고, 몇 번의 선이 그어졌다. 뭐지? 오른쪽은 별로 아프지 않은데, 왼쪽이 시원찮은건데?

2/20/일-3천배 절 수련.

2/21/월

3천배 절 수련 후유증? 수련 못함. 새벽에 일어나지 못하였고, 하루 종일 계단오르내리기가 힘듦.

2/22/화

무릎 위 허벅지가 당기고, 엉덩이 아래 대퇴부가 뻐근하며, 허리 위 뒷 척추가 전체적으로 뻐근하다. 우려했던 팔목은 오히려 무탈하고, 팔을 열심히 큰 동작으로 돌리면서 삼천배를 하여서 그런지 어깨가 뻐근하였으며, 무릎이 무지 아팠다.

후유증은? 계단 오르내리기가 힘이 든다. 어기적거린다. 허리 굽히고 젖히기가 맘대로 잘 안 된다. 그 정도!

8시간 30분 삼천 배 수련을 하고 나니, 2시간 심화수련은 아무것도 아니란 생각이 든다. 축법을 하고 팔굽혀펴기를 하는데,

헐~

20개를 금세 해냈다. 절 수련시 어깨가 무지 아팠는데, 그 덕인지, 팔굽혀펴기를 별로 힘들이지 않고 할 수가 있었다. 놀랍다. 절 할 때는 팔이 아팠는데 지금은 괜찮다. 그때 많이 아프던 것이 힘으로 남았나?

ps. 그런데 참 신기하다.

하루 푹 쉬고 이틀째 만에, 몸이 이렇게 확 풀어질 수가 있을까?

8시간 30분을 굴신동작을 하면서 그만큼 지쳤었는데, 오늘 새벽 수련하고 내려올 때 두 다리가 개운한 것 같아 기분이 좋았는데, 오늘 왠 종일 집안에서 '삶의 길'을 파고 있는 지금, 점점 몸이 원 상태대로 회복되어가고 있음에, 기분이 좋다.

2/23/수

두 허벅지와 척추의 뻐근함은 사라졌는데, 하단전의 탄력은 언제쯤 돌아오려나? 확실히 하체가 든든해진 것 같다. 해심법 즈음에 양쪽 발이 약간 좌우로 움직이긴 했지만 미동도 없이 굳건하다. 하지만 몸통을 중심으로 어깨는 여전히 좌우로 반동을 한다. 시원하니 내맡기고 호흡에 열중한다.

● 수련9주차

2/24/목

오늘도 호흡이 그리 맘에 들지 않는다.

다리가 다 풀렸다고 좋아했건만, 하단전으로 이어지는 미세한 근육들은 아직 긴장중인가? 그렇다고 표면적으로 어디 불편할 정도의 뻐근함 같은 건 없는데....

아무튼 그래도, 가만히 하단전을 바라보며, 집중한다.

언젠간 예전과 같은 부드러운 오르내림이 되겠지.

뒤 대퇴부도 괜찮고 무릎 위도 괜찮은데, 하단전엔 왜 탄력이 없을까?

그런 와중에도 어깨는 약간의 꿈틀거림을 동반하고, 좌사법시 가부좌한 두 무릎은 좌우로 율동한다. 참, 맘에 안 드는 호흡이다. 쩝~

2/25/금

3천배 전의 호흡이 물엿 같은 정도의 탄력을 지닌 맑고 밝고 투명하면서 쫀득한 호흡이었다면, 그 후의 호흡은 찐득찐득한 조청 같은 진하고 묵직한 호흡이라고나 할까? 확연이 뭔가 좀 달라진 것 같다. 단전 가운데 묵직한 뭔가가 자리 잡은 듯한~

조심조심 오르락내리락 해본다. 심오한 탄력이라고나 할까? 좀 더 경건해진다. 살금살금 접근해 본다. 좌사법 시 여전히 골반, 허리 몸통, 어깨의 가벼운 율동은 계속된다. 시원하다.

ps. 수련 지도 시, 역호흡을 시도해 봤다.

아직 그렇게 부드럽게 연결이 계속 되지는 못한다. 짧게 5초씩 해 보다가 편해지면 흡지호지를 해본다. 그것도 잠시, 수련 지도를 해야 하기 때문이다. 그래도 간간이 해 보려고 노력한다. 이 정도만 해서는 초콜릿 복근 만들기는 아무래도 어려울 것 같다. 마음만 뻔하다....ㅋ

2/26/토

흡지호지, 돌돌말기

오? 오늘은 제법 호흡 같이 된다. 드디어 정상 궤도?

일주일이 걸렸군! 기분이 좋다.

吸止의 폭도 커졌고, 깊어졌으며, 止 상태로 지그시, 꾹 잡고 있는 힘도 커졌다.

하단전을 담고 있는 골반 전체를 다 쓰고 있다고나 해야 할까?

흡지 상태를 유지하고 있으려니, 괄약근을 조는 힘이 골반 전체를 아우르는 든든한 버팀목이 된 것 같다. 힘이 더 있어졌다고나 해야 할까?

아무튼 더 찐득해 진 것 같은 호흡이다.

呼止 또한 오랜만에 시원하다. 그래, 이 맛이야. 그동안 얼마나 그리웠던지. 다시는 그 시원함 못 느끼면 어쩌나, 살짝 고민 아닌 고민도 했었는데, 일주일 동안!....ㅋ

그렇게 조용하고 깊어진 첫 번째 행공호흡이 끝났다.

두 번째 호흡행공.

하체는 튼실하고 든든하게 미동도 없이, 꿈쩍하지 않고, 버티어 준다.

간간이 어깨는 좌우로 미동이 있다.

상체는 가벼워 합장한 두 손이 구름 위에 떠 있는 듯 가볍다. 손목도 전혀 아프지 않다.

내 몸 전체에서 하단전이 포함된 골반만 부각되어 보인다.

그의 역할이 가장 돋보이는 호흡이다.

기분이 은근히 좋으니, 호흡도 더 깊어진다.

시간이 어떻게 흘러가는지 모르게, 임독유통할 순번이 빠르게 돌아온다.

언젠가는 임독자개가 되길 기원해 보면서, 임독유통을 그려 본다. 진지하게!

그리고 시원한 호지를 한다. 그 모든 것이 여유롭다. 전혀 쫓기지 않는다.

좌사법 합장한 두 손은 가볍고, 하단전의 오르내림은 깊은 탄력을 가지며, 풍부해져 있다.

그 호흡 안에 내 맘도 내 몸도 평화롭고 여유롭다. 이것이 심신일여인가?

골반이 좌우로 살짝씩 움직이고, 몸통과 어깨도 좌우로 미동한다.

두 번째 좌사법 때만 그러한 것 같다.

이제 조용한 경지로 들어감인가? 더 지켜볼 일이다.

역심법에 역법.

누워서 두 팔 위로 올리고 펴는 기지개는 어느 날 보다 더 개운하고 시원하다.

기혈유통이 저절로 된다. 호흡도 잘 되었고 몸도 유연하니, 정리운동이 재미있을 수밖에!

2/27/일, 60일째

3천배 이후 내 몸의 진동은 많이 가라앉았다.

특히 하체는 튼실한 느낌으로 미동도 없다. 굳건하다. 믿음직스럽다.

간혹, 어깨의 미동은 동반된다. 서서 행공할 때도!

이 정도면 다함께 수련을 해도 혹시나 하는 우려는 하지 않아도 되겠다.

많이 점잖아졌다.

가부좌한 두 무릎이 가끔씩 좌우로 움직여 골반을 움직여 주고, 어깨가 좌우로 나선형을 그린다. 그러면 어깨가 시원해지는 느낌이 든다. 그 덕분인지, 팔굽혀펴기가 훨씬 수월해 졌다.

팔목도 더 이상 아프지 않다.

이 정도의 점잖음으로 호흡행공이 지속된다면, 어느 곳이나, 다 함께 수련을 해도 부담이 없을 것 같다. 진동하는 자체를 의아스럽게 조금은 부담스럽게 생각을 하였는데, 단전에 기운이 자리 잡힌 것일까?…

2/28/월

준비운동을 하고 호흡행공을 한다.

하체는 여전히 튼실하고, 상체는 호흡 따라 약간씩 미동을 한다.

역시 어깨가 표현하고픈 사연이 많은가 보다. 그러고 나면 어깨는 시원해진다.

흡지호지 오르락 내리락에 집중한다.

걸림 없이 가볍다.

좌사법 때는 골반도 약간의 미동을 동반한다.

심화 수련, 3천배 수련으로 내 체력이 거듭났나? 피곤한 줄 모르겠으니~

설마 그 사이 금강체로?............ㅎㅎㅎ

아무튼 컨디션이 최고조다! 이럴수록, 내려갈 때를 대비해서, 비축, 조절해서 써야겠지!

3/1/화

혼자만의 세상을 즐기는 아주 좋은 날이 비 오는 날이다. 촉촉한 그 느낌이 좋은 거다.

그래서 그런지 오늘 유독 호흡이 잘 된다.

비단결 같이 곱고 섬세한 오르내림. 그리고 오랜만에 느껴보는 찰진 호흡! 무척 행복하다.

수련 일지를 쓰면서 심화수련을 하니, 늘 세밀하게 관찰하게 되고, 알아차리게 된다.

몸의 변화라든가, 마음의 변화라던가, 이런 것에 집중해서 관찰하게 된다.

그것 중의 하나, 몸의 요동 또는 진동 또한 오늘 하나의 규칙을 찾아냈다.

흡지 상태에서 그 탄력 유지하면서 돌돌말기를 하다보면, 상초가 근거하는 명치 위 상부, 즉 어깨가 상하 좌우로 움직이고, 호지상태에서는 중초와 하초가 근거하는 명치 아래로 하단전을 중심으로 골반과 허리 몸통이 좌우로 움직인다는 것이다. 처음 몇 번은 그렇거니 했는데, 쭉 지켜보니 일정한 규칙에 의해서 그렇게 내 몸이 호흡을 따라 반응을 하더라는 것이다.

신기하다.

물론, 오늘도 서서 하는 동작에서 하체는 굳건하다. 든든한 버팀목이다.

좌사법 시는 가부좌한 골반이 좌우로 움직인다. 허리를 중심으로. 역시 그 또한 호지 때가 더 강하다. 흡지 때는 어깨가 전후좌우로 움직여준다.

오랜만에 찰진 호흡을 맛본 후라 기분이 아주 좋고, 몸과 마음의 컨디션이 최고다.

● 수련10주차

3/3/목

준비운동을 한다. 호흡행공을 한다. 조용하다. 하체는 튼실하고, 하단전은 단단하다. 몸통도 굳건하다. 미동이 없다. 어깨만 약간씩 앞뒤로 움직인다. 그러거나 말거나~

점잖은 호흡 한 타임이 끝났다.

동심법에 상법을 하려고 앉으려는데, 양쪽 관자놀이가 찡~ 하며 뻑뻑해온다.

헐~ 가만히 앉아, 호흡을 잊는다. 흡지를 하지 않고, 흡호만 한다.

가만히 놓아두고, 지켜보며, 마시고 내뱉기만 한다. 괜찮아진다. 흡지를 살짝 해본다.

찡~ 신호가 오려 한다. 관둔다. 그냥, 중기호흡을 한다. 지가 없는 상태의 편안한 흡호!

괜찮다. 좌사법 끝까지 흡호로 하단전을 달래고, 내 머리를 편안하게 갈무리한다.

역시, 이제는 미동은 없거나 약하다. 어깨 정도만~

3/4/금, 65일째

신학기 적응하기가 장난이 아니다. 할 일도 많은데, 오늘 수련 쉬어버릴까? 저녁에 할까? 그러다가 2시가 되었다. 아니야, 하루라도 수련을 하지 않으면? 100일 수련에 흡집을 내어서야? 투덕투덕 2층으로 오른다. 한 타임만 할까? 준비운동만 할까?

참 조용한 호흡이다. 점잖다. 미동, 혹은 요동, 진동에 대해 우려함이 많아서 그랬을까?

<u>조용하고 잠잠한 호흡이 되니 좋기도 하고 서운하기도 하고, 심심하기도 하고 편안하기도 하다. 참 간사스러운 사람 마음이다.</u>

3/5/토

선도학과 개강. 수련 못함.

3/6/일

함께 하는 가족들과의 시간 배려도 내 수련 시간만큼이나 소중하다.

가장 좋은 것은 새벽수련을 하는 것인데… 내일 새벽 수련을 기대해 본다…

3/7/월

개강하고, 수련할 타임 찾기가 쉽지 않다. 오늘 새벽에도 일어나지 못하였다. 아들 녀석이 12시 넘어서자니 먼저 잘 수도 없는 노릇이고, 같이 버티다 보면 새벽에 잠 깨기가 쉽지 않다.

토, 일 수련을 빼 먹고 나니, 나한테 미안해서 그런지 호흡에 더 열중한다. 은은하니 깊게 들어가 진다. 합장한 두 손이 금방 따뜻해진다. 손이 따뜻해서 그런가, 단전이 따뜻해서 그런가, 두 손안에 들어와 있는 아랫배가 뜨뜻하니 좋다. 점잖은 호흡이 날 평화롭게 만든다.

좌사법 호흡 시는 골반이 약간씩 움직인다. 좌우로! 혹 틀어진 골반이 있다면 이렇게 교정이 되려나? 어깨는 조용하다.

든든한 하체, 따뜻한 두 손, 두 손에 전해져오는 아랫배의 따뜻함.

3/8/화

사리암 108배 다섯 번 절 수련으로 대체.

절을 하고 몸을 일으켜세워 올라오는 과정에, 하단전이 단단해짐을 느낀다.

탄력 있는 힘이 내 아랫배 하단전에 올라붙는 것을 느낀다.

절의 횟수를 거듭할수록 하단전이 든든해진다.

호흡하는 것과 상관없이 굴신 동작만으로도 아랫배가 단단해지는 것 같다.

절 운동이 온 몸을 쓰는 운동이기에 좋은 것 같고,

절을 하면서 가족을 위해 정성을 들일 수 있는 과정이기에 더욱 더 좋은 것 같다.

3/9/수, 70일째

감기 기운 탓인지, 호흡하는데 두 손과 아랫배가 따뜻한 것까지는 좋았는데, 열이 머리 위로 올라가는 것 같았다. 이마가 뜨끈한 것 같은 것이 정상은 아닌 듯싶다. 하지만 준비운동을 하고, 두 타임 행공호흡을 다 하였다. 하고 나니 개운해서 좋다.

얌전한 호흡이었다. 미동도 거의 없다.

3/10/목

수련땡땡이.

3/11/금

새벽에 일어나지 못함. 심화수련을 위해 산수선원으로 이동.

3/12/토

스승을 모시고 함께하는 수련은 내겐 참 힘이 되는 수련이다.

진기승단하고서는 제대로 지도 받아 보지 못한 외로움, 충분히 달래고도 남는 은혜이다. 망망대해에 등대불 찾아 선도라는 커다란 배를 운전해 나아가는 나는 외로운 선장! 그 외로운 항해에 좋은 동무도 되어 주고, 길잡이 되어 주시고, 가르침을 주시는 스승님이 고맙다. 먼 길 달려온 보람을 충분히 느낀 새벽수련이었다. 다행히, 그 바쁘게 돌아가는 와중에, 교수님 예언처럼, 고맙게도 감기 기운이 뚝 떨어져 나갔다.

3/13/일

수련 땡! 남편이랑 드라이브 가다. 나는 쉬고 싶은데, 집에서! 그래도 어쩌겠는가? 나 혼자 호사하고 왔는데 보상을 해주어야 하지 않겠는가? 내가 좋아서 하는 일, 충분히 잘 즐기려면, 이런 봉사 정도야 당연한 예의가 아니겠는가?…ㅎㅎㅎ

3/14/월

수련하기가 쉽지 않다. 공사다망한 일상의 일들.

3/15/화

사리암 108배 다섯 번.

오전에 사리암 다녀오고, 오후에 내 수련을 할 수 있는 여건이 되는 나의 평온함이 좋다. 굴곡 없이 산 내 삶이 부럽다는 친구의 말이 문득 떠오른다.

고마운 일이다. 감사한 일이다. 이 고마움과 감사함 나눌 수 있는 내 삶이 되어야겠다.

3/16/수

그리 큰 변화를 가져옴도 없고, 그리 지루하지도 않다.

여여하다. 하단전을 바라보는 내 마음이 평온하다.

● 수련12주차

3/17/목, 78일째

수련 땡. 새벽에 일어나지 못하였고, 친구 만나느라 낮 시간 수련시간을 갖지 못함.

3/18/금

수련 땡, 수련지도 나가고, 선도학 장보고, 머리가 아파 혈압을 재어보니 158/101이다. 헐~ 1시간을 쉰다. 그리고 다시 재어보니, 138/87……호흡을 하며, 마인드 컨트롤을 하면서 쉬었다. 이렇게 조절하면서 살아가는거지, 뭐!

좋은 일, 하고 싶은 일만 하고 살 수 없는 것이 삶! 엄마니깐! 이겨내야! 그 정도 스트레스야! 이 세상에 공짜는 없으니! 아자! 누리려면, 감당해야 할 스트레스, 기꺼이!

3/19/토, 80일째

3/20/일

몸 수련을 안 하니, 마음만 쳐다보고 있다. 결코 밖으로 드러나지 않는 출렁대는 마음! 나는 지금 잘 하고 있는가? 제대로 가고 있는 걸까?

3/21/월

낮잠을 두어 시간 곯아떨어져 자고, 나를 내려놓고 나니, 시원하다.

100일 수련이란, 테두리에 기꺼이 나를 포함시켜 즐기면서 잘 나가다가, 3월이 되면서, 어느 순간부터, 올가미가 되었다. 해야 되는데, 왜 안 되지? 나를 자책한다. 그러면서 낑낑대기 시작한다. 의지박약인가? 체력의 한계인가? 그런 와중에, 가까이서, 나를 더욱 자극하는 멋진 짝꿍! 약 올리니, 성이 난다. 안 그래도, 나 스스로, 약 오르고 있는 중인데, 불을 지핀다...우씨~ 그것 또한 나에 대한 애정이고 채찍이라 생각하면서도, 화가 난다. 날씨도 우중충하고, 컨디션도 꽝이고, 하고 싶지 않은 일도 해야 하는 일상이 나를 더욱 다운시킨다.

3/23/수

"Fill your bowl to the brim and it will spill. 열정도 어느 정도껏, 체력 안배를 해 가면서...공부한다는 것도, 사실, 꽝장한 에너지 소모를 요구하는 것 같다.

흡하는 5초 동안, 아랫배가 내밀어지면서 괄약근이 저절로 당겨오며 다물어지고, 양 쪽 골반이 힘을 받아 올라 붙는다. 그 아래로 양쪽 허벅지가 단단해지며, 종아리까지 그 기운 뻗친다. 더불어 발바닥, 용천혈, 발가락까지 쭉~ 빨려 올라오는 기분이다. 이런 게 바로 하체 튼실인가? 든든하다. 호흡도 여유롭다. 리듬도 잘 맞아 들어간다. 얼마 만에 조용히 느껴보는 수련인가. 역시나 좌사법 시는 골반의 미동을 동반한 호흡이 된다.

◉ 수련13주차

3/24/목, 85일째

합장한 두 손이 금방 따뜻해진다. 그러다가 금방 뜨거워진다.

하단전에 내려놓은 두 손이 너무 뜨거워, 단전에서 열이 나는 것 같다. 손의 열기인지 단전의 열기인지 분간이 안 될 정도다. 오늘처럼 뜨거웠던 적은 처음이다. 가슴이 두근거린다. 드디어 나도 단전에서 열기가? 하단전에 두 손이 닿아 있을 동안 내내 뜨뜻해서 기분이 좋다.

호흡은 차분하다. 좌사법을 하면서 드디어 두 손을 떼어놓고 보니, 단전 속 깊은 곳에서 우러나오는 열기가 아니고 두 손의 뜨거움이 아랫배에 전달되어서 그 느낌이 났던 것을 알 수 있다. 아쉽지만 두 손의 따뜻함으로 그 아쉬움 달래본다.

예전의 찰진 호흡과는 또 다른 탄력이다.

찰진 느낌의 아래에는 아직 더 남아 있는 약간의 느슨함이 포함된다면, 어제 오늘의 호흡은 겉에서부터 속까지 꽉 찬 고밀도의 힘찬 오르내림이다. 탄력 있는 몸매를 감히 상상해봄직하다.

요즘 들어서의 내 신체 변화 한 가지.

3월21일 월요일쯤, 가슴이 뻑뻑하며 아파온다. 13~4세의 소녀가 처음으로 가슴에 망울이 생길 때 느껴지는 아픔! 유선이 발달되어 가슴이 탱글탱글해지면서, 온 가슴으로 뻗치는 뻐근함? 부딪히면 아프다.

◉ 수련14주차

3/31/목, 92일째

오랜만에 호흡을 하니 좋다. 그런데 너무 오랜만이어서, 첫 번째 행공에서 호흡이 약간 어색했다. 두 번째 행공 중간쯤에서 겨우 리듬을 찾았다. 그리고 호흡에 빠져들었다. 좋다. 호흡이 모든 것은 아니지만, 한 만큼 챙길 수 있는 그 무엇은 있으니 부지런히 해 볼 일이다.

4/3/일

계란 삶으면서 하는 수련이 성가시긴 했지만, 그린 여건 하에서도 호흡의 리듬을 금방 찾을 수 있는 내가 좋다. 스승님 복진 지도가 내게 힘이 된다. 40초 호흡으로 늘려 보라신다. 역시나 기대한 만큼 가지고 가는 새벽수련이다.

4/8/금, 100일째

야호~ 신난다. 기쁘다.

오늘이 마지막 날 100일째인데, 대미를 수련으로 장식할 수 있어서 기쁘다.

그동안 수련을 제대로 못한 것이 나 스스로에게 미안했는데, 그 미안함, 오늘 수련 한 판으로 그나마 위로가 된다. 그것도 새로운 도전으로 시작한 수련 한 판! 30초 호흡을 시도한 새로운 수련이다.

오전에 수련 지도 시 해본 30초 호흡(10-10-10)을 한다.

잘 된다. 흐뭇하다. 흡 10초, 지~~~10초, 호지 10초! 할 만하다. 호흡이 더 깊어지는 것 같다. 두 손이 금방 따뜻해진다. 온 몸이 열기로 더워진다. 두 번째 행공! 요즘은 참 조용한 호흡을 한다. 요동치던 그 미동들은 다 어디로 갔을까? 그땐 왜 그랬을까? 미스테리다!

점잖은 호흡이 좋다. 두렵지 않으니~

마지막줄 동심법에 동법 즈음에 35초 호흡을 시도해 본다. 몸이 더 더워진다. 땀이 삐질 나려 한다. 그러면서 단전을 중심으로 온 몸이 부풀어오르는 것 같다. 마치 복어가 배를 불리듯이! 팽창되는 듯하다. 아랫배 하단전이 마치 풍선 부풀 듯 둥실둥실 해지면서 몸이 붕 뜨는 것 같다. 그러면서 온 몸이 뜨거워지면서 이마에 땀이 난다. 止가 길어져서 그런가?

몇 번 하다가 다시 30초 호흡으로 돌아온다. 그 미묘하던, 몽롱한 듯한 증상이 없어지고, 편안해졌다. 30초 호흡이 더 익숙해지고 나서 35초, 40초 호흡을 시도해 봐야겠다.

역심법에 역법! 시원하고 개운하게 정리운동을 한다.

오랜만에 수련을 하니 참 좋다. 앞으로도 꾸준히 수련을 해야겠다.

100일 수련의 숙제를 내어주시고, 점검해주시고, 투정 다 받아주시고, 잘 이끌어주신 스승님께 감사의 삼배를 올린다. ...._0__0__0_

-100일 수련 끝!-

Ⅱ. 플로린 수련 일지

플로린(Florin Serbanescu, 41세, 남)

국적: 루마니아, 입도 연월일: 2016년 2월 3일

＊영문에서 한글로 번역되었음.

2017년

6/6/화

오늘이 수련 일지를 시작한 날이다.

지난주 마스터 김(Master Kim)이 루마니아에 국선도 워크숍을 하러 방문했었다. 그 동안 수련의 변화에 대해 상담했는데 앞으로 수련 일지를 작성 할 것을 권유하였다. 앞으로도 원격 지도를 받아야 하기 때문에 필요하다는 부연설명이 있으셨다.

나는 현재 건곤단법 수련을 하고 있는 중이다. 중기단법 때에도 그랬지만 요즘도 수련으로 인해 하루하루 큰 활력을 느끼며 살아가고 있다. 감사한 일이다. 그런데 이 활력이 체력과 관련이 없다는 것이 흥미롭다. 육체적으로 피곤하지 않다는 것인데 왜 체력과 관계없다고 생각되는지 그게 이해가 안 간다. 정확하게 설명하는 방법을 모르겠다. 수련의 효과로는 내가 다른 사람과 만날 때 내 태도가 많이 바뀌었다는 말을 듣는다. 2 일 전에 내가 몇 년 동안 알고 있는 누군가와 이야기를 나눴다. 그런데 그동안과는 달리 대화가 훨씬 즐겁고 행복했다. 내 생각뿐만이 아니라 그도 내가 긍정적으로 많이 바뀌었다고 말 해 준다.

오늘 아침 나는 뷰카레스트에서 6시에 훈련을 했다. 나는 재미있는 무엇인가 느꼈다 - 수련을 하며 신기하게 배가 많이 따뜻해짐을 느꼈다. 그러나 23번 동작을 할 때는 따뜻함과는 좀 다른 감각이었다. 따뜻한 기운이 움직이지 않는 것 같았다.

6/21/수

나는 매 수련 후 간단한 메모로 느꼈던 감각과 감정들을 쓰려고 한다. (6월 10일부터 쓰기 시작했다.) 그런 메모들을 나중에 일지로 작성하는데 연대순으로 이루어지므로 일부는 반복되거나 다른 방식으로 반복 될 수 있다.

- 열 감각 - 이들은 상당히 생생하며 매일 그 강도가 다르다.
- 항문과 고환 사이의 부위에 열기가 느껴지며 때로는 간지럽기도 하다.
- 허리가 간지러울 때도 있다.
- 한 이틀 동안의 수련중 육체적인 것이 아닌데 내가 꼭 파이 같다는 느낌이 들었다. 또한 음경 기저부에도 열이 있었는데 그러나 잠시 후 그것은 사라졌다.
- 따뜻한 기운이 허리 쪽으로 올라가며 신장 쪽에 머무는 느낌이다.
- 이때 나는 척추가 또한 빈 튜브라는 느낌을 받았다.
- 수련 중 나는 매우 고요한 상태로 들어가는데 그런 가운데 평화롭게 호흡하는 아기 이미지가 떠올랐다. 이러한 이미지를 의식적으로 생각하지 않았는데 저절로 떠오른 것이다. 이때에 나는 매우 평화로운 느낌이 든다. 이러한 현상이 크게 중요하지 않다고 생각하려는데 이런 말을 하는 것은 수련 후에 찾아오는 평온감이 크기 때문이다.
- 허리 부분의 척추가 간지러운데 나중 수련이 끝날 즈음엔 이 감각이 머리 꼭대기까지 올라간다.
- 침이 계속 나올 때가 있는데 이것을 어떻게 설명할지 잘 모르겠다..
- 또 다른 수련 끝 무렵엔 내 몸이 마치 깃털같이 가벼우면서도 아주 뚜렷한 느낌이 들곤 했다.

오늘 아침 뷰카레스트에서 아침 6시에 수련을 했는데 상당히 흥미로운 것을 느꼈다. 대체로 내 몸이 좋은 느낌으로의 따뜻함이 항상 느껴지는데 어떤 날은 내 몸에서 짧은 시간 동안 거품이 일어나는 느낌이 들었다. 당연히 그것은 그날의 기분에 따라 다르지만, 이런 체험으로 수련이 매우 흥미로워진다.

6/27/화

나는 그동안의 수련 과정에 대해 정리하여 쓰고 있다. 지난 며칠 동안 나는 기분이 매우 좋고 또 가볍게 느껴짐과 동시에 또 뚜렷해진다. 어제 연습을 하는 동안 뭔가가 일어났다 – 신장 뒤쪽 등에서 열을 느끼기 시작하였고 이 열은 또한 척추 중간 쪽으로 올라가며 방사되고 있었다. 아주 새롭고 또 즐거웠다.

6/30/금

수련 중에는 정말 기분이 좋아진다. 때로는 수련이 끝난 뒤에도 따뜻한 기운이 오래 지속되어 즐거운 마음이다.

7/26/수

나는 계속해서 일기를 쓰면서 그 느낌들을 연대순으로 정리해봤다.:

- 허리 쪽에 더 뚜렷한 열감이 느껴진다. 어깨도 간지럽다. 수련 말미에는 머리에서가 아니라 단전에서 생각과 느낌이 일어난다. 이런 것은 몇 번의 수련을 하면서 허리에 따뜻함이 느껴진 이후에 발생한 것이다.
- 등에서 따스함이 지속되었는데 어떤 때는 그 기운이 어깨 쪽으로 가는 느낌이 들었다.
- 이제 일상이 되어 버린 따뜻한 느낌 이외에 새롭고 흥미로운 내가 빈 것 같은 느낌이 들어 수련이 끝나자마자 바로 메모지에 적었다.
- 또 한날은 수련이 무척 어렵기도 했다. 아마 내가 수련했던 방이 많이 더워서 그랬던 것 같다. 결국 나는 지쳐 오후에 낮잠을 잤는데 이런 상태는 딱 한번 이었다.
- 다른 수련 후에 적은 메모가 있다: 기운이 충만하다. 이런 느낌이 어느 정도 지속되었다. 머리 정수리 뒤쪽으로 따뜻하였는데 정신은 뚜렷하였다.
- 어떤 경우엔 수련을 시작할 때 많이 피곤한 경우도 있는데 끝날 즈음엔 완전히 회복되곤 했다.
- 어느 날의 수련에서는 다른 때와 마찬가지로 평소와 같이 허리 쪽이 따뜻해지는데 척추에서 어떤 움직임이 느껴졌다. 어느 시점에서 마음은 아주 분명하고 가벼워졌을 때 감정과 몸의 떨림이 왔는데 끝날 때는 결국 진정되고 좋은 기분으로 수련을 끝냈다.
- 여러 수련에서 나는 아주 좋은 감각을 느끼고 또 몸은 가벼웠다.

- 그 후 한 수련에서 심장이 따뜻해짐을 느꼈다. 나는 이 감각이 심장 쪽인지 아니면 그전 경우처럼 척추 쪽인지 확실하지는 않은데 이번에는 평소와 다르게 몸 앞에서 느껴졌다.
- 편안하다, 가벼운 몸 등과 같은 용어를 내 수련 메모에서 자주 사용하기 시작하였는데 또한 행복, 기쁨, 다시 태어남과 같은 아주 좋은 감정이 일상화 되는 느낌이었다.
- 지난 5일간 사정이 생겨 오늘 아침에서야 수련을 했다. 이렇게 몇 일간 쉬고 다시 수련을 하려니 좀 힘들겠구나 하는 생각을 처음으로 해봤다. 그러나 몸은 매우 빨리 적응하여 가볍게 느껴졌다. 나는 그동안과 같이 단전에서 열기가 시작되고 바로 허리까지 그 기운이 감돌았다. 마음은 명료해졌고, 기쁨 같은 감정, 이어서 활력을 가져다주는 정말 좋은 수련에 행복함을 느낀다.

8/16/수

지금까지 건곤단법을 약 120회 정도 해왔다. 이런 가운데 나타나는 감정들을 시간 순으로 정리하고자 한다. 대부분의 수련은 단전의 따뜻한 기운으로부터 시작한다. 그 때의 열감은 척추를 타고 상승 한다. 이 후 몸은 매우 가볍게 느껴지고, 마음은 깨끗해지며 기쁨, 평화 등의 감정들도 같이 한다.

- 지난 두 번의 수련 중 약간 격한 감정이 올라왔는데 행공 동작 끝 무렵쯤에는 모든 것이 진정되곤 했다.
- 약 2 주 전부터 귀와 귀속에 까지 간지러움을 느꼈다.
- 육체적으로 힘든 수련이었다. 땀을 많이 흘렸는데 호흡을 유지하기가 쉽지 않아서 그랬던 것 같다. 그렇지만 그동안과 마찬가지로 수련 말미엔 심신이 진정되었다.
- 또 다른 수련에서는 평소처럼 단전이 따뜻해짐을 느꼈는데 동시에 물방울 거품 같은 것이 솟아올라 머리 상단에 이르러서는 귀와 귀 뒤쪽이 간지러웠다.
- 요즘 대부분의 수련은 아주 평화로운 느낌으로 마무리 하게 된다.

나는 지금 지속적으로 기쁨을 느끼고 있고 또 앞으로도 계속 수련 해 나갈 것이다.

8/29/화

지난번 수련에서 느꼈던 감정들이다.

- 몇 번의 수련에서 나는 나의 몸이 가볍다는 느낌을 계속 가졌는데 이제는 머리도 가볍고 비어 있다는 느낌이 든다. 뇌 속의 공간이 넓어 졌다는 감각이 든다. 그러나 이 현상을 어떻게 묘사해야 할지 잘 모르겠다.
- 간지러움이 귓속과 귀 뒤에까지 더 느껴지고 또 이것이 맥박 뛰듯 강약의 리듬을 탄다.
- 또 다른 수련에서는 목이 간지러워지고 그곳에서 강한 기운을 느끼기도 한다. 그런데 그 느낌은 그 기운이 목과 심장 사이에 위치해있는 느낌이다.
- 또 다른 수련 중엔 목에 어떤 감각을 느끼며 약간의 기침이 나왔는데 그러나 호흡은 아주 빨리 되돌아 왔고 수련이 끝날 무렵엔 뿌듯한 힘을 느꼈다.
- 그 후 목은 많이 부드러워졌는데 따뜻했고, 간지러웠고, 그리고 맥박 뛰는 듯한 좋은 느낌이었다.
- 다른 훈련에서 건곤단법의 임독유통 자세에서 몸이 가볍게 느껴지며 동시에 몸 앞쪽으로 의식이 집중되는데 그동안 인식되지 않던 임맥이 반응하며 뚜렷이 느껴졌다.
- 좀 더 최근의 수련에서는 행공 마지막 부분에서 돌연 어떤 것이 바뀌는 것을 느꼈다. 그것은 머리는 맑아지고 몸이 가벼워졌다는 것이다. 흥미로운 것은 이 변화의 속도였다. 그런 다음 귀 뒤가 매우 따뜻하게 느껴졌다. 수련이 끝나면서 기쁨과 행복한마음으로 모든 것에 감사하게 생각했다.

나는 이 일기를 쓸 적에 가급적 냉정하게 그 당시의 느낌을 사실대로 생생히 전달하려 노력을 한다. 그렇지만 어떤 때는 위에 언급한 것 같은 기쁨과, 감사함과 행복감이 지금 수련하는 국선도를 지속하고 또 이웃과 나누려는 동기가 된다.

9/18/월

수련중 어느 시점에서 그동안의 몸 앞쪽에서의 따뜻한 느낌 대신 냉기를 느끼기 시작했다. 그 다음 그 찬 기운이 단전으로 이동했다. 그 결과 기본적으로 임맥 전체가 얼음장 같이 차가워 졌다. 이것은 정말 나에겐 새로운 경험이었는데 그 시점에서 마음이 많이 혼란스러웠다. 그러나 신체의 뒤쪽에 좀 더 주의를 기울이자 그 부분은 뜨거워졌다. 잠시 후 이로 인해서인지 모르겠지만 단전 뒤쪽도 뜨거웁기 시작했다. 그런데 이상한 것은 단전 뒷부분은 뜨거운데 앞부분은 차다는 것이다. 마치 냉온의 경계선이 단전을 중심으로 그어진 것 같았다.

나는 아직도 등줄기를 타고 흐르던 뜨거운 기운의 여운이 남아 있는데 수련 앞부분에서는 앞서 얘기했듯이 냉한 기운이 왜 느껴졌는지 의아 하였지만 나는 어쨌든 기분이 나쁘다고 느끼지는 않았다. 실제로 아주 기분이 좋았는데 잠시 의아해 했던 것은 아마 찬 기운은 나에게 새로운 것이었기 때문이었던 것 같다..

또한, 오늘 아침에 새로운 원기단법으로 들어가며 여기에 익숙해지기 위해 누워서 호흡을 시작하였는데 아주 좋은 기분이었다.

10/5/목
원기단법 1번(RB1)을 수련하며 아주 새롭고 아름다운 경험이어서 다음 몇 가지를 정리 해 보았다.

- 상쾌한 느낌이다. 대체로 호흡은 잘되며 지속하기가 그리 어렵지 않다. 1번의 동작들은 신체적인 도전이라기보다는 명상한다는 듯한 기분이 더 강한 것 같다.
- 기분은 상쾌한데 몸은 비어 있다는 느낌이다. 꼭 피부 안은 비어있어 가벼워서 겉 피부만 느껴지는 것 같다. 다음과 같은 몇 가지 유사한 경험이 있으므로 이러한 새로운 감각을 탐구하려 더 깊이 들어가고 싶다.
- 결국 같은 느낌인데 이 상태를 더 잘 이해하려고 노력했다. 나는 마치 둥그런 원형의 구체처럼 느껴진다.
- 다른 수련에서는 기분이 상쾌했다는 메모가 되어있다.
- **더 강렬한 임독의 유통이 됨을 느끼며 수련 말미에는 단전을 중심으로 주위의 구체가 회전하는 것처럼 느껴졌다.**
- 따뜻한 기운이 돌아감을 느낀다. 호흡의 느낌이 좋고 몸이 매우 가볍게 느껴진다. 평화롭고 고요해진다. 호흡하는 것은 다른 것과 확실히 다른 효과가 있다. 때때로 나는 호흡에 집중되지 않을까봐 두려움이 다가오기도 하는데 왜냐하면 그런 기분은 너무 희귀하기 때문이다.

- 몸에 기운이 쌓여 있는 것 같은 느낌인데 그뿐만이 아니라 기운이 돌고 방사를 한다는 것이다. 이 기운은 상당히 강하게 느껴지는데 단전에 집중됨뿐만 아니라 이 기운이 순환한다는 것이다.
- RB1의 첫 동작에서 등이 따뜻해진다. 마지막 좌사법에서는 온몸이 간지럽다. 앞으로도 이런 감각이 원기단법 내내 지속될 것 같은 생각이다.

10/27/금

현재도 RB1의 수련을 계속하고 있는데 다음과 같은 경험을 같이 나누고 싶다.

- 몇 차례의 수련에서 자연스럽게 배가 따뜻해지고, 상쾌해지고, 평온하며 평화로워 진다. 수련후 가급적 일관된 일기를 쓰려 몇 가지 키워드를 사용하려한다.
- 따뜻한 기운이 단전보다 더 확장되어 온몸으로 퍼진다는 것에 주목했다.
- 나는 몇 일전 수련후 메모에서 지금까지 경험 못했던 것을 적어 놓았는데 아마도 표현을 잘 하지 못한 것 같다. 그러나 여기에 내가 쓴 것을 한번 보니 그것은 "끝이 아주 작아서 작고 조밀하고 둥근 것처럼 느껴진다."
- 그 다음에는 내가 비어 있으며 또 공허함을 느낀다는 것을 알았다. 이러한 새로운 느낌들은 시간이 지나면서 그 의미를 좀 더 알게 될 것 같다.
- 수련중 기운이 또렷하며 또 강하게 순환되는 것을 계속 느낀다..
- 또 한 번은 단전이 움직이는 것처럼 느껴졌고 자세에 따라 약간의 방향 이동이 있었지만 위치는 거의 변하지 않았다. 이상한 느낌 이었는데 그때 한 번만 일어났다. 가능한 일인지 의문을 품어본다.
- 몇 차례의 수련에서 나는 입안에 더 많은 침이 분비되었다.
- **또 한 번의 수련중 침분비의 증가가 함께 임독유통 자세에서 내 몸에서 방사되는 빛 같은 어떤 종류의 섬광을 보았다.**

11/27/월

지난 수련의 경험에 대해 이야기를 나누고자 한다.

일반적으로 수련은 매우 잘 되고 있으며 많은 즐거움을 가져다준다. 이제 원기단법 1번을 한지 45회에 이르렀는데 그전의 건곤단법과는 다른 것 같다. 그중 하나는 수련

중 나타나는 감정의 변화이다. 그러나 이러한 것에 크게 치우치지 않을 수 있는 것은 호흡의 조절 때문이라 생각된다. 각기 다른 감정들은 나타나고 또 잠시 후에 사라지지만 수련을 방해할 정도까지는 가지 않는다. 또한 그날그날 몸이 때에 맞춰 조절되는데 이 과정을 명확하게 볼 수 있기에 아주 좋다..

수련 후 몇 가지 간단한 메모를 하였다.
- 고요해진다. 끝날 무렵 피부가 느껴진다.
- 수련이 끝날 무렵 신체의 각 부분이 연결되어 있는 느낌이 마치 우리가 마트에 갔을 때 진열되어있는 각 상품이 확인되는 것과 같다. 고요하고 평화롭다.
- **RB1 11번에서 기운을 돌리면 곧 이어 기운의 돌아감이 몸뿐만이 아니라 호흡에도 강하게 작용을 한다, 물론 피부에도…**
- 고요한 느낌이다. 그러나 기운이 삼단전에서 돌아감을 느끼는데 뜨겁다. 피부에서 뜨거운 증기가 빠져나가는 느낌이다. 이것이 최선의 설명인지 확실하지 않다.
- 아주 뜨겁다. 몇 가지 감정이 지나가는데 곧 지나간다.
- 수련중 변화 과정에서 스스로 적응해 나가는데 이런 과정은 때때로 땀, 열, 차거움 등과 같이 온다. 그러나 그런 과정이 지나가면 마음이 차분해지고 매우 기분이 좋다.

2018년
2/23/금
RB2를 시작했는데 모든 것이 잘 되고 있다.

3/5/월
RB2를 시작한 후 출장이 잦아 제때에 메모를 적지 못해 약 한달 지난 뒤에 기억을 더듬어 다시 작성한 것이다.

아주 이상한 느낌과 감각을 적은 메모가 있다. 하나의 동작을 하는데 몸이 마치 도시계획의 구획 정리를 한 것처럼 나눠진 게 느껴지고 어느 부분은 뜨겁고 또 어느 부분은 차가웠다..

어제와 오늘은 감기가 걸려서 그런지 행공을 할 때에 너무 강한 기운이 돌기 시작하여 동작들을 좀 약한 상태로 유지하였더니 수련 말미엔 또 정리가 잘 되었다.

어느 날은 설명을 할 수 없는 이상한 감각을 경험했다. 그것은 내 몸 안이 비어 있는 것 같았고 몸 전체 피부가 하나로 연결된 것처럼 느껴졌다. 눈을 감고 있는데 마치 눈을 뜨고 보는 것 같았는데 이것은 느낌이었지만 그만큼 생생했다.

또한 **RB2** 동안 나는 계속 연습하면서 내가 어떻게 변화되는지를 느낄 수 있었다. 몸이 부드러워지고 자세가 안정적인 상태에서 호흡이 된다. 몸이 가볍고 비어 있다는 느낌을 여러 번 받았다. 이런 지속된 상태에서 행공 자세는 더 쉬워지고 평온하게 유지되었다. 어떤 때는 때때로 땀을 흘리는 경우도 있지만, 결국 땀을 흘리는 시점에서 모든 것이 매우 생생하게 느껴지므로 결국 이것은 신체 균형을 조절하는 하나의 메커니즘이라는 것을 깨달았다.

4/18/수

지금은 RB3을 30회 한 시점이다.

나는 거의 매일 연습을 계속하는데 이 단계가 정말 좋다.
처음에는 원기 호흡을 시도 했고, 새로운 행공 자세와 순서에 익숙해지며 며칠 지나 임독유통과 12경 유통을 시작 하였다. 이런 새로운 것을 처음 접하며 약간 정신이 산만해졌는데 이는 정상적인 과정이라 생각했다. 역시 생각했던바와 같이 단지 몇 번의 반복을 거친 후에, 원기호흡, 행공 동작, 임독유통, 12경등의 훈련이 잘 되고 있다. 매우 기분이 좋았다, 이 매우 좋은 기분을 지속적으로 유지하게 되어 감사한 마음이다.

아주 가벼운 몸, 평온함, 기쁨, 평화로움, 몸이 반듯 해지는 좋은 감정을 계속 느끼고 있다. 드문 경우지만 가끔 몸이 떨리고, 때로는 땀을 흘리기도 하고, 때로는 더 힘들어질 때도 있다. 그러나 이는 획일적으로 할 수 없는 수련의 특성이라 생각한다.

지난 열 번의 수련에서 감지한 경험들이다.

좌사법 마지막 부분에서 단전에서 감각과 느낌을 투사하는 것처럼 느껴졌다. 이런 것은 마음에서 일어나는 것과는 아주 다른 생생함으로 다가왔다.

내가 나만의 단독이 아닌 사람들과의 집단적 그리고 일반적 의식을 같이 느끼고 있다고 느껴진다. 적어도 나 이외의 다른 것들에 대해 많이 알고 있다고 느껴진다. 그런데 내가 능동적으로 외부로 의식을 돌리려고 하는 게 아니라 사물이 내 마음으로 다가온다는 것이다. 그러기에 내 마음은 평온함을 유지 할 수 있었다. 이런 가운데 우스운 질문이 될 수 있겠지만 만약 마음이 단전을 통해 투사된다면 우리가 늘 생각했던 마음의 장기라 했던 심장의 역할은 무엇일까? 어떻게 설명해야 될지 모르겠다.

다른 몇 번의 수련에서도 단전의 감각과, 이미지, 느낌 들이 역시 마음에서 발생하지 않는 것이 관찰되었다. 이런 경험들은 그 당시 내가 그것들에 대해 어떤 의문을 갖거나 또 이야기를 만든 것이 아니라 그저 제 삼자의 입장처럼 관찰자의 입장에서 바라본 것이다. 나는 이런 현상이 어떤 위대한 힘을 지닌 다른 유형의 지식으로 분명히 전환될 수가 있다고 보는데 그것이 어떻게 사용되는지에 대해서는 확신 할 수 없다.

오늘의 행공 마지막 부분인 좌사법에서 머리 두정 부분이 하늘과 맞닿아 있고 아래로는 땅과 연결되어 있는데 단전에서 아주 밝은 빛이 이 두 곳을 아주 부드럽게 연결 해 주고 있었다. 이런 현상을 의식적으로 지어낸 것이 아니라 아무것도 생각하지 않았는데 그냥 그런 느낌이 튀어 나와서 아주 즐거웠다.

5/14/월

요즘에는 RB3을 끝내가고 있는 단계이다. 대단한 동작들로 느껴지며 많이 즐겁다. 그것은 나에게 많은 새로운 경험을 가져다주었고 그래서 또 국선도를 지속 할 수 있는 동기유발이 되었기에 감사하고 기쁘다.

RB3을 마쳐가면서 나는 내 몸이 매우 견고하다고 느꼈다. 대부분의 행공 동작 중에도 몸의 흐트러짐이 없었다. 그러므로 호흡이 자세보다 먼저라는 말을 점 점 더 하게 되었다. 몸은 정렬되어 편안 하였고 그러므로 행공동작에서 몸은 하나처럼 느껴지기 시작했다. 수련이 끝나면 몸이 매우 가벼워졌음을 알았고 또 마음이 아주 차분 해져서 침착 해짐도 느꼈다. 수련 내내 또 수련 후에도 저절로 미소가 지어졌다.

이미 언급한바가 있지만 수련의 말미에 단전에서 오는 여러 감정과 이미지를 계속 경험 해 오고 있다. 이런 경험들은 내가 꼭 장님이었다 눈을 뜨게 되서 새로운 사물을 보는 것과 같이 생생하고 그래서 내 의식이 계속 커지고 확장됨을 느낀다. 또한 수련중 힘이 매우 강해지며 몸 전체가 점점 더 채워지는 것을 느낀다. [계속]

III. 청산선사 지음 국선도 서적 연혁

1. 정각도: 정신도법

   1972년 7월 이전 발간(111쪽)

2. 國仙道法: 선은 생명의 길/이때까지 仙자를 쓰고 있다.

   1974년 3월 25일 발간(509쪽)

3. 선도활진법문(#2 본문중 참고 내용)

4. 고동이족 농경유목 지지(#2 본문중 참고 지도)

5. 國仸道: 선은 생명의 길(#2와 같은 내용이나 #3과 #4가 없다.)

   1974년 3월 25일 발간(473쪽)

6. 삶의 길

   1974년 3월 25일 발간

   1983년 8월 25일 증보(521쪽)

7. 삶의 길

   1992년 12월 30일 재발간(547쪽)

8. 국선도 부록: 정각도 행공 동작

   1974년 3월 25일 발간(155쪽)

9. 국선도: 내공편 1, 2, 3

   1983년 8월 25일 증보(511쪽, 605쪽, 674 쪽)

10. 국선도 단전행공

    1984년 6월 25일 발간(290쪽)

    KBS 한국방송사업단 발행

11. 국선도 1, 2, 3

    1993년 5월 23일 증보(364쪽, 357쪽, 357쪽)

1. 정각도: 정신도법

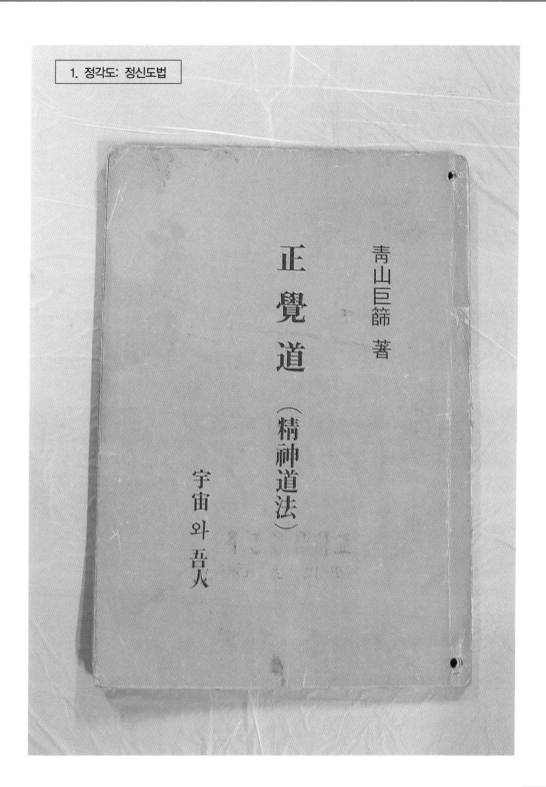

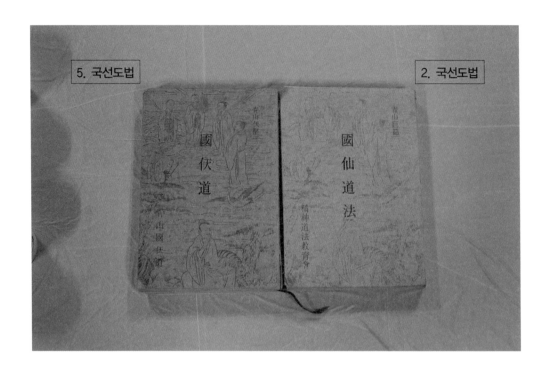

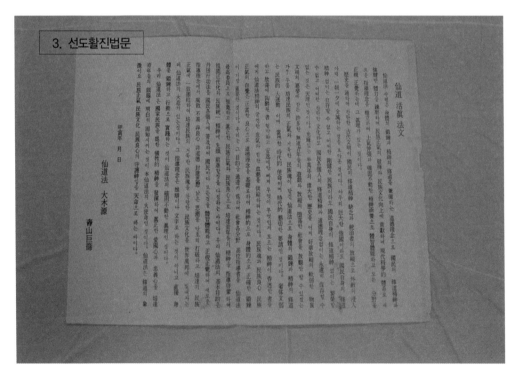

4. 고동이족 농경유목 지지

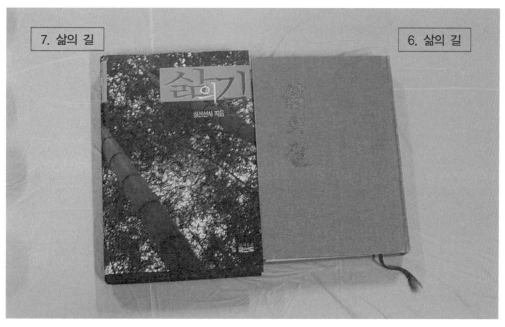

7. 삶의 길

6. 삶의 길

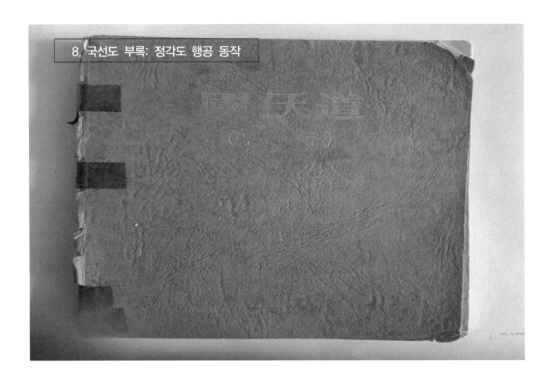

8. 국선도 부록: 정각도 행공 동작

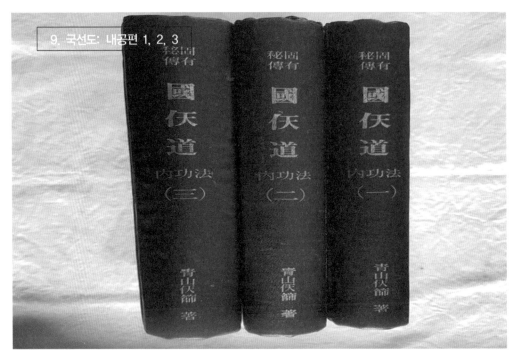

9. 국선도: 내공편 1, 2, 3

10. 국선도 단전행공

11. 국선도 1, 2, 3

에필로그 •••

미국에서 박사학위 공부를 할 때에 같은 동료인 죤은 영어가 부족한 나에게 많은 도움을 주었다. 영안이 맑은 그녀가 졸업 무렵 진지하게 나의 미래라고 생각되는 두 가지를 말해 주었다. 첫째는 내가 사람이 닿지 않는 어느 동굴에서 비서(秘書)라고 추정되는 두루마리를 접하는 모습이었다. 그것은 청색 옷을 입은 도인들로부터 전해져 내려온 것이라는 얘기였다. 둘째는 그물망으로 둘러싸인 8각형의 정자 가운데에 큰 뱀 한 마리가 또아리를 틀고 있는데 8방의 그물망에는 수천수만의 곤충과 벌레들이 바글거리며 갖은 소음을 내고 있었지만 그녀의 포인트는 그 뱀이 동요 없이 무심히 있더라는 얘기였다. 다가오는 미래를 생각하며 한숨과 깊은 숨이 동시에 쉬어졌다.

첫째 얘기에서는 "아, 내가 국선도에서 할 역할이 있다는 의미이겠구나" 하는 생각을 했다. 둘째는, 그동안 내가 살아오며 경험했던 세상살이의 연장이 앞으로도 계속됨을 알아차릴 수 있었다. 아니, 그냥 연장이 아닐 것이다. 지금까지와는 비교가 안 되는 나를 향한 아우성이리라. 그러기에 그 바글거리는 벌레들의 소음소리가 무엇을 의미하는지 너무도 확연하였다. 2003년 한서대에 선도학 석사과정을 만들며 경험한 학교라는 조직은 그동안 경험했던 군대, 정치단체, 종교단체, 회사와는 또 다른 세계였다. 그동안 살아오면서 미국으로의 이주, 학생의 신분, 주경야독하며 다녔던 공장 생활 등등 여러 번의 새 시작을 하였지만 이번에도 또 신발끈을 질끈 조여매야 하는 새내기였다.

그리고 시작한 선도학. 불교의 D대가 있고 유교의 S대가 있는데 한서대에 유불선 3대사상의 한축인 선도학의 출범은 너무 왜소하였다. 바다를 메워 섬을 만드는 작업과 같다는 생각이 들었다. 그러나 선도의 끈질긴 생명력은 지난 15년의 세월을 버텨내었다. 많지는 않지만 몇몇 나를 이해하는 분들의 격려가 동력이 되어 주었다.

이러한 생명력의 중심에 국선도가 있다.

미국을 전진기지로 지구촌에 국선도를 전파하며 소중한 체험들을 많이 하였다. 이런 것은 적어도 내가 국내에 있었다면 갖게 되지 못했을 환경이었다. 대부분이 문화적 배경이 전혀 다른 사람들에게 국선도를 지도하고 또 조직을 관리하는 데 틈틈이 다가오는 문제의 극복과 해결에서 얻어지는 생생한 체험들이었다. 미국 이주 초기에 생활 터

전이었던 코네티컷주의 대학들과 지역에 국선도반을 만들어 운영하다가 단계를 밟아 지속적으로 수련을 원하는 사람들을 모아 1982년 미국 국선도 동우회를 발족시켰다. 이렇게 수련하는 사람들 중 다른 주로 이주하는 사람들에게 본인이 원하면 내가 정기적으로 지도한다 하며 반경을 넓혀 나갔다. 그로부터 미국의 버만트, 워싱턴 D.C., 뉴저지주 등 10여 곳의 지부가 개설되었다. 한 사람이라도 원하면 천리라도 달려갔다.

80년대 중반까지 주로 미국인을 비롯한 외국인들을 위주로 전파했는데, 한국 교포들에게도 국선도를 알려야한다는 책임감에 미국 동부의 뉴욕과 서부의 로스엔젤레스에도 지부를 설치하였다. 그 후 미국 내에서의 이주뿐만이 아니라 프랑스, 덴마크, 말레이지아로 귀국하는 국선도인들이 그들의 나라에서도 수련을 지속하고 싶어 해 나는 또 정기적으로 방문하며 그들을 지도하였다. 그러면서 우리들의 다양한 활동을 접하고 관심 있어 하는 캐나다, 체코공화국, 루마니아 등지에 또 국선도의 불씨가 전해졌다.

1993년 회원들의 성금을 모아, 1995년 버만트주에 8만 평의 부지를 매입하여 국선도 산중선원인 밝돌터(Sundo Retreat Center)를 개원하였다. 어느 날 텐트장을 만들려고 나무 몇 그루를 베어내고 또 뽑아내고 있었다. 엄지손가락 두 개 합친 정도 굵기의 단풍나무였는데 하찮게 보고 대충 뽑아내려 하는데 꿈쩍도 하지 않아 웬일인가 하고 땅을 파 봤다. 암석지반이라 깊은 뿌리를 못 내리니 강풍에도 견디고 영양분을 취하기 위해 나무임에도 마치 파뿌리 같은 잔뿌리가 360도 원형으로 퍼져 있었다. "아, 살기 위한 지혜이구나" 감탄하며 생존에 대한 열망을 보았다. 대충 흙을 걷어내고 뽑으려하니 또 안 뽑히는 것이었다. 도대체 왜 그럴까 하며 좀 더 넓게 흙을 걷어내니 좀 굵은 뿌리 하나가 그곳이 못미더웠는지 필사적으로 암석지반을 벗어나 멀리 뻗어 있었다. 그것도 아주멀리. 생명이었다. 생명을 갈구하는 단풍나무의 절규였던 것이다! 가슴이 먹먹해지며 눈물이 핑 돌았다. 잠시 후 다시 삽질을 하는 내 발에 맑은 희망의 무게가 더 실려 있었다.

국선도를 전파한다는 일념으로 1979년 미국으로 이주하고 그 후 세계를 누벼온 25년여의 세월은 나의 삶에 있어서 질풍노도와 같은 시간이었다. 국선도를 좀 더 잘 알리려고 대학에 들어갔고, 여러 과목들을 수업하며 다양한 방법으로 국선도를 표현할 수 있음을 발견했다. 석사과정을 공부하면서 국선도를 좀 더 개관적 시각으로 볼 수 있는,

그럼으로써 좀 더 보편성을 가진 수련법으로 펼칠 수 있음을 깨우쳤다. 박사과정을 거치면서 국선도를 학문적으로 받쳐 주는 기본 인프라가 큰 공간으로 비어 있음을 보았다. 그 공간을 채운다는 목적을 갖고 논문을 준비해 갔다. 그러면서 동양의 삼대사상인 유불선에서 선사상을 집약하여 학문적으로 정립해야겠다는 생각 하에 국선도에서 선도학으로 궤도가 수정되었다. 이렇게 기초를 잘 닦아놓으면 국선도를 비롯한 다른 선도 관련 수련단체가 인도의 요가처럼 한민족의 대표적인 정신문화로 자리매김할 수 있으리라는 믿음이었다.

2002년에 박사학위를 받은 후 2003년 한서대에 선도학 석사과정을 개설할 기회가 왔다. 그 후 오늘에 이른 시점까지의 15년은, 처음 미국에 이주하여 국선도 전파에 매진하던 25년을 더 짧은 시간으로 축약한 밀도 높은 치열함으로 설명할 수 있을 것이다.

학교에서의 선도학 석사과정 운영과 더불어 학문적 연구과제를 수행하기 위해 2007년 국제선도문화연구소(후일 국제선도문화연구원으로 개칭)를 개소하였다. 그 후 선도학 전공자의 진로 측면에서 이제 막 출범한 산림청 주관 국가자격증인 산림치유사 인증과정과 연계하였다. 동시에 이를 교육하고 현장 실습을 하기 위한 '힐링센터, 산수마을'을 한서대 옆 골망인 해미면 산수리에 개원하였다. 그 후 임대한 산수마을 일부가 매매되어 새로운 장소를 물색하던 중 태안군 남면에 위치한 팜카밀레 허브농원과 MOU를 맺어 힐링 프로그램을 지속하게 되었다. 그리고 신선사상을 학문화하는 우리에게 금상첨화 같은 기회가 다가왔다. 인근 가야산 기슭에 3만여 평의 약초농장을 운영하는 P대표가 같이 운영해 보자는 제의를 해 왔다. 감사히 받아들여 약선마을이라 명명하고 관리 및 운영을 해 오고 있다. 이렇게 가야산을 중심으로 ㉮ 한서대의 선도학 석사과정 ㉯국제선도문화연구원 ㉰ 힐링센터, 산수마을(후일 팜카밀레에서 태안마을로 개칭) ㉱ 약선마을, 이렇게 네 가지 요소가 신선별곡이란 테마로 구축되었다.

국제선도문화연구원의 활동을 보면 2016년 주관한 '당진과 대중국 교류' 학술대회와 역시 우리 연구원이 주최·주관한 '제8회 국제선도컨퍼런스: 현대심리학적 측면에서 본 원효경허의 구도정신'은 선도학의 정체성과 방향성을 구체적으로 보여주는 결실이었다. 당진 학술대회에서 필자의 기조발표는 선도수련에서 얘기하는 精氣神 즉 역사, 전설, 영성 등 세 가지 요소가 같이 다뤄졌고, 원효경허 학술대회에서는 종교에서의 영성을 인문학적으로 다루어 인간발달 과정이라는 학문적 확장의 전기가 마련되었다는 평가를 받았다.

국선도에서 선도학이 나왔다. 또 선도학은 국선도를 글로벌 시대의 브랜드로 창출해 내고 있다. 국선도의 미래가 선도학이었다면 선도학의 미래는 '세상의 모든 이를 이롭게 하는 홍익 인간상'이 될 것이다. 이제 막상 선도학의 플랫폼이 구축되어 앞으로 열매를 수확할 일만 남았다고 생각되는 시점에, 학교 문을 나설 때가 다가왔다. 미련이 왜 없을까마는 그래도 선도학이 학문으로서의 정체성과 플랫폼 정립, 이를 통해 선도의 범주 안에 드는 국선도를 비롯한 유관 선도 단체에 미래의 100년 프로젝트의 틀과 방향성을 제시했다는 점에서 보람을 느낀다. 또한 국선도에서 선도학으로 향한 나의 삶의 여정이 담긴 이 책을 발간하는 시점에서 또 한 번 인생의 전환기를 맞는다는 것은 큰 행운이요 천지신명에게 감사한 일이 아닐 수 없다.

과연 앞으로 누가 선도학의 불씨를 살릴 수 있을까? 만약 그런 사람이 나타난다면 그는 아주 행복한 사람이 될 것이다. 왜냐하면, 적어도 내가 그를 지켜볼 것이기 때문에, 시간과 공간을 초월해서! [끝]

신해설서 국선도 단전호흡

초 판 1쇄 인쇄 —— 2018년 6월 18일
초 판 1쇄 발행 —— 2018년 6월 19일
초 판 2쇄 인쇄 —— 2018년 7월 4일
지은이 —— 김 현 문
인 쇄 —— 삼성인쇄소
펴낸곳 —— 포일출판사
　　　　　　　　주소: 충남 서산시 해미면 산수리 80번지
　　　　　　　　TEL/FAX : 041) 688-3662
　　　　　　　　E-mail : poilpublish@gmail.com

정가 23,000원

ISBN 979-11-955954-1-9(03180)

국립중앙도서관 출판예정도서목록(CIP)

(신해설서) 국선도 단전호흡 : 국선도에서 仙道學까지 / 김
현문 지음. -- [태안군] : 포일출판사, 2018
　　　p. ;　　cm

권말부록: J 사범 진기단법 100일 수련 일지 ; 플로린 수련
일지 ; 청산선사 지음 국선도 서적 연혁
ISBN 979-11-955954-1-9 03180 : ₩23000

국선도[國仙徒]
단전 호흡[丹田呼吸]

512.57-KDC6
615.882-DDC23　　　　　　　　　　　CIP2018018920